영어 베이비
왕초보
패턴북 60일

영어 베이비 왕초보 패턴북 60일

지은이 | 양선호
펴낸곳 | 북포스
펴낸이 | 방현철
편집자 | 권병두
디자인 | 엔드디자인

1판 1쇄 찍은날 | 2018년 7월 24일
1판 1쇄 펴낸날 | 2018년 7월 31일

출판등록 | 2004년 02월 03일 제313-00026호
주소 | 서울시 영등포구 양평동5가 18 우림라이온스밸리 B동 512호
전화 | (02)337-9888
팩스 | (02)337-6665
전자우편 | bhcbang@hanmail.net

> 이 도서의 국립중앙도서관 출판시도서목록(CIP)은 e-CIP 홈페이지(http://www.nl.go.kr/ecip)와 국가자료공동목록시스템(http://www.nl.go.kr/kolisnet)에서 이용하실 수 있습니다.
> (CIP제어번호: 2018020697)

ISBN 979-11-5815-031-0 13740
값 12,000원

암기가 필요 없는 기적의 따라 말하기 교재

영어 베이비
왕초보
패턴북 60일

| 양선호 지음 |

북포스

• Intro •

초등 수준의 영단어 3~5개로
하고 싶은 말 다 하기

이제 기적을 체험할 시간

애타게 기다리시던 〈영어 베이비 왕초보 패턴북 60일〉이 드디어 나왔습니다. 그동안 기다려주신 독자 분들께 진심으로 감사드립니다. 이 책은 〈오늘부터 딱 90일만 영어베이비〉의 후속편으로 60일간 공부할 수 있는 학습 자료를 담고 있습니다.

저는 이전 책에서 영어와 중국어를 각각 2개월이라는 짧은 기간에 독학한 경험을 언급하며, '6원칙을 적용한 따라 말하기'의 기적에 대해서 말씀드렸습니다.

당대 최고의 언어학자들이 인정한 지상 최고의 외국어 학습법

따라 말하기는 가장 쉽고 가장 간단하며 가장 확실한 외국어 학습법입니다. 2차 세계대전 당시 미국은 영어밖에 할 줄 모르는 자국 군인들을 불과

수개월 만에 통역장교로 양성하여 유럽으로 파견했습니다. 이때 그들이 활용한 교육 프로그램이 당대 최고의 언어학자들이 고안한 것으로, 훗날 '청각 구두 교수법'으로 정립되며 언어 학습법의 주류를 이루었습니다. 그 방법의 핵심이 바로 따라 말하기였습니다. 실제로 따라 말하기는 진화론적인 관점에서 인류가 언어를 배우는 과정과 매우 흡사하기 때문에 외국어를 배울 수 있는 지상 최고의 방법으로 꼽히고 있죠.

외울 필요도 없다

물론 시중에도 따라 말하기를 표방하는 학습법이 존재합니다. 그런데 말로는 따라 말하기를 하라고 하면서 실제로는 암기를 요구하는 경우가 종종 눈에 띕니다. 대표적인 예가 수백 개의 문장을 던져주며 "자주 쓰는 핵심 표현이니 무작정 외우라."는 얘기들이죠. 하지만 언어학자들이 인정하는 진짜 따라 말하기는 원래 암기가 필요 없습니다. 아기들이 부모에게 말을 배우듯이 그냥 따라 하면 그만이죠.

6원칙을 적용하면 두세 달에 끝

대신, 60~90일의 짧은 시간 안에 영어 말문을 열기 위해서는 몇 가지 원칙이 필요합니다. 제가 전작 〈오늘부터 딱 90일만 영어 베이비〉와 이 책 〈영어 베이비 왕초보 패턴북 60일〉을 지은 이유도 그 원칙을 소개하고 학습 콘텐츠를 제공하기 위해서였습니다.

제가 '6원칙 따라 말하기'를 자신 있게 추천 드리는 이유는 저와 제 주변 지인들의 경험 때문입니다. 저는 다른 영어 강사나 저자들처럼 어학연수를 다녀온 적도 없고, 유학파 출신도 아닙니다. 순수 국내 토종으로, 한국에서, 혼자 힘으로, 순전히 따라 말하기에 의존하여 영어와 중국어를 배웠습니다. 그리고 이를 6원칙으로 정립했습니다.

누구나 할 수 있고, 돈도 별로 안 든다

'6원칙 따라 말하기'는 대한민국을 살아가는 동시대 사람들의 영어 콤플렉스 해결에 큰 도움이 된다고 믿습니다. 저는 여러분이 어떤 방식으로 무엇을 공부해야 하는지 잘 알고 있습니다. 왜냐하면 저도 국내 토종으로서 여러분과 똑같은 심정이었고, 똑같은 환경에 놓였었기 때문입니다. 저는 언어적 감각이 탁월한 사람도 아니고, 아이큐도 평범합니다. 그저 영어로 말하고 싶다는 생각이 조금 더 강했을 뿐입니다.

굳이 수백 만 원을 들여서 학원을 다니거나 수천 만 원을 들여서 연수를 다녀올 필요가 없습니다. 진심으로 여러분의 영어실력 향상을 기원합니다.

쉬운 문장을 이어서 말하면
당신도 더 이상 영어 베이비가 아닌, 영어 어덜트(adult)

사람들은 저를 보고 영어 잘한다며 칭찬합니다. 그럴 때마다 저는 이렇게 말합니다.

> "저는 절대 어려운 영어를 쓰지 않아요. 제가 쓰는 영어 문장은 정말 쉽고 간단해요. 다만 그 문장이 쉬지 않고 계속 이어지기 때문에 영어를 잘하는 것처럼 보이는 것이죠."

그런데 제가 원하는 여러분의 최종 상태가 바로 이것입니다.

"한 문장 내에 초등 수준의 영단어 3~5개만 써서, 할 말 다하기"

이 목적을 달성하기 위해, 저는 패턴북을 다음과 같은 원칙에 따라 만들었습니다.

첫째, 힘들게 외우지 말고 따라 말하기만 하면 돼요.

외우는 것은 한계가 있습니다. 우선 외우기 위해서 엄청난 고통을 감수해야 합니다. 더 큰 문제는 아무리 달달달 외워도 나중에는 기억에서 사라진다는 점입니다. 오죽하면 '안 잊어버리는 최고의 방법은 안 외우는 것이다'라는 말이 있겠습니까. 암기식 교육의 병폐는 굳이 설명을 안 드려도, 잘 아실 겁니다. 골치 아프게 외울 필요 없습니다. 따라 말하기만 해도 여러분의 뇌와 입이 자연스럽게 문장 구조와 표현법들을 익히도록 구성했습니다.

둘째, 교육부가 선정한 초등학교 필수 800개 단어를 바탕으로 만들었어요.

누구나 알고 있는 아주 쉬운 단어들을 활용하여 우리 생활과 밀접한 상황을 최대한 쉽고 간단하게 표현했습니다. 따라서 어린아이부터 어르신들까지 한글을 듣고 말할 수 있다면 누구나 활용할 수 있습니다.

셋째, 미국인 성우가 평소 말하듯이 녹음했어요!

기존의 학습자료들은 성우가 또박또박 발음하기 때문에 속도가 느립니다. 하지만 실제로 외국인들은 그렇게 느리게 말하지 않습니다. 막상 외국인을 만나면 그들의 빠른 말 속도에 당황부터 하게 됩니다. 저 역시도 겪은 일입니다. 이를 미연에 방지하고자 최대한 실제와 비슷한 속도로 녹음하였습니다.

넷째, 복잡한 문법적 설명은 없어요!
문법이라면 다들 지긋지긋해 합니다. 여러분의 거부감을 줄이기 위해 동사나 의문사와 같은 친숙한 문법용어조차도 최대한 사용을 자제했습니다.

다섯, 주말 복습 안 해도 돼요!
제가 영어와 중국어를 공부할 때는 주말에 반복학습을 했습니다. 1주일간의 학습량을 전체 복습하려다 보니 시간이 많이 소요되었습니다. 그러나 이 패턴북은 처음부터 주말 복습을 하지 않아도 되도록 구성했습니다. 진도에 맞춰서 따라가면 자연스럽게 복습이 되는 구조이므로 여러분은 오직 앞을 향해 쭉쭉 나아가면 된다.

이제 여러분들이 할 일은 오직 하나뿐입니다.
딱 90일만 따라 말하세요.
그러면 입에서 영어가 저절로 튀어나옵니다.
그리고 새로운 세상이 눈앞에 펼쳐집니다.
저는 영어가 튀어 나오면서 그동안 보지 못했던 세상을 보게 되었고, 중국어가 튀어 나오면서는 나머지 세상의 절반도 보게 되었습니다. 이제는

온 세상이 저의 놀이터입니다.

여러분도 90일 만에 글로벌 플레이어가 되기를 기원합니다.

2018년 6월

양선호

P.S
- 이 책은 60일짜리 학습 분량을 담고 있습니다. 이 책의 학습을 마친 뒤에는 〈영어 베이비 생활영어 30일〉을 학습함으로써 90일 영어 베이비 과정을 종료하게 됩니다.

〈영어 베이비〉 공부법

1 팟빵에서 '영어 베이비'라고 검색하면 이 책의 음성파일을 다운받을 수 있습니다. 음성파일에는 일련번호가 적혀 있는데 이 책의 학습 콘텐츠와 번호가 같으므로 차례대로 받아서 공부하면 됩니다. 음성파일 하나의 길이는 2~5분입니다.

2 학습법은 매우 간단합니다. ❶ 음성파일을 듣고 ❷ 따라 말하기입니다. 음성파일을 재생하면 한국어 설명과 외국인 성우의 영어 문장이 차례대로 흘러나옵니다. 이때 영어 문장을 듣고 그대로 따라 말하면 됩니다. 그리고 다음 한국어 설명이 나올 때까지의 공백 동안에 최대한 많이 반복합니다.

3 기본 원칙은 "최초 3회 반복, 다음날 2회 반복, 그 다음날 1회 반복"입니다.
그리고 "복습 먼저하고 새로운 음성파일로 진도 나가기"입니다.

▶ **1일차 : 1번 음성파일 3회 + 2번 음성파일 3회……**
1번 음성파일을 3회 연이어 반복합니다. 그러고 나서 2번 음성파일로 넘어가서 마찬가지로 3회 반복합니다. 이런 식으로 다음 번호로 진도를 나가면서, 최초 1일차의 학습을 마칩니다. 이때 혹시 들리지 않는 소리가 있다면 반드시 이 책의 본문을 통해 소리의 정체를 확인해야 합니다.

▶ **2일차 : 1일차 음성파일 2회 + 2일차 음성파일 3회**

1일차에 들었던 음성파일을 2회씩 들으며 복습을 먼저 합니다. 1번 음성파일 2회, 그러고 나서 2번 음성파일을 2회 듣는 방식입니다. 1일차에 대한 복습을 마친 이후에 새로운 음성파일을 각 3회씩 들으며 진도를 나갑니다. 이런 식으로 2일차 학습을 마칩니다. 마찬가지로 들리지 않는 소리가 있다면 이 책의 본문을 통해 확인합니다(이후에도 동일합니다.).

▶ **3일차 : 1일차 음성파일 1회 + 2일차 음성파일 2회 + 3일차 음성파일 3회**

1일차에 들었던 음성파일 전체를 1회씩 듣고, 2일차에 들었던 음성파일들을 2회 반복하며 복습을 먼저 합니다. 그러고 나서 새로운 음성파일을 각 3회씩 들으며 진도를 나갑니다.

▶ **4일차 : 2일차 음성파일 1회 + 3일차 음성파일 2회 + 4일차 음성파일 3회**

4일차부터는 3일차와 동일합니다. 2일 전에 들은 음성파일을 1회, 어제 들은 음성파일을 2회 반복하며 복습합니다(1일차는 복습하지 않습니다.). 그러고 나서 새로운 음성파일로 진도를 나아갑니다.

〈예시〉

일차	음성파일	구분
1일차	1~8번 음성파일 3회 반복	진도
2일차	1~8번 음성파일 2회 반복	복습
	9~12번 음성파일 3회 반복	진도
3일차	1~8번 음성파일 1회 반복	복습
	9~12번 음성파일 2회 반복	복습
	13~18번 음성파일 3회 반복	진도
4일차	9~12번 음성파일 1회 반복	복습
	13~18번 음성파일 2회 반복	복습
	19~24번 음성파일 3회 반복	진도
이하 동일		

이 예시는 하루 90분 학습을 가정하고 임의로 구성한 것입니다. 학습자에 따라 분량과 반복횟수를 조절할 수 있습니다.

4 반복되는 표현에 익숙해졌다고 생각되면 학습 속도를 높여도 무방합니다. 학습량을 늘리거나 음성파일의 재생속도를 1.2배, 1.5배 빠르게 끌어올려도 좋습니다.

5 학습 효과를 극대화하기 위해서는 6원칙을 지켜야 합니다. 6원칙 없는 따라 말하기는 시간 낭비가 될 수 있습니다.

- 6원칙은 ❶ 통문장, ❷ 패턴, ❸ 한국어 설명, ❹ 상황 몰입, ❺ 큰 소리, ❻ 반복입니다. 이 가운데 ❶~❸번은 이 책과 음성파일에 적용했으니 신경을 쓸 필요가 없습니다. 여러분이 신경을 써야 할 것은 ❹번 상황 몰입 ❺번 큰 소리 ❻ 반복, 이렇게 세 가지입니다.

- 학습자가 한국어 설명을 들을 때 그 상황을 떠올리고 몰입하면서 영어 문장을 따라 말하는 것이 ❹ 상황 몰입입니다. 상황 몰입 없이 그냥 앵무새처럼 입으로만 따라 말하기를 하면 학습 효과를 거둘 수 없습니다. 그러므로 설거지나 운전과 같이 다른 일과 병행해서 공부하면 절대 안 됩니다. 다만 처음에는 익숙지 않아서 상황 몰입이 힘들 수 있습니다. 그때는 소리를 따라 말하는 것에만 최대한 집중하고, 차후 익숙해지면 상황 몰입을 합니다.

- ❺번 큰 소리로 따라 말하기도 매우 중요한 과정입니다. 영어를 몸으로 익히기 위한 방법이므로 반드시 지키도록 합니다. 2미터 앞의 사람에게 얘기를 한다는 생각으로 성량을 키우면 좋습니다. 설령 큰 소리로 말할 수 없는 상황이더라도 귀로만 듣지 말고 반드시 입을 움직여 발음하는 시늉을 내야 합니다.

6 1일 권장 학습 시간은 90분이며(오전에 45분, 오후에 45분으로 나누어도 괜찮습니다.), 최소 1시간은 매일같이 학습해야 합니다. 물론 학습량이 많을수록 결과를 훨씬 더 빨리 얻을 수 있지만 동시에 쉽게 지칠 수도 있습니다. 90일 동안 꾸준히 지속할 수 있도록 페이스 조절에도 신경써주시기 바랍니다. 또한, 개인적인 사정으로 하루 이틀 쉬었더라도 포기하지 않고 계속해서 이어가는 것이 중요합니다. 이 교재의 특성상, 하루 이틀 뒤에 다시 시작해도 영어에 대한 감각을 금방 회복할 수 있습니다(이것은 되느냐 안 되느냐의 문제가 아니라, 하느냐 안 하느냐의 문제입니다.).

7 영어 패턴과 단어의 의미를 효율적으로 익히기 위해 한국어 설명은 직역으로 했습니다. 초급자들에게는 의역보다는 직역이 공부에 도움 되기 때문입니다. 다만 직역으로 번역한 까닭에 일부 한국어 설명이 어색하게 느껴질 수 있습니다. 그러나 이해에는 문제가 없을 것으로 생각됩니다.

8 6원칙 따라 말하기의 자세한 방법이나 궁금증은 이 책의 이론서에 해당하는 〈오늘부터 딱 90일만 영어 베이비〉를 참고하기 바랍니다.

• 목차 •

Intro • 4

〈영어 베이비〉 공부법 • 10

PART 1.
나의 이야기

STEP 1. 나의 상태와 위치 • 19
나는 배고파 | 나는 학생이야 | 나는 집 안에 있어

STEP 2. 나의 행동 • 45
나는 간다 | 나는 슈퍼에 걸어간다 | 나는 택시를 잡아야 한다

STEP 3. 내가 자주 하는 행동 • 71
나는 집에 간다 | 나는 늦게 온다 | 나는 그 회의를 금요일로 옮긴다

STEP 4. 내가 자주 쓰는 표현들 • 94
나는 막 운전을 하려 한다 | 나는 버스를 타는 데 익숙하다 | 나는 고기에 질린다

STEP 5. 나에 대해 물어보기 • 109
내가 매우 늦었어? | 내가 욕실 안에 있어? | 내가 그것을 기억해?

STEP 6. 나에 대해 구체적으로 물어보기 • 127
나는 뭐야? | 나는 어디에 있어? | 나는 누구와 비슷해?

STEP 7. 나의 과거 • 138
나는 헷갈렸어 | 나는 방 안에 있었어 | 나는 너를 믿었어

PART 2. 너, 그, 우리의 이야기

STEP 1. 너의 지금 · 168
너는 날씬해 | 너는 돈이 많은 남자야 | 너는 예약을 해도 된다

STEP 2. 너의 과거 · 183
너는 인기가 많았어 | 너는 훌륭한 사진 기사였어 | 너는 게임을 거의 안했어

STEP 3. 그와 그녀의 지금 · 190
그는 바쁜 기술자야 | 그녀는 창문 아래에 있어 | 그는 엄마에게 많이 묻는다

STEP 4. 그와 그녀의 과거 · 202
그녀는 우수한 선수였어 | 그녀는 정원 앞에 있었어 | 그녀는 진짜로 큰 소리로 웃었다

STEP 5. 우리의 지금 · 208
우리는 아름다워 | 우리는 아침에 이메일을 보낸다 | 우리는 환불을 받아야 한다

STEP 6. 우리의 과거 · 217
우리는 해변 주위에 있었어 | 우리는 밤에 매장을 찾았어

PART 3. 기타 표현

STEP 1. 이것의 지금 · 224
이것은 커 | 이것은 오래된 장난감이야 | 이것은 무릎을 덮는다

STEP 2. 이것의 과거 · 260
이것은 느렸어 | 이것은 두꺼운 고기였어 | 이것은 나이를 숨겼어

STEP 3. 저것의 지금 · 275
저것은 똑같아 | 저것은 밝은 색깔이야 | 저것은 자리를 바꾼다

STEP 4. 그것의 지금 · 282
그것은 가능해 | 그것은 얇은 카드야 | 그것은 비를 싫어한다

STEP 5. 기타 표현 · 289
그래서 나는 헷갈린다 | 나는 너보다 더 잘생겼어 | 나는 너보다 한 살 많아

Learn english

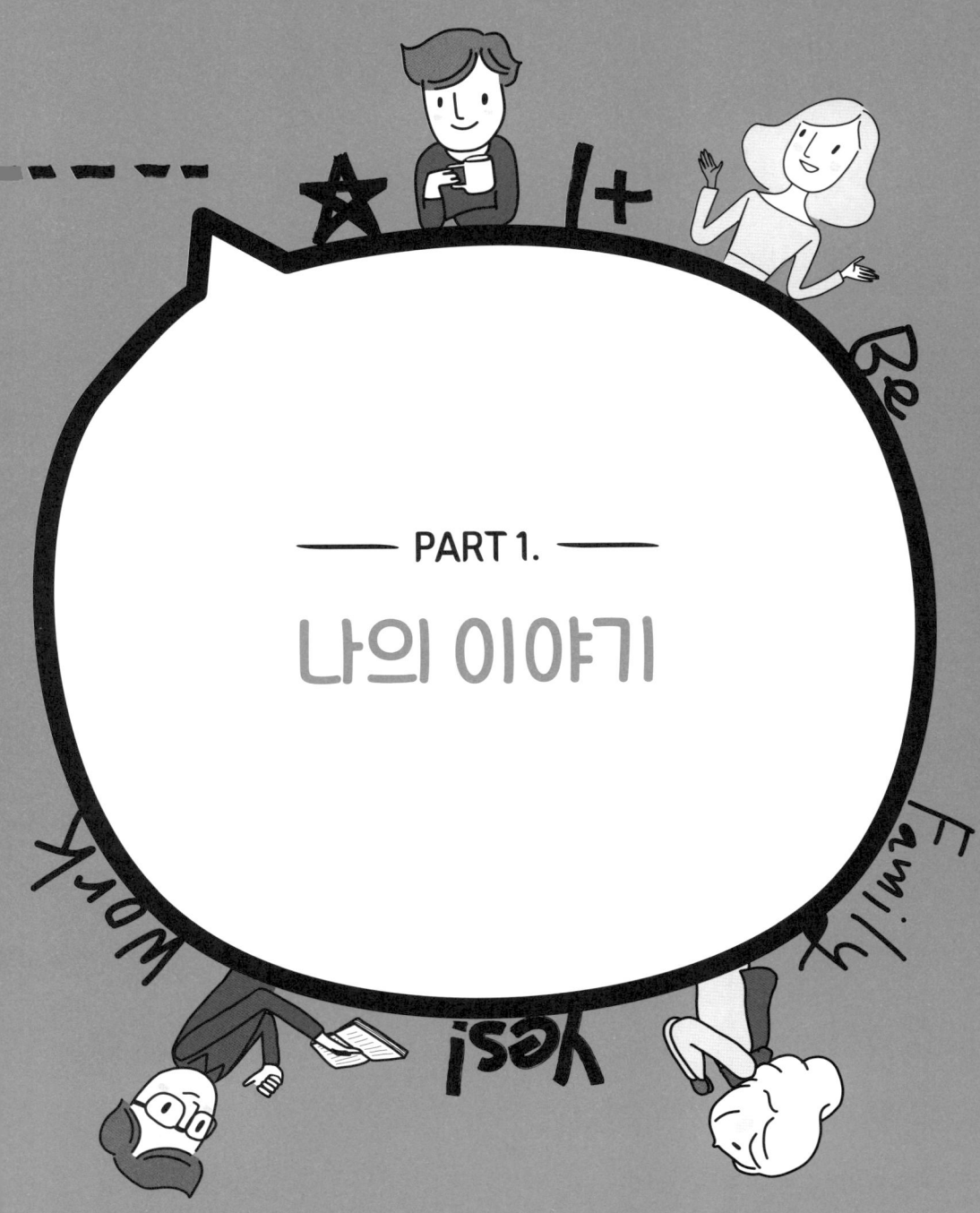

STEP 1.
나의 상태와 위치

나는 + 배고파 ➡ I'm + hungry

※ I'm은 'I am'의 줄임말이에요.

1	나는 배고파.	I'm hungry.
2	나는 배불러.	I'm full.
3	나는 목말라.	I'm thirsty.
4	나는 아파.	I'm sick.
5	나는 졸려.	I'm sleepy.
6	나는 추워.	I'm cold.
7	나는 시원해.	I'm cool.
8	나는 따뜻해.	I'm warm.
9	나는 더워.	I'm hot.
10	나는 피곤해.	I'm tired.
11	나는 좋아/착해.	I'm good.
12	나는 나빠.	I'm bad.
13	나는 슬퍼.	I'm sad.
14	나는 화나.	I'm angry.
15	나는 행복해.	I'm happy.
16	나는 무서워.	I'm scared.
17	나는 놀랐어.	I'm surprised.
18	나는 아름다워.	I'm beautiful.
19	나는 잘생겼어.	I'm handsome.
20	나는 바빠.	I'm busy.
21	나는 더러워.	I'm dirty.
22	나는 깨끗해.	I'm clean.
23	나는 늙었어.	I'm old.
24	나는 젊어/어려.	I'm young.
25	나는 못생겼어.	I'm ugly.
26	나는 예뻐.	I'm pretty.
27	나는 준비됐어.	I'm ready.
28	나는 바보야.	I'm stupid.
29	나는 똑똑해.	I'm smart.
30	나는 헷갈려.	I'm confused.

나는 + 안 + 배고파 ➡ I'm + not + hungry

1	나는 안 배고파.	I'm not hungry.
2	나는 안 배불러.	I'm not full.
3	나는 안 목말라.	I'm not thirsty.
4	나는 안 아파.	I'm not sick.
5	나는 안 졸려.	I'm not sleepy.
6	나는 안 추워.	I'm not cold.
7	나는 안 시원해.	I'm not cool.
8	나는 안 따뜻해.	I'm not warm.
9	나는 안 더워.	I'm not hot.
10	나는 안 피곤해.	I'm not tired.
11	나는 안 좋아/착해.	I'm not good.
12	나는 안 나빠.	I'm not bad.
13	나는 안 슬퍼.	I'm not sad.
14	나는 안 화나.	I'm not angry.
15	나는 안 행복해.	I'm not happy.
16	나는 안 무서워.	I'm not scared.
17	나는 안 놀랐어.	I'm not surprised.
18	나는 안 아름다워.	I'm not beautiful.
19	나는 안 잘생겼어.	I'm not handsome.
20	나는 안 바빠.	I'm not busy.
21	나는 안 더러워.	I'm not dirty.
22	나는 안 깨끗해.	I'm not clean.
23	나는 안 늙었어.	I'm not old.
24	나는 안 젊어/어려.	I'm not young.
25	나는 안 못생겼어.	I'm not ugly.
26	나는 안 예뻐.	I'm not pretty.
27	나는 안 준비됐어.	I'm not ready.
28	나는 바보 아니야.	I'm not stupid.
29	나는 안 똑똑해.	I'm not smart.
30	나는 안 헷갈려.	I'm not confused.

나는 + 뚱뚱해 ➡ I'm + fat

1	나는 뚱뚱해.	I'm fat.
2	나는 날씬해.	I'm slim.
3	나는 돈이 많아.	I'm rich.
4	나는 가난해/불쌍해.	I'm poor.
5	나는 약해.	I'm weak.
6	나는 강해.	I'm strong.
7	나는 키가 커.	I'm tall.
8	나는 키가 작아.	I'm short.
9	나는 조용해.	I'm quiet.
10	나는 시끄러워.	I'm noisy.
11	나는 혼자/미혼이야.	I'm single.
12	나는 결혼했어.	I'm married.
13	나는 병났어.	I'm ill.
14	나는 건강해.	I'm healthy.
15	나는 똑같아.	I'm same.
16	나는 달라.	I'm different.
17	나는 정상이야.	I'm normal.
18	나는 특별해.	I'm special.
19	나는 부지런해.	I'm diligent.
20	나는 게을러.	I'm lazy.
21	나는 인기가 많아.	I'm popular.
22	나는 유명해.	I'm famous.
23	나는 예의가 발라.	I'm polite.
24	나는 예의가 없어.	I'm rude.
25	나는 중요해.	I'm important.
26	나는 정직해.	I'm honest.
27	나는 친절해.	I'm kind.
28	나는 운이 좋아.	I'm lucky.
29	나는 훌륭해.	I'm great.
30	나는 좋아/괜찮아.	I'm fine.

나는 + 안 + 뚱뚱해 → I'm + not + fat

1	나는 안 뚱뚱해.	I'm not fat.
2	나는 안 날씬해.	I'm not slim.
3	나는 돈이 안 많아.	I'm not rich.
4	나는 안 가난해/안 불쌍해.	I'm not poor.
5	나는 안 약해.	I'm not weak.
6	나는 안 강해.	I'm not strong.
7	나는 키가 안 커.	I'm not tall.
8	나는 키가 안 작아.	I'm not short.
9	나는 안 조용해.	I'm not quiet.
10	나는 안 시끄러워.	I'm not noisy.
11	나는 혼자/미혼이 아니야.	I'm not single.
12	나는 결혼 안 했어.	I'm not married.
13	나는 병 안 났어.	I'm not ill.
14	나는 안 건강해.	I'm not healthy.
15	나는 안 똑같아.	I'm not same.
16	나는 안 달라.	I'm not different.
17	나는 정상이 아니야.	I'm not normal.
18	나는 안 특별해.	I'm not special.
19	나는 안 부지런해.	I'm not diligent.
20	나는 안 게을러.	I'm not lazy.
21	나는 인기가 없어.	I'm not popular.
22	나는 안 유명해.	I'm not famous.
23	나는 예의가 안 발라.	I'm not polite.
24	나는 예의가 없지 않아.	I'm not rude.
25	나는 안 중요해.	I'm not important.
26	나는 안 정직해.	I'm not honest.
27	나는 안 친절해.	I'm not kind.
28	나는 운이 안 좋아.	I'm not lucky.
29	나는 안 훌륭해.	I'm not great.
30	나는 안 좋아/안 괜찮아.	I'm not fine.

5

나는 + 너무 + 배고파 ➔ I'm + so + hungry

1	나는 너무 배고파.	I'm so hungry.
2	나는 너무 배불러.	I'm so full.
3	나는 너무 목말라.	I'm so thirsty.
4	나는 너무 아파.	I'm so sick.
5	나는 너무 졸려.	I'm so sleepy.
6	나는 너무 추워.	I'm so cold.
7	나는 너무 시원해.	I'm so cool.
8	나는 너무 따뜻해.	I'm so warm.
9	나는 너무 더워.	I'm so hot.
10	나는 너무 피곤해.	I'm so tired.
11	나는 너무 좋아/착해.	I'm so good.
12	나는 너무 나빠.	I'm so bad.
13	나는 너무 슬퍼.	I'm so sad.
14	나는 너무 화나.	I'm so angry.
15	나는 너무 행복해.	I'm so happy.
16	나는 너무 무서워.	I'm so scared.
17	나는 너무 놀랐어.	I'm so surprised.
18	나는 너무 아름다워.	I'm so beautiful.
19	나는 너무 잘생겼어.	I'm so handsome.
20	나는 너무 바빠.	I'm so busy.
21	나는 매우 더러워.	I'm very dirty.
22	나는 매우 깨끗해.	I'm very clean.
23	나는 매우 늙었어.	I'm very old.
24	나는 매우 젊어/어려.	I'm very young.
25	나는 매우 못생겼어.	I'm very ugly.
26	나는 매우 예뻐.	I'm very pretty.
27	나는 매우 준비됐어.	I'm very ready.
28	나는 매우 바보야.	I'm very stupid.
29	나는 매우 똑똑해.	I'm very smart.
30	나는 매우 헷갈려.	I'm very confused.

나는 + 너무 + 배고프지는 + 않아 ➡ I'm + not + so + hungry

※ '나는 너무 배고프지는 않아'는 '나는 그렇게까지 심하게 배고프지는 않아'라고 바꾸어 이해해도 좋아요.

1	나는 너무 배고프지는 않아.	I'm not so hungry.
2	나는 너무 배부르지는 않아.	I'm not so full.
3	나는 너무 목마르지는 않아.	I'm not so thirsty.
4	나는 너무 아프지는 않아.	I'm not so sick.
5	나는 너무 졸리지는 않아.	I'm not so sleepy.
6	나는 너무 춥지는 않아.	I'm not so cold.
7	나는 너무 시원하지는 않아.	I'm not so cool.
8	나는 너무 따뜻하지는 않아.	I'm not so warm.
9	나는 너무 덥지는 않아.	I'm not so hot.
10	나는 너무 피곤하지는 않아.	I'm not so tired.
11	나는 너무 좋지는/착하지는 않아.	I'm not so good.
12	나는 너무 나쁘지는 않아.	I'm not so bad.
13	나는 너무 슬프지는 않아.	I'm not so sad.
14	나는 너무 화나지는 않아.	I'm not so angry.
15	나는 너무 행복하지는 않아.	I'm not so happy.
16	나는 너무 무섭지는 않아.	I'm not so scared.
17	나는 너무 놀라지는 않아.	I'm not so surprised.
18	나는 너무 아름답지는 않아.	I'm not so beautiful.
19	나는 너무 잘생기지는 않아.	I'm not so handsome.
20	나는 너무 바쁘지는 않아.	I'm not so busy.
21	나는 매우 더럽지는 않아.	I'm not very dirty.
22	나는 매우 깨끗하지는 않아.	I'm not very clean.
23	나는 매우 늙지는 않아.	I'm not very old.
24	나는 매우 젊지는/어리지는 않아.	I'm not very young.
25	나는 매우 못생기지는 않아.	I'm not very ugly.
26	나는 매우 예쁘지는 않아.	I'm not very pretty.
27	나는 매우 준비된 것은 아니야.	I'm not very ready.
28	나는 매우 바보는 아니야.	I'm not very stupid.
29	나는 매우 똑똑하지는 않아.	I'm not very smart.
30	나는 매우 헷갈리지는 않아.	I'm not very confused.

7

나는 + 매우 + 뚱뚱해 ➡ I'm + very + fat

1	나는 매우 뚱뚱해.	I'm very fat.
2	나는 매우 날씬해.	I'm very slim.
3	나는 매우 돈이 많아.	I'm very rich.
4	나는 매우 가난해/불쌍해.	I'm very poor.
5	나는 매우 약해.	I'm very weak.
6	나는 매우 강해.	I'm very strong.
7	나는 매우 키가 커.	I'm very tall.
8	나는 매우 키가 작아.	I'm very short.
9	나는 매우 조용해.	I'm very quiet.
10	나는 매우 시끄러워.	I'm very noisy.
11	나는 진짜 혼자/미혼이야.	I'm really single.
12	나는 진짜 결혼했어.	I'm really married.
13	나는 진짜 병났어.	I'm really ill.
14	나는 진짜 건강해.	I'm really healthy.
15	나는 진짜 똑같아.	I'm really same.
16	나는 진짜 달라.	I'm really different.
17	나는 진짜 정상이야.	I'm really normal.
18	나는 진짜 특별해.	I'm really special.
19	나는 진짜 부지런해.	I'm really diligent.
20	나는 진짜 게을러.	I'm really lazy.
21	나는 진짜 인기가 많아.	I'm really popular.
22	나는 진짜 유명해.	I'm really famous.
23	나는 진짜 예의가 발라.	I'm really polite.
24	나는 진짜 예의가 없어.	I'm really rude.
25	나는 진짜 중요해.	I'm really important.
26	나는 진짜 정직해.	I'm really honest.
27	나는 진짜 친절해.	I'm really kind.
28	나는 진짜 운이 좋아.	I'm really lucky.
29	나는 진짜 훌륭해.	I'm really great.
30	나는 진짜 좋아/괜찮아.	I'm really fine.

나는 + 매우 + 뚱뚱하지는 + 않아 ➡ I'm + not + very + fat

1	나는 매우 뚱뚱하지는 않아.		I'm not very fat.
2	나는 매우 날씬하지는 않아.		I'm not very slim.
3	나는 매우 돈이 많지는 않아.		I'm not very rich.
4	나는 매우 가난/불쌍하지는 않아.		I'm not very poor.
5	나는 매우 약하지는 않아.		I'm not very weak.
6	나는 매우 강하지는 않아.		I'm not very strong.
7	나는 매우 키가 크지는 않아.		I'm not very tall.
8	나는 매우 키가 작지는 않아.		I'm not very short.
9	나는 매우 조용하지는 않아.		I'm not very quiet.
10	나는 매우 시끄럽지는 않아.		I'm not very noisy.
11	나는 진짜 혼자인 것은 아니야.		I'm not really single.
12	나는 진짜 결혼한 것은 아니야.		I'm not really married.
13	나는 진짜 병난 것은 아니야.		I'm not really ill.
14	나는 진짜 건강하지는 않아.		I'm not really healthy.
15	나는 진짜 똑같지는 않아.		I'm not really same.
16	나는 진짜 다르지는 않아.		I'm not really different.
17	나는 진짜 정상이지는 않아.		I'm not really normal.
18	나는 진짜 특별하지는 않아.		I'm not really special.
19	나는 진짜 부지런하지는 않아.		I'm not really diligent.
20	나는 진짜 게으르지는 않아.		I'm not really lazy.
21	나는 진짜 인기 있지는 않아.		I'm not really popular.
22	나는 진짜 유명하지는 않아.		I'm not really famous.
23	나는 진짜 예의가 바르지는 않아.		I'm not really polite.
24	나는 진짜 예의가 없지는 않아.		I'm not really rude.
25	나는 진짜 중요하지는 않아.		I'm not really important.
26	나는 진짜 정직하지는 않아.		I'm not really honest.
27	나는 진짜 친절하지는 않아.		I'm not really kind.
28	나는 진짜 운이 좋지는 않아.		I'm not really lucky.
29	나는 진짜 훌륭하지는 않아.		I'm not really great.
30	나는 진짜 좋지는/괜찮지는 않아		I'm not really fine.

9

나는 + 학생이야 ➡ I'm + a student

※ a는 하나라는 뜻인데 대상이 1개인 경우에만 형식적으로 붙고 특별한 의미를 나타내지는 않아요.
※ 다음 단어의 첫 글자가 모음(a, e, i, o, u)이면, a는 an으로 바뀌어요.

1	나는 다연이야.	I'm Dayun.
2	나는 학생이야.	I'm a student.
3	나는 선생님이야.	I'm a teacher.
4	나는 소년이야.	I'm a boy.
5	나는 소녀야.	I'm a girl.
6	나는 남자야.	I'm a man.
7	나는 여자야.	I'm an woman.
8	나는 친구야.	I'm a friend.
9	나는 같은 반 친구야	I'm a classmate.
10	나는 선배야.	I'm a senior.
11	나는 후배야.	I'm a junior.
12	나는 안내원이야.	I'm a guide.
13	나는 판매원이야.	I'm a salesman.
14	나는 손님이야.	I'm a guest.
15	나는 여행자야.	I'm a tourist.
16	나는 기술자야.	I'm an engineer.
17	나는 간호사야.	I'm a nurse.
18	나는 직원이야.	I'm a staff.
19	나는 사장이야.	I'm a boss.
20	나는 회사원이야.	I'm a worker.
21	나는 경찰이야.	I'm a police.
22	나는 경비원이야.	I'm a guard.
23	나는 가수야.	I'm a singer.
24	나는 연예인이야.	I'm a celebrity.
25	나는 주장이야.	I'm a captain.
26	나는 영화배우야.	I'm a movie star.
27	나는 아이야.	I'm a kid.
28	나는 어린이야.	I'm a child.
29	나는 아기야.	I'm a baby.
30	나는 어른이야.	I'm an adult.

나는 + 학생이 + 아니야 ➡ I'm + not + a student

1	나는 다연이 아니야.	I'm not Dayun.
2	나는 학생이 아니야.	I'm not a student.
3	나는 선생님이 아니야.	I'm not a teacher.
4	나는 소년이 아니야.	I'm not a boy.
5	나는 소녀가 아니야.	I'm not a girl.
6	나는 남자가 아니야.	I'm not a man.
7	나는 여자가 아니야.	I'm not an woman.
8	나는 친구가 아니야.	I'm not a friend.
9	나는 같은 반 친구가 아니야.	I'm not a classmate.
10	나는 선배가 아니야.	I'm not a senior.
11	나는 후배가 아니야.	I'm not a junior.
12	나는 안내원이 아니야.	I'm not a guide.
13	나는 판매원이 아니야.	I'm not a salesman.
14	나는 손님이 아니야.	I'm not a guest.
15	나는 여행자가 아니야.	I'm not a tourist.
16	나는 기술자가 아니야.	I'm not an engineer.
17	나는 간호사가 아니야.	I'm not a nurse.
18	나는 직원이 아니야.	I'm not a staff.
19	나는 사장이 아니야.	I'm not a boss.
20	나는 회사원이 아니야.	I'm not a worker.
21	나는 경찰이 아니야.	I'm not a police.
22	나는 경비원이 아니야.	I'm not a guard.
23	나는 가수가 아니야.	I'm not a singer.
24	나는 연예인이 아니야.	I'm not a celebrity.
25	나는 주장이 아니야.	I'm not a captain.
26	나는 영화배우가 아니야.	I'm not a movie star.
27	나는 아이가 아니야.	I'm not a kid.
28	나는 어린이가 아니야.	I'm not a child.
29	나는 아기가 아니야.	I'm not a baby.
30	나는 어른이 아니야.	I'm not an adult.

나는 + 여왕이야 ➔ I'm + a queen

1	나는 여왕이야.	I'm a queen.
2	나는 왕이야.	I'm a king.
3	나는 왕자야.	I'm a prince.
4	나는 공주야.	I'm a princess.
5	나는 이웃이야.	I'm a neighbor.
6	나는 군인이야.	I'm a soldier.
7	나는 음악인이야.	I'm a musician.
8	나는 과학자야.	I'm a scientist.
9	나는 비서야.	I'm a secretary.
10	나는 회원이야.	I'm a member.
11	나는 사진 기사야.	I'm a photographer.
12	나는 코미디언이야.	I'm a comedian.
13	나는 춤꾼이야.	I'm a dancer.
14	나는 교수야.	I'm a professor.
15	나는 인간이야.	I'm a human being.
16	나는 도둑이야.	I'm a thief.
17	나는 강도야.	I'm a robber.
18	나는 모델이야.	I'm a model.
19	나는 선수야.	I'm a player.
20	나는 의사야.	I'm a doctor.
21	나는 아빠(아버지)야.	I'm a dad(father).
22	나는 엄마(어머니)야.	I'm a mom(mother).
23	나는 남동생/형이야.	I'm a brother.
24	나는 여동생/누나야.	I'm a sister.
25	나는 할머니야.	I'm a grandmother.
26	나는 할아버지야.	I'm a grandfather.
27	나는 친척이야.	I'm a relative.
28	나는 사촌이야	I'm a cousin.
29	나는 아들이야.	I'm a son.
30	나는 딸이야.	I'm a daughter.

나는 + 여왕이 + 아니야 ➡ I'm + not + a queen

1	나는 여왕이 아니야.	I'm not a queen.
2	나는 왕이 아니야.	I'm not a king.
3	나는 왕자가 아니야.	I'm not a prince.
4	나는 공주가 아니야.	I'm not a princess.
5	나는 이웃이 아니야.	I'm not a neighbor.
6	나는 군인이 아니야.	I'm not a soldier.
7	나는 음악인이 아니야.	I'm not a musician.
8	나는 과학자가 아니야.	I'm not a scientist.
9	나는 비서가 아니야.	I'm not a secretary.
10	나는 회원이 아니야.	I'm not a member.
11	나는 사진 기사가 아니야.	I'm not a photographer.
12	나는 코미디언이 아니야.	I'm not a comedian.
13	나는 춤꾼이 아니야.	I'm not a dancer.
14	나는 교수가 아니야.	I'm not a professor.
15	나는 인간이 아니야.	I'm not a human being.
16	나는 도둑이 아니야.	I'm not a thief.
17	나는 강도가 아니야.	I'm not a robber.
18	나는 모델이 아니야.	I'm not a model.
19	나는 선수가 아니야.	I'm not a player.
20	나는 의사가 아니야.	I'm not a doctor.
21	나는 아빠(아버지)가 아니야.	I'm not a dad(father).
22	나는 엄마(어머니)가 아니야.	I'm not a mom(mother).
23	나는 남동생/형이 아니야.	I'm not a brother.
24	나는 여동생/누나가 아니야.	I'm not a sister.
25	나는 할머니가 아니야.	I'm not a grandmother.
26	나는 할아버지가 아니야.	I'm not a grandfather.
27	나는 친척이 아니야.	I'm not a relative.
28	나는 사촌이 아니야.	I'm not a cousin.
29	나는 아들이 아니야.	I'm not a son.
30	나는 딸이 아니야.	I'm not a daughter.

13

나는 + 똑똑한 + 학생이야 ➡ I'm + a smart + student

1	나는 특별한 다연이야.	I'm special Dayun.
2	나는 똑똑한 학생이야.	I'm a smart student.
3	나는 지루한 선생님이야.	I'm a boring teacher.
4	나는 잘생긴 소년이야.	I'm a handsome boy.
5	나는 아름다운 소녀야.	I'm a beautiful girl.
6	나는 돈이 많은 남자야.	I'm a rich man.
7	나는 행복한 여자야.	I'm a happy woman.
8	나는 좋은 친구야.	I'm a good friend.
9	나는 중요한 같은 반 친구야.	I'm an important classmate.
10	나는 나쁜 선배야.	I'm a bad senior.
11	나는 불쌍한 후배야.	I'm a poor junior.
12	나는 친절한 안내원이야.	I'm a kind guide.
13	나는 정직한 판매원이야.	I'm an honest salesman.
14	나는 운이 좋은 손님이야.	I'm a lucky guest.
15	나는 배고픈 여행자야.	I'm a hungry tourist.
16	나는 바쁜 기술자야.	I'm a busy engineer.
17	나는 부지런한 간호사야.	I'm a diligent nurse.
18	나는 비슷한 직원이야.	I'm a similar staff.
19	나는 젊은/어린 사장이야.	I'm a young boss.
20	나는 피곤한 회사원이야.	I'm a tired worker.
21	나는 무서운 경찰이야.	I'm a scary police.
22	나는 엄격한 경비원이야.	I'm a strict guard.
23	나는 유명한 가수야.	I'm a famous singer.
24	나는 인기 있는 연예인이야.	I'm a popular celebrity.
25	나는 매력적인 주장이야.	I'm a charming captain.
26	나는 진지한 영화배우야.	I'm a serious movie star.
27	나는 약한 아이야.	I'm a weak kid.
28	나는 예쁜 어린이야.	I'm a pretty child.
29	나는 귀여운 아기야.	I'm a cute baby.
30	나는 침착한 어른이야.	I'm a calm adult.

나는 + 똑똑한 + 학생이 + 아니야

➡ **I'm + not + a smart + student**

1	나는 특별한 다연이 아니야.	I'm not special Dayun.
2	나는 똑똑한 학생이 아니야.	I'm not a smart student.
3	나는 지루한 선생님이 아니야.	I'm not a boring teacher.
4	나는 잘생긴 소년이 아니야.	I'm not a handsome boy.
5	나는 아름다운 소녀가 아니야.	I'm not a beautiful girl.
6	나는 돈 많은 남자가 아니야.	I'm not a rich man.
7	나는 행복한 여자가 아니야.	I'm not a happy woman.
8	나는 좋은 친구가 아니야.	I'm not a good friend.
9	나는 중요한 같은 반 친구가 아니야.	I'm not an important classmate.
10	나는 나쁜 선배가 아니야.	I'm not a bad senior.
11	나는 불쌍한 후배가 아니야.	I'm not a poor junior.
12	나는 친절한 안내원이 아니야.	I'm not a kind guide.
13	나는 정직한 판매원이 아니야.	I'm not an honest salesman.
14	나는 운이 좋은 손님이 아니야.	I'm not a lucky guest.
15	나는 배고픈 여행자가 아니야.	I'm not a hungry tourist.
16	나는 바쁜 기술자가 아니야.	I'm not a busy engineer.
17	나는 부지런한 간호사가 아니야.	I'm not a diligent nurse.
18	나는 비슷한 직원이 아니야.	I'm not a similar staff.
19	나는 젊은/어린 사장이 아니야.	I'm not a young boss.
20	나는 피곤한 회사원이 아니야.	I'm not a tired worker.
21	나는 무서운 경찰이 아니야.	I'm not a scary police.
22	나는 엄격한 경비원이 아니야.	I'm not a strict guard.
23	나는 유명한 가수가 아니야.	I'm not a famous singer.
24	나는 인기 있는 연예인이 아니야.	I'm not a popular celebrity.
25	나는 매력적인 주장이 아니야.	I'm not a charming captain.
26	나는 진지한 영화배우가 아니야.	I'm not a serious movie star.
27	나는 약한 아이가 아니야.	I'm not a weak kid.
28	나는 예쁜 어린이가 아니야.	I'm not a pretty child.
29	나는 귀여운 아기가 아니야.	I'm not a cute baby.
30	나는 침착한 어른이 아니야.	I'm not a calm adult.

15

나는 + 뚱뚱한 + 여왕이야 ➡ I'm + a fat + queen

1	나는 뚱뚱한 여왕이야.	I'm a fat queen.
2	나는 늙은 왕이야.	I'm an old king.
3	나는 똑똑한 왕자야.	I'm a clever prince.
4	나는 날씬한 공주야.	I'm a slim princess.
5	나는 시끄러운 이웃이야.	I'm a noisy neighbor.
6	나는 강한 군인이야.	I'm a strong soldier.
7	나는 슬픈 음악인이야.	I'm a sad musician.
8	나는 조용한 과학자야.	I'm a quiet scientist.
9	나는 깨끗한 비서야.	I'm a clean secretary.
10	나는 같은 회원이야.	I'm a same member.
11	나는 훌륭한 사진 기사야.	I'm a great photographer.
12	나는 바보 같은 코미디언이야.	I'm a stupid comedian.
13	나는 웃기는 춤꾼이야.	I'm a funny dancer.
14	나는 국제적인 교수야.	I'm an international professor.
15	나는 정상적인 인간이야.	I'm a normal human being.
16	나는 더러운 도둑이야.	I'm a dirty thief.
17	나는 버릇없는 강도야.	I'm a rude robber.
18	나는 못생긴 모델이야.	I'm an ugly model.
19	나는 우수한 선수야.	I'm an excellent player.
20	나는 예의바른 의사야.	I'm a polite doctor.
21	나는 화난 아빠/아버지야.	I'm an angry dad/father.
22	나는 따뜻한 엄마/어머니야.	I'm a warm mom/mother.
23	나는 다른 남동생/형이야.	I'm a different brother.
24	나는 결혼한 여동생/누나야.	I'm a married sister.
25	나는 건강한 할머니야.	I'm a healthy grandma(grandmother).
26	나는 아픈 할아버지야.	I'm a sick grandpa(grandfather).
27	나는 키 큰 친척이야.	I'm a tall relative.
28	나는 키가 작은 사촌이야.	I'm a short cousin.
29	나는 게으른 아들이야.	I'm a lazy son.
30	나는 재미있는 딸이야.	I'm an interesting daughter.

나는 + 뚱뚱한 + 여왕이 + 아니야

➡ **I'm** + **not** + **a fat** + **queen**

1	나는 뚱뚱한 여왕이 아니야.	I'm not a fat queen.
2	나는 늙은 왕이 아니야.	I'm not an old king.
3	나는 똑똑한 왕자가 아니야.	I'm not a clever prince.
4	나는 날씬한 공주가 아니야.	I'm not a slim princess.
5	나는 시끄러운 이웃이 아니야.	I'm not a noisy neighbor.
6	나는 강한 군인이 아니야.	I'm not a strong soldier.
7	나는 슬픈 음악인이 아니야.	I'm not a sad musician.
8	나는 조용한 과학자가 아니야.	I'm not a quiet scientist.
9	나는 깨끗한 비서가 아니야.	I'm not a clean secretary.
10	나는 같은 회원이 아니야.	I'm not a same member.
11	나는 훌륭한 사진 기사가 아니야.	I'm not a great photographer.
12	나는 바보 같은 코미디언이 아니야.	I'm not a stupid comedian.
13	나는 웃기는 춤꾼이 아니야.	I'm not a funny dancer.
14	나는 국제적인 교수가 아니야.	I'm not an international professor.
15	나는 정상적인 인간이 아니야.	I'm not a normal human being.
16	나는 더러운 도둑이 아니야.	I'm not a dirty thief.
17	나는 버릇없는 강도가 아니야.	I'm not a rude robber.
18	나는 못생긴 모델이 아니야.	I'm not an ugly model.
19	나는 우수한 선수가 아니야.	I'm not an excellent player.
20	나는 예의바른 의사가 아니야.	I'm not a polite doctor.
21	나는 화난 아빠/아버지가 아니야.	I'm not an angry dad/father.
22	나는 따뜻한 엄마/어머니가 아니야.	I'm not a warm mom/mother.
23	나는 다른 남동생/형이 아니야.	I'm not a different brother.
24	나는 결혼한 여동생/누나가 아니야.	I'm not a married sister.
25	나는 건강한 할머니가 아니야.	I'm not a healthy grandma(grandmother).
26	나는 아픈 할아버지가 아니야.	I'm not a sick grandpa(grandfather).
27	나는 키 큰 친척이 아니야.	I'm not a tall relative.
28	나는 키가 작은 사촌이 아니야.	I'm not a short cousin.
29	나는 게으른 아들이 아니야.	I'm not a lazy son.
30	나는 재미있는 딸이 아니야.	I'm not an interesting daughter.

17

나는 + 집 + 안에 + 있어 ➡ I'm + in + the house

※ the는 '그'라는 뜻을 가지고 있지만 보통은 형식적으로 쓰이고 아무 의미를 나타내지 않아요.

1	나는 집 안에 있어.	I'm in the house.
2	나는 욕실 안에 있어.	I'm in the bathroom.
3	나는 주방 안에 있어.	I'm in the kitchen.
4	나는 거실 안에 있어.	I'm in the livingroom.
5	나는 침실 안에 있어.	I'm in the bedroom.
6	나는 방 안에 있어.	I'm in the room.
7	나는 지하철 안에 있어.	I'm in the subway.
8	나는 학교 안에 있어.	I'm in the school.
9	나는 사무실 안에 있어.	I'm in the office.
10	나는 비행기 안에 있어.	I'm in the airplane.

나는 + 집 + 안에 + 있지 + 않아

➡ I'm + not + in + the house

1	나는 집 안에 있지 않아.	I'm not in the house.
2	나는 욕실 안에 있지 않아.	I'm not in the bathroom.
3	나는 주방 안에 있지 않아.	I'm not in the kitchen.
4	나는 거실 안에 있지 않아.	I'm not in the livingroom.
5	나는 침실 안에 있지 않아.	I'm not in the bedroom.
6	나는 방 안에 있지 않아.	I'm not in the room.
7	나는 지하철 안에 있지 않아.	I'm not in the subway.
8	나는 학교 안에 있지 않아.	I'm not in the school.
9	나는 사무실 안에 있지 않아.	I'm not in the office.
10	나는 비행기 안에 있지 않아.	I'm not in the airplane.

나는 + 매장 + 밖에 + 있어 ➡ I'm + out of + the shop

1	나는 매장 밖에 있어.	I'm out of the shop.
2	나는 가게 밖에 있어.	I'm out of the store.
3	나는 도시 밖에 있어.	I'm out of the city.
4	나는 공항 밖에 있어.	I'm out of the airport.
5	나는 주유소 밖에 있어.	I'm out of the oil-station.
6	나는 시장 밖에 있어.	I'm out of the market.
7	나는 교실 밖에 있어.	I'm out of the classroom.
8	나는 공원 밖에 있어.	I'm out of the park.
9	나는 슈퍼마켓 밖에 있어.	I'm out of the supermarket.
10	나는 식당 밖에 있어.	I'm out of the restaurant.

나는 + 매장 + 밖에 + 있지 + 않아
➡ I'm + not + out of + the shop

1	나는 매장 밖에 있지 않아.	I'm not out of the shop.
2	나는 가게 밖에 있지 않아.	I'm not out of the store.
3	나는 도시 밖에 있지 않아	I'm not out of the city.
4	나는 공항 밖에 있지 않아.	I'm not out of the airport.
5	나는 주유소 밖에 있지 않아.	I'm not out of the oil-station.
6	나는 시장 밖에 있지 않아.	I'm not out of the market.
7	나는 교실 밖에 있지 않아.	I'm not out of the classroom.
8	나는 공원 밖에 있지 않아.	I'm not out of the park.
9	나는 슈퍼마켓 밖에 있지 않아.	I'm not out of the supermarket.
10	나는 식당 밖에 있지 않아.	I'm not out of the restaurant.

나는 + 거리 + 위에 + 있어 ➡ I'm + on + the street

1	나는 거리 위에 있어.	I'm on the street.
2	나는 길 위에 있어.	I'm on the road.
3	나는 땅 위에 있어.	I'm on the ground.
4	나는 배 위에 있어.	I'm on the ship.
5	나는 보트 위에 있어.	I'm on the boat.
6	나는 다리 위에 있어.	I'm on the bridge.
7	나는 지붕 위에 있어.	I'm on the roof.
8	나는 강 위에 있어.	I'm on the river.
9	나는 침대 위에 있어.	I'm on the bed.
10	나는 길 위야(가는 중이야).	I'm on the way.

나는 + 거리 + 위에 + 있지 + 않아
➡ I'm + not + on + the street

1	나는 거리 위에 있지 않아.	I'm not on the street.
2	나는 길 위에 있지 않아.	I'm not on the road.
3	나는 땅 위에 있지 않아.	I'm not on the ground.
4	나는 배 위에 있지 않아.	I'm not on the ship.
5	나는 보트 위에 있지 않아.	I'm not on the boat.
6	나는 다리 위에 있지 않아.	I'm not on the bridge.
7	나는 지붕 위에 있지 않아.	I'm not on the roof.
8	나는 강 위에 있지 않아.	I'm not on the river.
9	나는 침대 위에 있지 않아.	I'm not on the bed.
10	나는 길 위가 아니야(가는 중이 아니야).	I'm not on the way.

나는 + 계단 + 아래에 + 있어
➡ I'm + under + the stairs

1	나는 계단 아래에 있어.	I'm under the stairs.
2	나는 그 장소 아래에 있어.	I'm under the place.
3	나는 구름 아래에 있어.	I'm under the cloud.
4	나는 하늘 아래에 있어.	I'm under the sky.
5	나는 창문 아래에 있어.	I'm under the window.
6	나는 커튼 아래에 있어.	I'm under the curtain.
7	나는 산 아래에 있어.	I'm under the mountain.
8	나는 물 아래에 있어.	I'm under the water.
9	나는 침대 아래에 있어.	I'm under the bed.
10	나는 그 사람의 아래에 있어.	I'm under him.

나는 + 계단 + 아래에 + 있지 + 않아
➡ I'm + not + under + the stairs

1	나는 계단 아래에 있지 않아.	I'm not under the stairs.
2	나는 그 장소 아래에 있지 않아.	I'm not under the place.
3	나는 구름 아래에 있지 않아.	I'm not under the cloud.
4	나는 하늘 아래에 있지 않아.	I'm not under the sky.
5	나는 창문 아래에 있지 않아.	I'm not under the window.
6	나는 커튼 아래에 있지 않아.	I'm not under the curtain.
7	나는 산 아래에 있지 않아.	I'm not under the mountain.
8	나는 물 아래에 있지 않아.	I'm not under the water.
9	나는 침대 아래에 있지 않아.	I'm not under the bed.
10	나는 그 사람의 아래에 있지 않아.	I'm not under him.

21

나는 + 교회 + 앞에 + 있어

➡ **I'm + in front of + the church**

1	나는 교회 앞에 있어.	I'm in front of the church.
2	나는 은행 앞에 있어.	I'm in front of the bank.
3	나는 도서관 앞에 있어.	I'm in front of the library.
4	나는 아파트 앞에 있어.	I'm in front of the apartment.
5	나는 문 앞에 있어.	I'm in front of the door.
6	나는 정원 앞에 있어.	I'm in front of the garden.
7	나는 병원 앞에 있어.	I'm in front of the hospital.
8	나는 건물 앞에 있어.	I'm in front of the building.
9	나는 회사 앞에 있어.	I'm in front of the company.
10	나는 영화관 앞에 있어.	I'm in front of the theater.

나는 + 교회 + 앞에 + 있지 + 않아

➡ **I'm + not + in front of + the church**

1	나는 교회 앞에 있지 않아.	I'm not in front of the church.
2	나는 은행 앞에 있지 않아.	I'm not in front of the bank.
3	나는 도서관 앞에 있지 않아.	I'm not in front of the library.
4	나는 아파트 앞에 있지 않아.	I'm not in front of the apartment.
5	나는 문 앞에 있지 않아.	I'm not in front of the door.
6	나는 정원 앞에 있지 않아.	I'm not in front of the garden.
7	나는 병원 앞에 있지 않아.	I'm not in front of the hospital.
8	나는 건물 앞에 있지 않아.	I'm not in front of the building.
9	나는 회사 앞에 있지 않아.	I'm not in front of the company.
10	나는 영화관 앞에 있지 않아.	I'm not in front of the theater.

나는 + 문 + 뒤에 + 있어

➡ **I'm + behind + the gate**

1	나는 문 뒤에 있어.	I'm behind the gate.
2	나는 초등학교 뒤에 있어.	I'm behind the elementary school.
3	나는 세탁소 뒤에 있어.	I'm behind the laundry.
4	나는 서점 뒤에 있어.	I'm behind the bookstore.
5	나는 벽 뒤에 있어.	I'm behind the wall.
6	나는 미용실 뒤에 있어.	I'm behind the beauty shop.
7	나는 섬 뒤에 있어.	I'm behind the island.
8	나는 마을 뒤에 있어.	I'm behind the village.
9	나는 시내 뒤에 있어.	I'm behind the downtown.
10	나는 주차장 뒤에 있어.	I'm behind the parking lot.

나는 + 문 + 뒤에 + 있지 + 않아

➡ **I'm + not + behind + the gate**

1	나는 문 뒤에 있지 않아.	I'm not behind the gate.
2	나는 초등학교 뒤에 있지 않아.	I'm not behind the elementary school.
3	나는 세탁소 뒤에 있지 않아.	I'm not behind the laundry.
4	나는 서점 뒤에 있지 않아.	I'm not behind the bookstore.
5	나는 벽 뒤에 있지 않아.	I'm not behind the wall.
6	나는 미용실 뒤에 있지 않아.	I'm not behind the beauty shop.
7	나는 섬 뒤에 있지 않아.	I'm not behind the island.
8	나는 마을 뒤에 있지 않아.	I'm not behind the village.
9	나는 시내 뒤에 있지 않아.	I'm not behind the downtown.
10	나는 주차장 뒤에 있지 않아.	I'm not behind the parking lot.

23

나는 + 집 + 에 + 있어 ➡ I'm + at + home

1	나는 집에 있어.	I'm at home.
2	나는 탁자에 있어.	I'm at the table.
3	나는 책상에 있어.	I'm at the desk.
4	나는 버스정류장에 있어.	I'm at the bus stop.
5	나는 학원에 있어.	I'm at the academy.
6	나는 연구소에 있어.	I'm at the institute.
7	나는 역에 있어.	I'm at the station.
8	나는 파티에 있어.	I'm at the party.
9	나는 구석에 있어.	I'm at the corner.
10	나는 뒤에 있어.	I'm at the back.

나는 + 집 + 에 + 있지 + 않아 ➡ I'm + not + at + home

1	나는 집에 있지 않아.	I'm not at home.
2	나는 탁자에 있지 않아.	I'm not at a table.
3	나는 책상에 있지 않아.	I'm not at a desk.
4	나는 버스정류장에 있지 않아.	I'm not at a bus stop.
5	나는 학원에 있지 않아.	I'm not at a academy.
6	나는 연구소에 있지 않아.	I'm not at a institute.
7	나는 역에 있지 않아.	I'm not at a station.
8	나는 파티에 있지 않아.	I'm not at a party.
9	나는 구석에 있지 않아.	I'm not at a corner.
10	나는 뒤에 있지 않아.	I'm not at the back.

나는 + 영화관 + 주위에 + 있어
➡ I'm + around + the cinema

1	나는 영화관 주위에 있어.	I'm around the cinema.
2	나는 화장실 주위에 있어.	I'm around the toilet.
3	나는 쇼핑몰 주위에 있어.	I'm around the shopping-mall.
4	나는 화장실 주위에 있어.	I'm around the restroom.
5	나는 광장 주위에 있어.	I'm around the square.
6	나는 공장 주위에 있어.	I'm around the factory.
7	나는 휴지통 주위에 있어.	I'm around the waste.
8	나는 호수 주위에 있어.	I'm around the lake.
9	나는 해변 주위에 있어.	I'm around the beach.
10	나는 백화점 주위에 있어.	I'm around the department-store.

나는 + 영화관 + 주위에 + 있지 + 않아
➡ I'm + not + around + the cinema

1	나는 영화관 주위에 있지 않아.	I'm not around the cinema.
2	나는 화장실 주위에 있지 않아.	I'm not around the toilet.
3	나는 쇼핑몰 주위에 있지 않아.	I'm not around the shopping-mall.
4	나는 화장실 주위에 있지 않아.	I'm not around the restroom.
5	나는 광장 주위에 있지 않아.	I'm not around the square.
6	나는 공장 주위에 있지 않아.	I'm not around the factory.
7	나는 휴지통 주위에 있지 않아.	I'm not around the waste.
8	나는 호수 주위에 있지 않아.	I'm not around the lake.
9	나는 해변 주위에 있지 않아.	I'm not around the beach.
10	나는 백화점 주위에 있지 않아.	I'm not around the department-store.

25

나는 + 미술관 + 옆에 + 있어
➡ **I'm + beside + the gallery**

1	나는 미술관 옆에 있어.	I'm beside the gallery.
2	나는 운동장 옆에 있어.	I'm beside the playground.
3	나는 약국 옆에 있어.	I'm beside the drugstore.
4	나는 바다 옆에 있어.	I'm beside the sea.
5	나는 강 옆에 있어.	I'm beside the river.
6	나는 대학교 옆에 있어.	I'm beside the university.
7	나는 유치원 옆에 있어.	I'm beside the kindergarten.
8	나는 중학교 옆에 있어.	I'm beside the middle school.
9	나는 고등학교 옆에 있어.	I'm beside the high school.
10	나는 박물관 옆에 있어.	I'm beside the museum.

나는 + 미술관 + 옆에 + 있지 + 않아
➡ **I'm + not + beside + the gallery**

1	나는 미술관 옆에 있지 않아.	I'm not beside the gallery.
2	나는 운동장 옆에 있지 않아.	I'm not beside the playground.
3	나는 약국 옆에 있지 않아.	I'm not beside the drugstore.
4	나는 바다 옆에 있지 않아.	I'm not beside the sea.
5	나는 강 옆에 있지 않아.	I'm not beside the river.
6	나는 대학교 옆에 있지 않아.	I'm not beside the university.
7	나는 유치원 옆에 있지 않아.	I'm not beside the kindergarten.
8	나는 중학교 옆에 있지 않아.	I'm not beside the middle school.
9	나는 고등학교 옆에 있지 않아.	I'm not beside the high school.
10	나는 박물관 옆에 있지 않아.	I'm not beside the museum.

STEP 2.
나의 행동

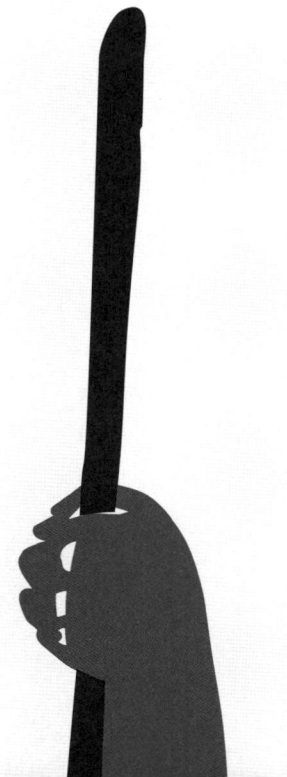

26

나는 + **간다** ➡ **I** + **go**

1	나는 간다.	I go.
2	나는 온다.	I come.
3	나는 뛴다.	I run.
4	나는 걷는다.	I walk.
5	나는 움직인다.	I move.
6	나는 운전한다.	I drive.
7	나는 노래한다.	I sing.
8	나는 춤춘다.	I dance.
9	나는 앉는다.	I sit.
10	나는 일어난다.	I stand up.
11	나는 만진다.	I touch.
12	나는 잡는다.	I catch.
13	나는 연다.	I open.
14	나는 닫는다.	I close.
15	나는 때린다.	I hit.
16	나는 논다.	I play.
17	나는 싸운다.	I fight.
18	나는 잡는다.	I hold.
19	나는 잔다.	I sleep.
20	나는 일어난다.	I wake up.
21	나는 씻는다.	I wash.
22	나는 마신다.	I drink.
23	나는 입는다.	I wear.
24	나는 일한다.	I work.
25	나는 한다.	I do.
26	나는 사용한다.	I use.
27	나는 돕는다.	I help.
28	나는 만든다.	I make.
29	나는 탄다.	I ride.
30	나는 전화한다.	I call.

나는 + 안 + 간다 ➡ I + don't + go

※ '안 한다'는 '하지 않는다'로 생각해도 괜찮아요.

1	나는 안 간다.	I don't go.
2	나는 안 온다.	I don't come.
3	나는 안 뛴다.	I don't run.
4	나는 안 걷는다.	I don't walk.
5	나는 안 움직인다.	I don't move.
6	나는 안 운전한다.	I don't drive.
7	나는 안 노래한다.	I don't sing.
8	나는 안 춤춘다.	I don't dance.
9	나는 안 앉는다.	I don't sit.
10	나는 안 일어난다.	I don't stand up.
11	나는 안 만진다.	I don't touch.
12	나는 안 잡는다.	I don't catch.
13	나는 안 연다.	I don't open.
14	나는 안 닫는다.	I don't close.
15	나는 안 때린다.	I don't hit.
16	나는 안 논다.	I don't play.
17	나는 안 싸운다.	I don't fight.
18	나는 안 잡는다.	I don't hold.
19	나는 안 잔다.	I don't sleep.
20	나는 안 일어난다.	I don't wake up.
21	나는 안 씻는다.	I don't wash.
22	나는 안 마신다.	I don't drink.
23	나는 안 입는다.	I don't wear.
24	나는 안 일한다.	I don't work.
25	나는 안 한다.	I don't do.
26	나는 안 사용한다.	I don't use.
27	나는 안 돕는다.	I don't help.
28	나는 안 만든다.	I don't make.
29	나는 안 탄다.	I don't ride.
30	나는 안 전화한다.	I don't call.

28

나는 + 기억한다 ➡ I + remember

1	나는 기억한다.	I remember.
2	나는 잊는다.	I forget.
3	나는 묻는다.	I ask.
4	나는 대답한다.	I answer.
5	나는 생각한다.	I think.
6	나는 안다.	I know.
7	나는 믿는다.	I believe.
8	나는 결정한다.	I decide.
9	나는 선택한다.	I choose.
10	나는 원한다.	I want.
11	나는 필요하다.	I need.
12	나는 좋아한다.	I like.
13	나는 약속한다.	I promise.
14	나는 느낀다.	I feel.
15	나는 본다.	I look.
16	나는 본다.	I see.
17	나는 본다.	I watch.
18	나는 듣는다.	I listen.
19	나는 듣는다.	I hear.
20	나는 말한다.	I speak.
21	나는 말한다.	I tell.
22	나는 말한다.	I talk.
23	나는 말한다.	I say.
24	나는 냄새 맡는다.	I smell.
25	나는 웃는다.	I laugh.
26	나는 운다.	I cry.
27	나는 공부한다.	I study.
28	나는 읽는다.	I read.
29	나는 쓴다.	I write.
30	나는 가르친다.	I teach.

나는 + 안 + 기억한다 ➡ I + don't + remember

1	나는 안 기억한다.	I don't remember.
2	나는 안 잊는다.	I don't forget.
3	나는 안 묻는다.	I don't ask.
4	나는 안 대답한다.	I don't answer.
5	나는 안 생각한다(알지 못한다).	I don't think.
6	나는 안 안다.	I don't know.
7	나는 안 믿는다.	I don't believe.
8	나는 안 결정한다.	I don't decide.
9	나는 안 선택한다.	I don't choose.
10	나는 안 원한다.	I don't want.
11	나는 안 필요하다.	I don't need.
12	나는 안 좋아한다.	I don't like.
13	나는 안 약속한다.	I don't promise.
14	나는 안 느낀다.	I don't feel.
15	나는 안 본다.	I don't look.
16	나는 안 본다.	I don't see.
17	나는 안 본다.	I don't watch.
18	나는 안 듣는다.	I don't listen.
19	나는 안 듣는다.	I don't hear.
20	나는 안 말한다.	I don't speak.
21	나는 안 말한다.	I don't tell.
22	나는 안 말한다.	I don't talk.
23	나는 안 말한다.	I don't say.
24	나는 안 냄새 맡는다.	I don't smell.
25	나는 안 웃는다.	I don't laugh.
26	나는 안 운다.	I don't cry.
27	나는 안 공부한다.	I don't study.
28	나는 안 읽는다.	I don't read.
29	나는 안 쓴다.	I don't write.
30	나는 안 가르친다.	I don't teach.

30

나는 + **준다** ➡ **I** + **give**

1	나는 준다.	I give.
2	나는 보낸다.	I send.
3	나는 받는다.	I get.
4	나는 당긴다.	I pull.
5	나는 민다.	I push.
6	나는 산다.	I buy.
7	나는 판다.	I sell.
8	나는 놓는다.	I put.
9	나는 만난다.	I meet.
10	나는 시작한다.	I start.
11	나는 끝낸다.	I finish.
12	나는 살고 있다.	I live.
13	나는 내버려둔다/떠난다.	I leave.
14	나는 도착한다.	I arrive.
15	나는 가져온다.	I bring.
16	나는 가지고 있다/먹는다.	I have.
17	나는 먹는다.	I eat.
18	나는 기다린다.	I wait.
19	나는 찾는다.	I find.
20	나는 바꾼다.	I change.
21	나는 요리한다.	I cook.
22	나는 지불한다.	I pay.
23	나는 치운다.	I remove.
24	나는 켠다.	I turn on.
25	나는 끈다.	I turn off.
26	나는 이해한다.	I understand.
27	나는 받는다.	I take.
28	나는 취소한다.	I cancel.
29	나는 자른다.	I cut.
30	나는 여행한다.	I travel.

나는 + 안 + 준다 ➜ I + don't + give

1	나는 안 준다.	I don't give.
2	나는 안 보낸다.	I don't send.
3	나는 안 받는다.	I don't get.
4	나는 안 당긴다.	I don't pull.
5	나는 안 민다.	I don't push.
6	나는 안 산다.	I don't buy.
7	나는 안 판다.	I don't sell.
8	나는 안 놓는다.	I don't put.
9	나는 안 만난다.	I don't meet.
10	나는 안 시작한다.	I don't start.
11	나는 안 끝낸다.	I don't finish.
12	나는 안 살고 있다.	I don't live.
13	나는 안 내버려둔다/안 떠난다.	I don't leave.
14	나는 안 도착한다.	I don't arrive.
15	나는 안 가져온다.	I don't bring.
16	나는 안 가지고 있다/안 먹는다.	I don't have.
17	나는 안 먹는다.	I don't eat.
18	나는 안 기다린다.	I don't wait.
19	나는 안 찾는다.	I don't find.
20	나는 안 바꾼다.	I don't change.
21	나는 안 요리한다.	I don't cook.
22	나는 안 지불한다.	I don't pay.
23	나는 안 치운다.	I don't remove.
24	나는 안 켠다.	I don't turn on.
25	나는 안 끈다.	I don't turn off.
26	나는 안 이해한다.	I don't understand.
27	나는 안 받는다.	I don't take.
28	나는 안 취소한다.	I don't cancel.
29	나는 안 자른다.	I don't cut.
30	나는 안 여행한다.	I don't travel.

32

나는 + 학교에 + 간다 ➡ I + go + to school

1	나는 학교에 간다.	I go to school.
2	나는 사무실에 온다.	I come to the office.
3	나는 너에게 뛰어간다.	I run to you.
4	나는 슈퍼에 걸어간다.	I walk to the supermarket.
5	나는 뒤로 이동한다.	I move to the back.
6	나는 차를 운전한다.	I drive a car.
7	나는 노래를 부른다.	I sing a song.
8	나는 케이팝 춤을 춘다.	I dance K-pop.
9	나는 여기에 앉는다.	I sit here.
10	나는 똑바로 서 있는다.	I stand up straight.
11	나는 버튼을 누른다.	I touch the button.
12	나는 택시를 잡는다.	I catch a taxi.
13	나는 창문을 연다.	I open the window.
14	나는 문을 닫는다.	I close the door.
15	나는 공을 친다.	I hit a ball.
16	나는 게임을 한다.	I play a game.
17	나는 남동생/형과 싸운다.	I fight with brother.
18	나는 너의 손을 잡는다.	I hold your hand.
19	나는 잘 잔다.	I sleep well.
20	나는 늦게 일어난다.	I wake up late.
21	나는 얼굴을 씻는다.	I wash face.
22	나는 콜라를 마신다.	I drink a coke.
23	나는 바지를 입는다.	I wear the pants.
24	나는 은행에서 일한다.	I work in a bank.
25	나는 이것을 한다.	I do this.
26	나는 포크를 사용한다.	I use a fork.
27	나는 너를 돕는다.	I help you.
28	나는 예약한다.	I make a reservation.
29	나는 버스를 탄다.	I ride a bus.
30	나는 그에게 전화한다.	I call him.

나는 + 학교에 + 안 + 간다

➡ **I + don't + go + to school**

1	나는 학교에 안 간다.	I don't go to school.
2	나는 사무실에 안 온다.	I don't come to the office.
3	나는 너에게 안 뛰어간다.	I don't run to you.
4	나는 슈퍼에 안 걸어간다.	I don't walk to the supermarket.
5	나는 뒤로 안 이동한다.	I don't move to the back.
6	나는 차를 안 운전한다.	I don't drive a car.
7	나는 노래를 안 부른다.	I don't sing a song.
8	나는 케이팝 춤을 안 춘다.	I don't dance K-pop.
9	나는 여기에 안 앉는다.	I don't sit here.
10	나는 똑바로 안 서 있는다.	I don't stand up straight.
11	나는 버튼을 안 누른다.	I don't touch the button.
12	나는 택시를 안 잡는다.	I don't catch a taxi.
13	나는 창문을 안 연다.	I don't open the window.
14	나는 문을 안 닫는다.	I don't close the door.
15	나는 공을 안 친다.	I don't hit a ball.
16	나는 게임을 안 한다.	I don't play a game.
17	나는 남동생/형과 안 싸운다.	I don't fight with brother.
18	나는 너의 손을 안 잡는다.	I don't hold your hand.
19	나는 잘 안 잔다.	I don't sleep well.
20	나는 늦게 안 일어난다.	I don't wake up late.
21	나는 얼굴을 안 씻는다.	I don't wash face.
22	나는 콜라를 안 마신다.	I don't drink a coke.
23	나는 바지를 안 입는다.	I don't wear the pants.
24	나는 은행에서 안 일한다.	I don't work in a bank.
25	나는 이것을 안 한다.	I don't do this.
26	나는 포크를 안 사용한다.	I don't use a fork.
27	나는 너를 안 돕는다.	I don't help you.
28	나는 안 예약한다.	I don't make a reservation.
29	나는 버스를 안 탄다.	I don't ride a bus.
30	나는 그에게 전화 안 한다.	I don't call him.

34

나는 + 그것을 + 기억한다 ➡ I + remember + it

1	나는 그것을 기억한다.	I remember it.
2	나는 그 사실을 잊는다.	I forget the fact.
3	나는 엄마에게 묻는다.	I ask mom.
4	나는 그 질문에 대답한다.	I answer the question.
5	나는 그 문제에 대해 생각한다.	I think about the matter.
6	나는 그 이유를 안다.	I know the reason.
7	나는 너를 믿는다.	I believe in you.
8	나는 날짜를 결정한다.	I decide the date.
9	나는 식당을 선택한다.	I choose a restaurant.
10	나는 할인을 원한다.	I want a discount.
11	나는 물이 필요하다.	I need water.
12	나는 이것을 좋아한다.	I like this.
13	나는 너에게 약속한다.	I promise you.
14	나는 기분이 좋다.	I feel good.
15	나는 일자리를 구한다.	I look for a job.
16	나는 에릭을 본다(만난다).	I see Eric.
17	나는 TV를 본다.	I watch TV.
18	나는 음악을 듣는다.	I listen to a music.
19	나는 네 말을 듣는다.	I hear you.
20	나는 한국어로 말한다.	I speak in Korean.
21	나는 그에게 거짓말을 한다.	I tell him a lie.
22	나는 그 이야기에 대해 말한다.	I talk about the story.
23	나는 '안녕'이라고 말한다.	I say 'hello'.
24	나는 음식 냄새를 맡는다.	I smell food.
25	나는 큰 소리로 웃는다.	I laugh out loud.
26	나는 많이 운다.	I cry much.
27	나는 영어를 공부한다.	I study English.
28	나는 책을 읽는다.	I read a book.
29	나는 보고서를 쓴다.	I write a report.
30	나는 중국어를 가르친다.	I teach Chinese.

나는 + 그것을 + 안 + 기억한다
➡ I + don't + remember + it

1	나는 그것을 안 기억한다.	I don't remember it.
2	나는 그 사실을 안 잊는다.	I don't forget the fact.
3	나는 엄마에게 안 묻는다.	I don't ask mom.
4	나는 그 질문에 대답 안 한다.	I don't answer the question.
5	나는 그 문제에 대해 생각 안 한다.	I don't think about the matter.
6	나는 그 이유를 모른다.	I don't know the reason.
7	나는 너를 안 믿는다.	I don't believe in you.
8	나는 날짜를 안 결정한다.	I don't decide the date.
9	나는 식당을 선택 안 한다.	I don't choose a restaurant.
10	나는 할인을 안 원한다.	I don't want a discount.
11	나는 물이 안 필요하다.	I don't need water.
12	나는 이것을 안 좋아한다.	I don't like this.
13	나는 너에게 약속 안 한다.	I don't promise you.
14	나는 기분이 안 좋다.	I don't feel good.
15	나는 일자리를 안 구한다.	I don't look for a job.
16	나는 에릭을 안 본다(안 만난다).	I don't see Eric.
17	나는 TV를 안 본다.	I don't watch TV.
18	나는 음악을 안 듣는다.	I don't listen to a music.
19	나는 네 말을 안 듣는다.	I don't hear you.
20	나는 한국어로 안 말한다.	I don't speak in Korean.
21	나는 그에게 거짓말을 안 한다.	I don't tell him a lie.
22	나는 그 이야기에 대해 말 안 한다.	I don't talk about the story.
23	나는 '안녕'이라고 말 안 한다.	I don't say 'hello'.
24	나는 음식 냄새를 안 맡는다.	I don't smell food.
25	나는 큰 소리로 안 웃는다.	I don't laugh out loud.
26	나는 많이 안 운다.	I don't cry much.
27	나는 영어를 공부 안 한다.	I don't study English.
28	나는 책을 안 읽는다.	I don't read a book.
29	나는 보고서를 안 쓴다.	I don't write a report.
30	나는 중국어를 안 가르친다.	I don't teach Chinese.

36

나는 + 돈을 + 준다 ➡ I + give + money

1	나는 돈을 준다.	I give money.
2	나는 이메일을 보낸다.	I send an email.
3	나는 환불을 받는다.	I get a refund.
4	나는 문을 당긴다.	I pull a door.
5	나는 책상을 민다.	I push a desk.
6	나는 가방을 산다.	I buy a bag.
7	나는 표를 판다.	I sell a ticket.
8	나는 컵을 내려놓는다.	I put down a cup.
9	나는 사람들을 만난다.	I meet people.
10	나는 일을 시작한다.	I start work.
11	나는 숙제를 끝낸다.	I finish homework.
12	나는 서울에 산다.	I live in Seoul.
13	나는 중국을 떠난다.	I leave China.
14	나는 홍콩에 도착한다.	I arrive in Hongkong.
15	나는 열쇠를 가져온다.	I bring a key.
16	나는 딸이 있다.	I have a daughter.
17	나는 아침을 먹는다.	I eat breakfast.
18	나는 친구를 기다린다.	I wait for a friend.
19	나는 매장을 찾는다.	I find a shop.
20	나는 돈을 바꾼다.	I change money.
21	나는 라면을 요리한다.	I cook ramen.
22	나는 너에게 지불한다.	I pay you.
23	나는 옷을 치운다.	I remove clothes.
24	나는 불을 켠다.	I turn on the light.
25	나는 핸드폰을 끈다.	I turn off cellphone.
26	나는 그를 이해한다.	I understand him.
27	나는 영수증을 받는다.	I take a receipt.
28	나는 예약을 취소한다.	I cancel the booking.
29	나는 샌드위치를 자른다.	I cut the sandwich.
30	나는 아시아를 여행한다.	I travel to Asia.

나는 + 돈을 + 안 + 준다
➡ I + don't + give + money

1	나는 돈을 안 준다.	I don't give money.
2	나는 이메일을 안 보낸다.	I don't send an email.
3	나는 환불을 안 받는다.	I don't get a refund.
4	나는 문을 안 당긴다.	I don't pull a door.
5	나는 책상을 안 민다.	I don't push a desk.
6	나는 가방을 안 산다.	I don't buy a bag.
7	나는 표를 안 판다.	I don't sell a ticket.
8	나는 컵을 안 내려놓는다.	I don't put down a cup.
9	나는 사람들을 안 만난다.	I don't meet people.
10	나는 일을 안 시작한다.	I don't start work.
11	나는 숙제를 안 끝낸다.	I don't finish homework.
12	나는 서울에 안 산다.	I don't live in Seoul.
13	나는 중국을 안 떠난다.	I don't leave China.
14	나는 홍콩에 안 도착한다.	I don't arrive in Hongkong.
15	나는 열쇠를 안 가져온다.	I don't bring a key.
16	나는 딸이 없다.	I don't have a daughter.
17	나는 아침을 안 먹는다.	I don't eat breakfast.
18	나는 친구를 안 기다린다.	I don't wait for a friend.
19	나는 매장을 안 찾는다.	I don't find a shop.
20	나는 돈을 안 바꾼다.	I don't change money.
21	나는 라면을 안 요리한다.	I don't cook ramen.
22	나는 너에게 안 지불한다.	I don't pay you.
23	나는 옷을 안 치운다.	I don't remove clothes.
24	나는 불을 안 켠다.	I don't turn on the light.
25	나는 핸드폰을 안 끈다.	I don't turn off cellphone.
26	나는 그를 안 이해한다.	I don't understand him.
27	나는 영수증을 안 받는다.	I don't take a receipt.
28	나는 예약을 안 취소한다.	I don't cancel the booking.
29	나는 샌드위치를 안 자른다.	I don't cut the sandwich.
30	나는 아시아를 여행 안 한다.	I don't travel to Asia.

38

나는 + 항상 + 학교에 + 간다

➡ **I + always + go + to school**

1	나는 항상 학교에 간다.	I always go to school.
2	나는 항상 사무실에 온다.	I always come to the office.
3	나는 항상 너에게 뛰어간다.	I always run to you.
4	나는 항상 슈퍼에 걸어간다.	I always walk to the supermarket.
5	나는 항상 뒤로 이동한다.	I always move to the back.
6	나는 가끔 차를 운전한다.	I sometimes drive a car.
7	나는 가끔 노래를 부른다.	I sometimes sing a song.
8	나는 가끔 케이팝 춤을 춘다.	I sometimes dance K-pop.
9	나는 가끔 여기에 앉는다.	I sometimes sit here.
10	나는 가끔 똑바로 서 있는다.	I sometimes stand up straight.
11	나는 종종 버튼을 누른다.	I often touch the button.
12	나는 종종 택시를 잡는다.	I often catch a taxi.
13	나는 종종 창문을 연다.	I often open the window.
14	나는 종종 문을 닫는다.	I often close the door.
15	나는 종종 공을 친다.	I often hit a ball.
16	나는 게임을 거의 안 한다.	I seldom play a game.
17	나는 남동생/형과 거의 안 싸운다.	I seldom fight with brother.
18	나는 너의 손을 거의 안 잡는다.	I seldom hold your hand.
19	나는 거의 잘 자지 않는다.	I seldom sleep well.
20	나는 거의 늦게 일어나지 않는다.	I seldom wake up late.
21	나는 얼굴을 절대 안 씻는다.	I never wash face.
22	나는 콜라를 절대 안 마신다.	I never drink a coke.
23	나는 바지를 절대 안 입는다.	I never wear the pants.
24	나는 은행에서 절대 일 안 한다.	I never work in a bank.
25	나는 이것을 절대 안 한다.	I never do this.
26	나는 평소에 포크를 사용한다.	I usually use a fork.
27	나는 평소에 너를 돕는다.	I usually help you.
28	나는 평소에 예약을 한다.	I usually make a reservation.
29	나는 대개 버스를 탄다.	I usually ride a bus.
30	나는 대개 그에게 전화한다.	I usually call him.

나는 + 항상 + 학교에 + 가는 것은 + 아니다
➡ I + don't + always + go + to school

1	나는 항상 학교에 가는 것은 아니다.	I don't always go to school.
2	나는 항상 사무실에 오는 것은 아니다.	I don't always come to the office.
3	나는 항상 너에게 뛰어가는 것은 아니다.	I don't always run to you.
4	나는 항상 슈퍼에 걸어가는 것은 아니다.	I don't always walk to the supermarket.
5	나는 항상 뒤로 이동하는 것은 아니다.	I don't always move to the back.
6	나는 가끔 차를 운전하는 것은 아니다.	I don't sometimes drive a car.
7	나는 가끔 노래를 부르는 것은 아니다.	I don't sometimes sing a song.
8	나는 가끔 케이팝 춤을 추는 것은 아니다.	I don't sometimes dance K-pop.
9	나는 가끔 여기에 앉는 것은 아니다.	I don't sometimes sit here.
10	나는 가끔 똑바로 서있는 것은 아니다.	I don't sometimes stand up straight.
11	나는 종종 버튼을 누르는 것은 아니다.	I don't often touch the button.
12	나는 종종 택시를 잡는 것은 아니다.	I don't often catch a taxi.
13	나는 종종 창문을 여는 것은 아니다.	I don't often open the window.
14	나는 종종 문을 닫는 것은 아니다.	I don't often close the door.
15	나는 종종 공을 치는 것은 아니다.	I don't often hit a ball.
16	나는 평소에 포크를 사용하는 것은 아니다.	I don't usually use a fork.
17	나는 평소에 너를 돕는 것은 아니다.	I don't usually help you.
18	나는 평소에 예약을 하는 것은 아니다.	I don't usually make a reservation.
19	나는 대개 버스를 타는 것은 아니다.	I don't usually ride a bus.
20	나는 대개 그에게 전화하는 것은 아니다.	I don't usually call him.

40

나는 + 그것을 + 많이 + 기억한다

➡ I + remember + it + a lot

1	나는 그것을 많이 기억한다.		I remember it a lot.
2	나는 그 사실을 많이 잊는다.		I forget the fact a lot.
3	나는 엄마에게 많이 묻는다.		I ask mom a lot.
4	나는 그 질문에 많이 대답한다.		I answer the question a lot.
5	나는 그 문제에 대해 많이 생각한다.		I think about the matter a lot.
6	나는 그 이유를 매우 많이 안다.		I know the reason so much.
7	나는 너를 매우 많이 믿는다.		I believe in you so much.
8	나는 물이 매우 많이 필요하다.		I need water so much.
9	나는 이것을 매우 많이 좋아한다.		I like this so much.
10	나는 기분이 매우 많이 좋다.		I feel good so much.
11	나는 에릭을 매우 많이 본다(만난다).		I see Eric very much.
12	나는 TV를 매우 많이 본다.		I watch TV very much.
13	나는 음악을 매우 많이 듣는다.		I listen to a music very much.
14	나는 네 말을 매우 많이 듣는다.		I hear you very much.
15	나는 한국어로 매우 많이 말한다.		I speak in Korean very much.
16	나는 그에게 거짓말을 진짜로 한다.		I really tell him a lie.
17	나는 그 이야기에 대해 진짜로 말한다.		I really talk about the story.
18	나는 '안녕'이라고 진짜로 말한다.		I really say 'hello'.
19	나는 음식 냄새를 진짜로 맡는다.		I really smell food.
20	나는 진짜로 큰 소리로 웃는다.		I really laugh out loud.
21	나는 내 가족과 서울에 산다.		I live in Seoul with my family.
22	나는 내 친구와 게임을 한다.		I play a game with my friend.
23	나는 엄마와 아침을 먹는다.		I eat breakfast with mom.
24	나는 동료와 은행에서 일한다.		I work in a bank with co-workers.
25	나는 형과 옷을 치운다.		I remove clothes with brother.

나는 + 그것을 + 많이 + 기억하는 것은 + 아니다
➡ I + don't + remember + it + a lot

1	나는 그것을 많이 기억하는 것은 아니다.	I don't remember it a lot.
2	나는 그 사실을 많이 잊는 것은 아니다.	I don't forget the fact a lot.
3	나는 엄마에게 많이 묻는 것은 아니다.	I don't ask mom a lot.
4	나는 그 질문에 많이 대답하는 것은 아니다.	I don't answer the question a lot.
5	나는 그 문제에 대해 많이 생각하는 것은 아니다.	I don't think about the matter a lot.
6	나는 그 이유를 매우 많이 아는 것은 아니다.	I don't know the reason so much.
7	나는 너를 매우 많이 믿는 것은 아니다.	I don't believe in you so much.
8	나는 물이 매우 많이 필요한 것은 아니다.	I don't need water so much.
9	나는 이것을 매우 많이 좋아하는 것은 아니다.	I don't like this so much.
10	나는 기분이 매우 많이 좋은 것은 아니다.	I don't feel good so much.
11	나는 에릭을 매우 많이 보는 것은 아니다.	I don't see Eric very much.
12	나는 TV를 매우 많이 보는 것은 아니다.	I don't watch TV very much.
13	나는 음악을 매우 많이 듣는 것은 아니다.	I don't listen to a music very much.
14	나는 네 말을 매우 많이 듣는 것은 아니다.	I don't hear you very much.
15	나는 한국어로 매우 많이 말하는 것은 아니다.	I don't speak in Korean very much.
16	나는 진짜로 그에게 거짓말을 안 한다.	I really don't tell him a lie.
17	나는 진짜로 그 이야기에 대해 말 안 한다.	I really don't talk about the story.
18	나는 '안녕'이라고 진짜로 말 안 한다.	I really don't say 'hello'.
19	나는 진짜로 음식 냄새를 안 맡는다.	I really don't smell food.
20	나는 진짜로 큰 소리로 안 웃는다.	I really don't laugh out loud.
21	나는 내 가족과 서울에 안 산다.	I don't live in Seoul with my family.
22	나는 내 친구와 게임을 안 한다.	I don't play a game with my friend.
23	나는 엄마와 아침을 안 먹는다.	I don't eat breakfast with mom.
24	나는 동료와 은행에서 일 안 한다.	I don't work in a bank with co-workers.
25	나는 형과 옷을 안 치운다.	I don't remove clothes with brother.

42

나는 + 아침에 + 돈을 + 준다

➡ I + give + money + in the morning

1	나는 아침에 돈을 준다.	I give money in the morning.
2	나는 아침에 이메일을 보낸다.	I send an email in the morning.
3	나는 아침에 환불을 받는다.	I get a refund in the morning.
4	나는 아침에 문을 당긴다.	I pull a door in the morning.
5	나는 아침에 책상을 민다.	I push a desk in the morning.
6	나는 오후에 가방을 산다.	I buy a bag in the afternoon.
7	나는 오후에 표를 판다.	I sell a ticket in the afternoon.
8	나는 오후에 컵을 내려놓는다.	I put down a cup in the afternoon.
9	나는 오후에 사람들을 만난다.	I meet people in the afternoon.
10	나는 오후에 일을 시작한다.	I start work in the afternoon.
11	나는 저녁에 숙제를 끝낸다.	I finish homework in the evening.
12	나는 저녁에 중국을 떠난다.	I leave China in the evening.
13	나는 저녁에 홍콩에 도착한다.	I arrive in Hongkong in the evening.
14	나는 저녁에 열쇠를 가져온다.	I bring a key in the evening.
15	나는 저녁에 친구를 기다린다.	I wait for a friend in the evening.
16	나는 밤에 매장을 찾는다.	I find a shop in the night.
17	나는 밤에 돈을 바꾼다.	I change money in the night.
18	나는 밤에 라면을 요리한다.	I cook ramen in the night.
19	나는 밤에 너에게 지불한다.	I pay you in the night.
20	나는 밤에 옷을 치운다.	I remove clothes in the night.
21	나는 오늘 불을 켠다.	I turn on the light today.
22	나는 오늘 핸드폰을 끈다.	I turn off cellphone today.
23	나는 오늘 그를 이해한다.	I understand him today.
24	나는 오늘 영수증을 받는다.	I take a receipt today.
25	나는 오늘 예약을 취소한다.	I cancel the booking today.

나는 + 아침에 + 돈을 + 안 + 준다
➡ I + don't + give + money + in the morning

1	나는 아침에 돈을 안 준다.	I don't give money in the morning.
2	나는 아침에 이메일을 안 보낸다.	I don't send an email in the morning.
3	나는 아침에 환불을 안 받는다.	I don't get a refund in the morning.
4	나는 아침에 문을 안 당긴다.	I don't pull a door in the morning.
5	나는 아침에 책상을 안 민다.	I don't push a desk in the morning.
6	나는 오후에 가방을 안 산다.	I don't buy a bag in the afternoon.
7	나는 오후에 표를 안 판다.	I don't sell a ticket in the afternoon.
8	나는 오후에 컵을 안 내려놓는다.	I don't put down a cup in the afternoon.
9	나는 오후에 사람들을 안 만난다.	I don't meet people in the afternoon.
10	나는 오후에 일을 안 시작한다.	I don't start work in the afternoon.
11	나는 저녁에 숙제를 안 끝낸다.	I don't finish homework in the evening.
12	나는 저녁에 중국을 안 떠난다.	I don't leave China in the evening.
13	나는 저녁에 홍콩에 안 도착한다.	I don't arrive in Hongkong in the evening.
14	나는 저녁에 열쇠를 안 가져온다.	I don't bring a key in the evening.
15	나는 저녁에 친구를 안 기다린다.	I don't wait for a friend in the evening.
16	나는 밤에 매장을 안 찾는다.	I don't find a shop in the night.
17	나는 밤에 돈을 안 바꾼다.	I don't change money in the night.
18	나는 밤에 라면을 요리하지 않는다.	I don't cook ramen in the night.
19	나는 밤에 너에게 지불하지 않는다.	I don't pay you in the night.
20	나는 밤에 옷을 안 치운다.	I don't remove clothes in the night.
21	나는 오늘 불을 안 켠다.	I don't turn on the light today.
22	나는 오늘 핸드폰을 안 끈다.	I don't turn off cellphone today.
23	나는 오늘 그를 이해하지 않는다.	I don't understand him today.
24	나는 오늘 영수증을 안 받는다.	I don't take a receipt today.
25	나는 오늘 예약을 취소하지 않는다.	I don't cancel the booking today.

44

나는 + 학교를 + 가야 + 한다

➡ I + should + go + to school

1	나는 학교에 가야 한다.		I should go to school.
2	나는 사무실에 와야 한다.		I should come to the office.
3	나는 너에게 뛰어가야 한다.		I should run to you.
4	나는 슈퍼에 걸어가야 한다.		I should walk to the supermarket.
5	나는 뒤로 이동해야 한다.		I should move to the back.
6	나는 차를 운전해야 한다.		I should drive a car.
7	나는 노래를 불러야 한다.		I should sing a song.
8	나는 케이팝 춤을 춰야 한다.		I should dance K-pop.
9	나는 여기에 앉아야 한다.		I should sit here.
10	나는 똑바로 서있어야 한다.		I should stand up straight.
11	나는 버튼을 눌러야 한다.		I should touch the button.
12	나는 택시를 잡아야 한다.		I should catch a taxi.
13	나는 창문을 열어야 한다.		I should open the window.
14	나는 문을 닫아야 한다.		I should close the door.
15	나는 공을 쳐야 한다.		I should hit a ball.
16	나는 게임을 해야 한다.		I should play a game.
17	나는 남동생/형과 싸워야 한다.		I should fight with brother.
18	나는 너의 손을 잡아야 한다.		I should hold your hand.
19	나는 잘 자야 한다.		I should sleep well.
20	나는 늦게 일어나야 한다.		I should wake up late.
21	나는 얼굴을 씻어야 한다.		I should wash face.
22	나는 콜라를 마셔야 한다.		I should drink a coke.
23	나는 바지를 입어야 한다.		I should wear the pants.
24	나는 은행에서 일해야 한다.		I should work in a bank.
25	나는 이것을 해야 한다.		I should do this.
26	나는 포크를 사용해야 한다.		I should use a fork.
27	나는 너를 도와야 한다.		I should help you.
28	나는 예약해야 한다.		I should make a reservation.
29	나는 버스를 타야 한다.		I should ride a bus.
30	나는 그에게 전화해야 한다.		I should call him.

나는 + 학교를 + 가면 + 안 된다
➡ I + shouldn't + go + to school

※ shouldn't = should not

1	나는 학교에 가면 안 된다.	I shouldn't go to school.
2	나는 사무실에 오면 안 된다.	I shouldn't come to the office.
3	나는 너에게 달려가면 안 된다.	I shouldn't run to you.
4	나는 슈퍼에 걸어가면 안 된다.	I shouldn't walk to the supermarket.
5	나는 뒤로 이동하면 안 된다.	I shouldn't move to the back.
6	나는 차를 운전하면 안 된다.	I shouldn't drive a car.
7	나는 노래를 부르면 안 된다.	I shouldn't sing a song.
8	나는 케이팝 춤을 추면 안 된다.	I shouldn't dance K-pop.
9	나는 여기에 앉으면 안 된다.	I shouldn't sit here.
10	나는 똑바로 서면 안 된다.	I shouldn't stand up straight.
11	나는 버튼을 누르면 안 된다.	I shouldn't touch the button.
12	나는 택시를 잡으면 안 된다.	I shouldn't catch a taxi.
13	나는 창문을 열면 안 된다.	I shouldn't open the window.
14	나는 문을 닫으면 안 된다.	I shouldn't close the door.
15	나는 공을 치면 안 된다.	I shouldn't hit a ball.
16	나는 게임을 하면 안 된다.	I shouldn't play a game.
17	나는 남동생/형과 싸우면 안 된다.	I shouldn't fight with brother.
18	나는 너의 손을 잡으면 안 된다.	I shouldn't hold your hand.
19	나는 잘 자면 안 된다.	I shouldn't sleep well.
20	나는 늦게 일어나면 안 된다.	I shouldn't wake up late.
21	나는 얼굴을 씻으면 안 된다.	I shouldn't wash face.
22	나는 콜라를 마시면 안 된다.	I shouldn't drink a coke.
23	나는 바지를 입으면 안 된다.	I shouldn't wear the pants.
24	나는 은행에서 일하면 안 된다.	I shouldn't work in a bank.
25	나는 이것을 하면 안 된다.	I shouldn't do this.
26	나는 포크를 사용하면 안 된다.	I shouldn't use a fork.
27	나는 너를 도우면 안 된다.	I shouldn't help you.
28	나는 예약하면 안 된다.	I shouldn't make a reservation.
29	나는 버스를 타면 안 된다.	I shouldn't ride a bus.
30	나는 그에게 전화하면 안 된다.	I shouldn't call him.

46

나는 + 그것을 + 기억할 + 수 있다

➡ **I + can + remember + it**

1	나는 그것을 기억할 수 있다.	I can remember it.
2	나는 그 사실을 잊을 수 있다.	I can forget the fact.
3	나는 엄마에게 물을 수 있다.	I can ask mom.
4	나는 그 질문에 대답할 수 있다.	I can answer the question.
5	나는 그 문제에 대해 생각할 수 있다.	I can think about the matter.
6	나는 그 이유를 알 수 있다.	I can know the reason.
7	나는 너를 믿을 수 있다.	I can believe in you.
8	나는 날짜를 결정할 수 있다.	I can decide the date.
9	나는 식당을 선택할 수 있다.	I can choose a restaurant.
10	나는 할인을 원할 수 있다.	I can want a discount.
11	나는 물이 필요할 수 있다.	I can need water.
12	나는 이것을 좋아할 수 있다.	I can like this.
13	나는 너에게 약속할 수 있다.	I can promise you.
14	나는 기분이 좋을 수 있다.	I can feel good.
15	나는 일자리를 구할 수 있다.	I can look for a job.
16	나는 에릭을 볼 수/만날 수 있다.	I can see Eric.
17	나는 TV를 볼 수 있다.	I can watch TV.
18	나는 음악을 들을 수 있다.	I can listen to a music.
19	나는 네 말을 들을 수 있다.	I can hear you.
20	나는 한국어로 말할 수 있다.	I can speak in Korean.
21	나는 그에게 거짓말을 할 수 있다.	I can tell him a lie.
22	나는 그 이야기에 대해 말할 수 있다.	I can talk about the story.
23	나는 '안녕'이라고 말할 수 있다.	I can say 'hello'.
24	나는 음식 냄새를 맡을 수 있다.	I can smell food.
25	나는 큰 소리로 웃을 수 있다.	I can laugh out loud.
26	나는 많이 울 수 있다.	I can cry much.
27	나는 영어를 공부할 수 있다.	I can study English.
28	나는 책을 읽을 수 있다.	I can read a book.
29	나는 보고서를 쓸 수 있다.	I can write a report.
30	나는 중국어를 가르칠 수 있다.	I can teach Chinese.

47

나는 + 그것을 + 기억할 + 수 없다

➡ **I + can't + remember + it**

※ can't = can not

1	나는 그것을 기억할 수 없다.	I can't remember it.
2	나는 그 사실을 잊을 수 없다.	I can't forget the fact.
3	나는 엄마에게 물을 수 없다.	I can't ask mom.
4	나는 그 질문에 대답할 수 없다.	I can't answer the question.
5	나는 그 문제에 대해 생각할 수 없다.	I can't think about the matter.
6	나는 그 이유를 알 수 없다.	I can't know the reason.
7	나는 너를 믿을 수 없다.	I can't believe in you.
8	나는 날짜를 결정할 수 없다.	I can't decide the date.
9	나는 식당을 선택할 수 없다.	I can't choose a restaurant.
10	나는 할인을 원할 수 없다.	I can't want a discount.
11	나는 물이 필요할 수 없다.	I can't need water.
12	나는 이것을 좋아할 수 없다.	I can't like this.
13	나는 너에게 약속할 수 없다.	I can't promise you.
14	나는 기분이 좋을 수 없다.	I can't feel good.
15	나는 일자리를 구할 수 없다.	I can't look for a job.
16	나는 에릭을 볼 수/만날 수 없다.	I can't see Eric.
17	나는 TV를 볼 수 없다.	I can't watch TV.
18	나는 음악을 들을 수 없다.	I can't listen to a music.
19	나는 네 말을 들을 수 없다.	I can't hear you.
20	나는 한국어로 말할 수 없다.	I can't speak in Korean.
21	나는 그에게 거짓말을 할 수 없다.	I can't tell him a lie.
22	나는 그 이야기에 대해 말할 수 없다.	I can't talk about the story.
23	나는 '안녕'이라고 말할 수 없다.	I can't say 'hello'.
24	나는 음식 냄새를 맡을 수 없다.	I can't smell food.
25	나는 큰 소리로 웃을 수 없다.	I can't laugh out loud.
26	나는 많이 울 수 없다.	I can't cry much.
27	나는 영어를 공부할 수 없다.	I can't study English.
28	나는 책을 읽을 수 없다.	I can't read a book.
29	나는 보고서를 쓸 수 없다.	I can't write a report.
30	나는 중국어를 가르칠 수 없다.	I can't teach Chinese.

48

나는 + 돈을 + 줄 + 것이다
➡ I + will + give + money

1	나는 돈을 줄 것이다.	I will give money.
2	나는 이메일을 보낼 것이다.	I will send an email.
3	나는 환불을 받을 것이다.	I will get a refund.
4	나는 문을 당길 것이다.	I will pull a door.
5	나는 책상을 밀 것이다.	I will push a desk.
6	나는 가방을 살 것이다.	I will buy a bag.
7	나는 표를 팔 것이다.	I will sell a ticket.
8	나는 컵을 내려놓을 것이다.	I will put down a cup.
9	나는 사람들을 만날 것이다.	I will meet people.
10	나는 일을 시작할 것이다.	I will start work.
11	나는 숙제를 끝낼 것이다.	I will finish homework.
12	나는 서울에 살 것이다.	I will live in Seoul.
13	나는 중국을 떠날 것이다.	I will leave China.
14	나는 홍콩에 도착할 것이다.	I will arrive in Hongkong.
15	나는 열쇠를 가져올 것이다.	I will bring a key.
16	나는 딸을 가질 것이다.	I will have a daughter.
17	나는 아침을 먹을 것이다.	I will eat breakfast.
18	나는 친구를 기다릴 것이다.	I will wait for a friend.
19	나는 매장을 찾을 것이다.	I will find a shop.
20	나는 돈을 바꿀 것이다.	I will change money.
21	나는 라면을 요리할 것이다.	I will cook ramen.
22	나는 너에게 지불할 것이다.	I will pay you.
23	나는 옷을 치울 것이다.	I will remove clothes.
24	나는 불을 켤 것이다.	I will turn on the light.
25	나는 핸드폰을 끌 것이다.	I will turn off cellphone.
26	나는 그를 이해할 것이다.	I will understand him.
27	나는 영수증을 받을 것이다.	I will take a receipt.
28	나는 예약을 취소할 것이다.	I will cancel the booking.
29	나는 샌드위치를 자를 것이다.	I will cut the sandwich.
30	나는 아시아를 여행할 것이다.	I will travel to Asia.

나는 + 돈을 + 안 + 줄 + 것이다
➡ I + will not + give + money

1	나는 돈을 안 줄 것이다.	I will not give money.
2	나는 이메일을 안 보낼 것이다.	I will not send an email.
3	나는 환불을 안 받을 것이다.	I will not get a refund.
4	나는 문을 안 당길 것이다.	I will not pull a door.
5	나는 책상을 안 밀 것이다.	I will not push a desk.
6	나는 가방을 안 살 것이다.	I will not buy a bag.
7	나는 표를 안 팔 것이다.	I will not sell a ticket.
8	나는 컵을 안 내려놓을 것이다.	I will not put down a cup.
9	나는 사람들을 안 만날 것이다.	I will not meet people.
10	나는 일을 시작 안 할 것이다.	I will not start work.
11	나는 숙제를 안 끝낼 것이다.	I will not finish homework.
12	나는 서울에 안 살 것이다.	I will not live in Seoul.
13	나는 중국을 안 떠날 것이다.	I will not leave China.
14	나는 홍콩에 도착 안 할 것이다.	I will not arrive in Hongkong.
15	나는 열쇠를 안 가져올 것이다.	I will not bring a key.
16	나는 딸을 안 가질 것이다.	I will not have a daughter.
17	나는 아침을 안 먹을 것이다.	I will not eat breakfast.
18	나는 친구를 안 기다릴 것이다.	I will not wait for a friend.
19	나는 매장을 안 찾을 것이다.	I will not find a shop.
20	나는 돈을 안 바꿀 것이다.	I will not change money.
21	나는 라면을 요리 안 할 것이다.	I will not cook ramen.
22	나는 너에게 지불 안 할 것이다.	I will not pay you.
23	나는 옷을 안 치울 것이다.	I will not remove clothes.
24	나는 불을 안 켤 것이다.	I will not turn on the light.
25	나는 핸드폰을 안 끌 것이다.	I will not turn off cellphone.
26	나는 그를 이해 안 할 것이다.	I will not understand him.
27	나는 영수증을 안 받을 것이다.	I will not take a receipt.
28	나는 예약을 취소 안 할 것이다.	I will not cancel the booking.
29	나는 샌드위치를 안 자를 것이다.	I will not cut the sandwich.
30	나는 아시아를 여행하지 않을 것이다.	I will not travel to Asia.

50

나는 + 택시를 + 잡아도 + 된다
➡ I + may + catch + a taxi

1	나는 택시를 잡아도 된다.		I may catch a taxi.
2	나는 창문을 열어도 된다.		I may open the window.
3	나는 문을 닫아도 된다.		I may close the door.
4	나는 공을 쳐도 된다.		I may hit a ball.
5	나는 너의 손을 잡아도 된다.		I may hold your hand.
6	나는 바지를 입어도 된다.		I may wear the pants.
7	나는 포크를 사용해도 된다.		I may use a fork.
8	나는 그 이유를 알아도 된다.		I may know the reason.
9	나는 너를 믿어도 된다.		I may believe in you.
10	나는 에릭을 봐도 된다.		I may see Eric.
11	나는 '안녕'이라고 말해도 된다.		I may say 'hello'.
12	나는 음식 냄새를 맡아도 된다.		I may smell food.
13	나는 큰 소리로 웃어도 된다.		I may laugh out loud.
14	나는 보고서를 써도 된다.		I may write a report.
15	나는 문을 당겨도 된다.		I may pull a door.
16	나는 책상을 밀어도 된다.		I may push a desk.
17	나는 표를 팔아도 된다.		I may sell a ticket.
18	나는 컵을 내려놓아도 된다.		I may put down a cup.
19	나는 사람들을 만나도 된다.		I may meet people.
20	나는 일을 시작해도 된다.		I may start work.
21	나는 숙제를 끝내도 된다.		I may finish homework.
22	나는 열쇠를 가져와도 된다.		I may bring a key.
23	나는 매장을 찾아도 된다.		I may find a shop.
24	나는 돈을 바꿔도 된다.		I may change money.
25	나는 너에게 지불해도 된다.		I may pay you.
26	나는 불을 켜도 된다.		I may turn on the light.
27	나는 핸드폰을 꺼도 된다.		I may turn off cellphone.
28	나는 영수증을 받아도 된다.		I may take a receipt.
29	나는 예약을 취소해도 된다.		I may cancel the booking.
30	나는 샌드위치를 잘라도 된다.		I may cut the sandwich.

STEP 3.
내가 자주 하는 행동

※ 행동의 연결은 to 또는 ing로 해요. 이때 to와 ing에 따라 의미가 달라지는 경우도 있어요.
※ 문장 안에서 새로운 문장을 말할 때는 that으로 연결해요.

51

| 나는 | + | 가서 | + | 엄마에게 물어본다 |

➡ **I** + **go** + **ask mom**

1	나는 빨리 간다.	I go fast.
2	나는 일찍 간다.	I go early.
3	나는 집에 간다.	I go home.
4	나는 사무실에 간다.	I go to the office.
5	나는 일하러 간다.	I go to work.
6	나는 쇼핑하러 간다.	I go shopping.
7	나는 가서 엄마한테 물어본다.	I go ask mom.
8	나는 일하는 곳으로 간다.	I go to where I work.
1	나는 빨리 안 간다.	I don't go fast.
2	나는 일찍 안 간다.	I don't go early.
3	나는 집에 안 간다.	I don't go home.
4	나는 사무실에 안 간다.	I don't go to the office.
5	나는 일하러 안 간다.	I don't go to work.
6	나는 쇼핑하러 안 간다.	I don't go shopping.
7	나는 가서 엄마한테 안 물어본다.	I don't go ask mom.
8	나는 일하는 곳으로 안 간다.	I don't go to where I work.

나는 + 놀러 + 온다

➡ I + come + to play

1	나는 여기에 온다.	I come here.
2	나는 돌아온다.	I come back.
3	나는 집으로 온다.	I come home.
4	나는 늦게 온다.	I come late.
5	나는 식당에 온다.	I come to the restaurant.
6	나는 놀러 온다.	I come to play.
7	나는 물어보러 온다.	I come asking.
8	나는 와서 저녁을 먹는다.	I come have dinner.
1	나는 여기에 안 온다.	I don't come here.
2	나는 안 돌아온다.	I don't come back.
3	나는 집으로 안 온다.	I don't come home.
4	나는 늦게 안 온다.	I don't come late.
5	나는 식당에 안 온다.	I don't come to the restaurant.
6	나는 놀러 안 온다.	I don't come to play.
7	나는 물어보러 안 온다.	I don't come asking.
8	나는 와서 저녁을 먹지 않는다.	I don't come have dinner.

53

나는 + 그 회의를 + 금요일로 + 옮긴다

➡ **I'm + move + the meeting + to friday**

1	나는 책을 옮긴다.	I move the book.
2	나는 그 파일을 또 다른 폴더로 이동시킨다.	I move the file to another folder.
3	나는 문 쪽으로 움직인다.	I move toward the door.
4	나는 런던으로 이사한다.	I move to london.
5	나는 그 회의를 금요일로 옮긴다.	I move the meeting to friday.
1	나는 책을 안 옮긴다.	I don't move the book.
2	나는 그 파일을 또 다른 폴더로 안 이동시킨다.	I don't move the file to another folder.
3	나는 문 쪽으로 몸을 안 움직인다.	I don't move toward the door.
4	나는 런던으로 안 이사한다.	I don't move to london.
5	나는 그 회의를 금요일로 안 옮긴다.	I don't move the meeting to friday.

54

나는 + 운동을 + 한다

➡ **I + do + sports**

1	나는 매우 잘한다.	I do very well.
2	나는 뭔가를 한다.	I do something.
3	나는 머리를 한다. (치장)	I do hair.
4	나는 운동을 한다.	I do sports.
5	나는 내가 원하는 것을 한다.	I do what I want.
1	나는 매우 잘하지 않는다.	I don't do very well.
2	나는 뭔가를 안 한다.	I don't do something.
3	나는 머리를 안 한다. (치장)	I don't do hair.
4	나는 운동을 안 한다.	I don't do sports.
5	나는 내가 원하는 것을 안 한다.	I don't do what I want.

나는 + 네가 + 청소하는 것을 + 돕는다
➡ I + help + you + clean

1	나는 너를 돕는다.	I help you out.
2	나는 네가 집안일하는 것을 돕는다.	I help you with housework.
3	나는 네가 청소하는 것을 돕는다.	I help you clean.
1	나는 너를 안 돕는다.	I don't help you out.
2	나는 네가 집안일하는 것을 안 돕는다.	I don't help you with housework.
3	나는 네가 청소하는 것을 안 돕는다.	I don't help you clean.

나는 + 너를 기분 좋게 + 만든다
➡ I + make + you feel good

1	나는 실수한다.	I make a mistake.
2	나는 예약한다.	I make a reservation.
3	나는 너에게 커피를 만들어 준다.	I make you coffee.
4	나는 너를 행복하게 만든다.	I make you happy.
5	나는 너를 기분 좋게 만든다.	I make you feel good.
1	나는 안 실수한다.	I don't make a mistake.
2	나는 안 예약한다.	I don't make a reservation.
3	나는 너에게 커피를 안 만들어 준다.	I don't make you coffee.
4	나는 너를 행복하게 안 만든다.	I don't make you happy.
5	나는 너를 기분 좋게 안 만든다.	I don't make you feel good.

57

나는 + 내가 너에게 전화하는 것을 + 기억한다
➡ I + remember + that I call you

1	나는 너를 기억한다.		I remember you.
2	나는 너에게 전화한 것을 기억한다.		I remember calling you.
3	나는 너에게 전화할 것을 기억한다.		I remember to call you.
4	나는 내가 너에게 전화하는 것을 기억한다.		I remember that I call you.
5	나는 언제 너에게 전화하는지 기억한다.		I remember when I call you.
1	나는 너를 안 기억한다.		I don't remember you.
2	나는 너에게 전화한 것을 안 기억한다.		I don't remember calling you.
3	나는 너에게 전화할 것을 안 기억한다.		I don't remember to call you.
4	나는 너에게 전화하는 것을 안 기억한다.		I don't remember that I call you.
5	나는 언제 너에게 전화하는지 안 기억한다.		I don't remember when I call you.

58

나는 + 내가 내 지갑을 가져오는 것을 + 잊는다
➡ I + forget + that I bring my wallet

1	나는 얼굴을 잊는다.		I forget a face.
2	나는 내 지갑을 가져온 것을 잊는다.		I forget bringing my wallet.
3	나는 내 지갑을 가져와야 하는 것을 잊는다.		I forget to bring my wallet.
4	나는 내가 내 지갑을 가져온다는 것을 잊는다.		I forget that I bring my wallet.
5	나는 누가 내 지갑을 가져오는지 잊는다.		I forget who bring my wallet.
1	나는 얼굴을 안 잊는다.		I don't forget a face.
2	나는 내 지갑을 가져온 것을 안 잊는다.		I don't forget bringing my wallet.
3	나는 내 지갑을 가져와야 하는 것을 안 잊는다.		I don't forget to bring my wallet.
4	나는 내가 내 지갑을 가져오는 것을 안 잊는다.		I don't forget that I bring my wallet.
5	나는 누가 내 지갑을 가져오는지 안 잊는다.		I don't forget who bring my wallet.

나는 + 너에게 이것을 사용하라고 + 요청한다

➡ **I + ask + you to use this**

1	나는 너에게 묻는다.		I ask you.
2	나는 질문을 묻는다.		I ask a question.
3	나는 너에게 질문을 물어본다.		I ask you a question.
4	나는 너에게 부탁한다.		I ask you a favour.
5	나는 이것을 사용하겠다고 요청한다.		I ask to use this.
6	나는 너에게 이것을 사용하라고 요청한다.		I ask you to use this.
7	나는 너에게 이것을 사용하지 말라고 요청한다.		I ask you not to use this.
8	나는 이것이 얼마인지 너에게 묻는다.		I ask you how much this is.
9	나는 너에게 내가 이것을 사용할 수 있는지 묻는다.		I ask you if I can use this.
1	나는 너에게 안 묻는다.		I don't ask you.
2	나는 질문을 안 묻는다.		I don't ask a question.
3	나는 너에게 안 물어본다.		I don't ask you a question.
4	나는 너에게 안 부탁한다.		I don't ask you a favour.
5	나는 이것을 사용하겠다고 안 요청한다.		I don't ask to use this.
6	나는 너에게 이것을 사용하라고 안 요청한다.		I don't ask you to use this.
7	나는 너에게 이것을 사용하지 말라고 안 요청한다.		I don't ask you not to use this.
8	나는 이것이 얼마인지 너에게 안 묻는다.		I don't ask you how much this is.
9	나는 너에게 내가 이것을 사용할 수 있는지 안 묻는다.		I don't ask you if I can use this.

나는 + 그 생각이 좋다고 + 생각한다

➡ **I + think + that the idea is good**

1	나는 그렇게 생각한다.	I think so.
2	나는 크게 생각한다.	I think big.
3	나는 긍정적으로 생각한다.	I think positive.
4	나는 그 생각에 대해 생각한다.	I think about the idea.
5	나는 그 생각을 생각한다.	I think of the idea.
6	나는 그 생각이 좋다고 생각한다.	I think that the idea is good.
7	나는 그 생각이 무엇인지 생각한다.	I think what the idea is.
1	나는 그렇게 안 생각한다.	I don't think so.
2	나는 크게 안 생각한다.	I don't think big.
3	나는 긍정적으로 안 생각한다.	I don't think positive.
4	나는 그 생각에 대해 안 생각한다.	I don't think about the idea.
5	나는 그 생각을 안 생각한다.	I don't think of the idea.
6	나는 그 생각이 좋다고 안 생각한다.	I don't think that the idea is good.
7	나는 그 생각이 무엇인지 안 생각한다.	I don't think what the idea is.

나는 + 네가 그것을 의미한다는 것을 + 안다
➡ **I + know + that you mean it**

1	나는 그 주소를 안다.	I know the address.
2	나는 잘 안다.	I know well.
3	나는 그 주소에 대해 안다.	I know about the address.
4	나는 네가 그것을 의미한다는 것을 안다.	I know that you mean it.
5	나는 네가 의미하는 게 무엇인지 안다.	I know what you mean.
6	나는 네가 그것을 왜 의미하는지 안다.	I know why you mean it.
1	나는 그 주소를 알지 못한다.	I don't know the address.
2	나는 잘 알지 못한다.	I don't know well.
3	나는 그 주소에 대해 알지 못한다.	I don't know about the address.
4	나는 네가 그것을 의미한다는 것을 알지 못한다.	I don't know that you mean it.
5	나는 네가 의미하는 게 무엇인지 알지 못한다.	I don't know what you mean.
6	나는 네가 그것을 왜 의미하는지 알지 못한다.	I don't know why you mean it.

나는 + 그것을 다음에 하기로 + 결정한다
➡ **I + decide + to do it next**

1	나는 이것을 결정한다.	I decide this.
2	나는 그것을 다음에 하기로 결정한다.	I decide to do it next.
3	나는 내가 그것을 다음에 하는 것으로 결정한다.	I decide that I do it next.
4	나는 내가 다음에 무엇을 할지 결정한다.	I decide what I do next.
1	나는 이것을 안 결정한다.	I don't decide this.
2	나는 그것을 다음에 하기로 안 결정한다.	I don't decide to do it next.
3	나는 내가 그것을 다음에 하는 것으로 안 결정한다.	I don't decide that I do it next.
4	나는 내가 다음에 무엇을 할지 안 결정한다.	I don't decide what I do next.

63

나는 + 네가 차 마시기를 + 원한다

➡ **I + want + you to drink tea**

1	나는 차를 원한다.	I want some tea.
2	나는 차가 완벽하기를 원한다.	I want tea perfect.
3	나는 차를 마시고 싶다.	I want to drink tea.
4	나는 네가 차 마시기를 원한다.	I want you to drink tea.
5	나는 네가 차 안 마시기를 원한다.	I want you not to drink tea.
1	나는 차를 안 원한다.	I don't want some tea.
2	나는 차가 완벽하기를 안 원한다.	I don't want tea perfect.
3	나는 차를 안 마시고 싶다.	I don't want to drink tea.
4	나는 네가 차 마시기를 안 원한다.	I don't want you to drink tea.
5	나는 네가 차를 안 마시기를 안 원한다.	I don't want you not to drink tea.

64

나는 + 네가 나를 도와주는 것이 + 필요하다

➡ **I + need + you to help me**

1	나는 너의 도움이 필요하다.	I need your help.
2	나는 널 도울 필요가 있다.	I need to help you.
3	나는 네가 나를 도와주는 것이 필요하다.	I need you to help me.
4	나는 네가 나를 안 도와주는 것이 필요하다.	I need you not to help me.
1	나는 너의 도움이 안 필요하다.	I don't need your help.
2	나는 널 도울 필요가 없다.	I don't need to help you.
3	나는 네가 날 도와주는 것이 안 필요하다.	I don't need you to help me.
4	나는 네가 나를 안 도와주는 안 필요하다.	I don't need you not to help me.

65

| 나는 + 네가 게임하는 것을 + 좋아한다 |
| ➡ I + like + you to play a game |

	나는 게임을 좋아한다.	I like a game.
1	나는 게임을 좋아한다.	I like a game.
2	나는 게임을 가장 좋아한다.	I like a game best.
3	나는 게임하는 것을 좋아한다.	I like to play a game.
4	나는 게임하는 것을 좋아한다.	I like playing a game.
5	나는 네가 게임하는 것을 좋아한다.	I like you to play a game.
6	나는 네가 게임 안 하는 것을 좋아한다.	I like you not to play a game.
1	나는 게임을 안 좋아한다.	I don't like a game.
2	나는 게임을 가장 안 좋아한다.	I don't like a game best.
3	나는 (직접) 게임하는 것을 안 좋아한다.	I don't like to play a game.
4	나는 게임하는 것을 안 좋아한다.	I don't like playing a game.
5	나는 네가 게임하는 것을 안 좋아한다.	I don't like you to play a game.
6	나는 네가 게임 안 하는 것을 안 좋아한다.	I don't like you not to play a game.

66

| 나는 + 내가 살 뺀다는 것을 + 너에게 약속한다 |
| ➡ I + promise you + that I lose weight |

1	나는 너에게 약속한다.	I promise you.
2	나는 그 무게를 약속한다.	I promise the weight.
3	나는 살 뺄 것을 약속한다.	I promise to lose weight.
4	나는 너에게 살 뺄 것을 약속한다.	I promise you to lose weight.
5	나는 내가 살 뺀다는 것을 약속한다.	I promise that I lose weight.
6	나는 너에게 내가 살 뺀다는 것을 약속한다.	I promise you that I lose weight.
1	나는 너에게 안 약속한다.	I don't promise you.
2	나는 그 무게를 안 약속한다.	I don't promise the weight.
3	나는 살 뺄 것을 안 약속한다.	I don't promise to lose weight.
4	나는 너에게 살 뺄 것을 안 약속한다.	I don't promise you to lose weight.
5	나는 내가 살 뺀다는 것을 안 약속한다.	I don't promise that I lose weight.
6	나는 너에게 내가 살 뺀다는 것을 안 약속한다.	I don't promise you that I lose weight.

67

나는 + **너에게 연락하는 것에 대해** + **자유롭게(편하게) 느낀다**

➡ **I** + **feel free** + **about contacting you**

1	나는 어지러움을 느낀다(어지럽다).	I feel dizzy.
2	나는 팔에 뭔가를 느낀다.	I feel something on my arm.
3	나는 자유롭게(편하게) 느낀다.	I feel free.
4	나는 너에게 연락하는 것을 자유롭게(편하게) 느낀다.	I feel free to contact you.
5	나는 너에게 연락하는 것에 대해 자유롭게(편하게) 느낀다.	I feel free about contacting you.
6	나는 너에게 연락하고 싶다.	I feel like contacting you.
7	나는 내가 너에게 연락한다고 느낀다.	I feel that I contact you.
8	나는 바보처럼 느낀다.	I feel like an idiot.
1	나는 어지러움을 안 느낀다(안 어지럽다).	I don't feel dizzy.
2	나는 팔에 뭔가를 안 느낀다.	I don't feel something on my arm.
3	나는 자유롭게(편하게) 안 느낀다.	I don't feel free.
4	나는 너에게 연락하는 것을 자유롭게(편하게) 안 느낀다.	I don't feel free to contact you.
5	나는 너에게 연락하는 것에 대해 자유롭게(편하게) 안 느낀다.	I don't feel free about contacting you.
6	나는 너에게 연락 안 하고 싶다.	I don't feel like contacting you.
7	나는 내가 너에게 연락한다고 안 느낀다.	I don't feel that I contact you.
8	나는 바보처럼 안 느낀다.	I don't feel like an idiot.

나는 + 일을 구하고 있는 것 + 처럼 보인다

➡ **I** + **look like** + **that I look for a job**

1	나는 모든 곳을 다 본다.	I look everywhere.
2	나는 피곤해 보인다.	I look tired.
3	나는 거지처럼 보인다.	I look like a beggar.
4	나는 아빠를 닮았다.	I look like dad.
5	나는 일을 구하고 있는 것처럼 보인다.	I look like that I look for a job.
6	나는 시간/시계를 본다.	I look at the time.
7	나는 일을 구한다.	I look for a job.
8	나는 일 찾기를 고대하고 있다.	I look forward to finding a job.
1	나는 모두 다 안 본다.	I don't look everywhere.
2	나는 안 피곤해 보인다.	I don't look tired.
3	나는 거지처럼 안 보인다.	I don't look like a beggar.
4	나는 아빠를 안 닮았다.	I don't look like dad.
5	나는 일을 구하고 있는 것처럼 안 보인다.	I don't look like I look for a job.
6	나는 시간/시계를 안 본다.	I don't look at the time.
7	나는 일을 안 구한다.	I don't look for a job.
8	나는 일 찾기를 안 고대하고 있다.	I don't look forward to finding a job.

69

나는 + 그가 건물에 들어가는 것을 + 본다

➡ I + see + him entering the building

1	나는 그를 본다.	I see him.
2	나는 그가 행복하다고 본다.	I see him happy.
3	나는 그가 건물에 들어가는 것을 본다.	I see him enter the building.
4	나는 의사를 본다.	I see a doctor.
5	나는 뭐가 벌어지는지 본다.	I see what happens.
6	알겠다.	I see.
1	나는 그를 안 본다.	I don't see him.
2	나는 그가 행복하다고 안 본다.	I don't see him happy.
3	나는 그가 건물에 들어가는 것을 안 본다.	I don't see him enter the building.
4	나는 의사를 안 본다.	I don't see a doctor.
5	나는 뭐가 벌어지는지 안 본다.	I don't see what happens.

70

나는 + 영어로 + 말한다

➡ I + speak + in English

1	나는 천천히 말한다.	I speak slowly.
2	나는 영어로 말한다.	I speak in English.
3	나는 엄마에게 말한다.	I speak to mom.
4	나는 엄마를 말한다.	I speak of mom.
5	나는 엄마에 대해 말한다.	I speak about mom.
1	나는 천천히 안 말한다.	I don't speak slowly.
2	나는 영어로 안 말한다.	I don't speak in English.
3	나는 엄마에게 안 말한다.	I don't speak to mom.
4	나는 엄마를 안 말한다.	I don't speak of mom.
5	나는 엄마에 대해 안 말한다.	I don't speak about mom.

나는 + 너는 침착해야 한다고 + 너에게 말한다
➡ **I + tell you + that you should keep calm**

1	나는 사실을 말한다.	I tell the fact.
2	나는 거짓을 말한다.	I tell a lie.
3	나는 너에게 말한다.	I tell you.
4	나는 너에게 거짓을 말한다.	I tell you a lie.
5	나는 너에게 그 거짓에 대해 말한다.	I tell you about the lie.
6	나는 너는 침착해야 한다고 너에게 말한다.	I tell you that you should keep calm.
7	나는 너에게 침착하라고 말한다.	I tell you to keep calm.
8	나는 너에게 침착하지 말라고 말한다.	I tell you not to keep calm.
9	나는 너에게 네가 왜 침착해야 하는지 말한다.	I tell you why you should keep calm.
1	나는 사실을 안 말한다.	I don't tell the fact.
2	나는 거짓을 안 말한다.	I don't tell a lie.
3	나는 너에게 안 말한다.	I don't tell you.
4	나는 너에게 거짓을 안 말한다.	I don't tell you a lie.
5	나는 너에게 그 거짓에 대해 안 말한다.	I don't tell you about the lie.
6	나는 너는 침착해야 한다고 너에게 안 말한다.	I don't tell you that you should keep calm.
7	나는 너에게 침착하라고 안 말한다.	I don't tell you to keep calm.
8	나는 너에게 침착하지 말라고 안 말한다.	I don't tell you not to keep calm.
9	나는 너에게 네가 왜 침착해야 하는지 안 말한다.	I don't tell you why you should keep calm.

72

나는 + 그 직원에 대해 + 말한다
➡ **I + talk + about the staff**

1	나는 한 시간 동안 말한다.	I talk for one hour.
2	나는 그 직원에게 말한다.	I talk to the staff.
3	나는 그 직원과 말한다.	I talk with the staff.
4	나는 그 직원에 대해 말한다.	I talk about the staff.
5	나는 전화로 말한다.	I talk on the phone.
1	나는 한 시간 동안 안 말한다.	I don't talk for one hour.
2	나는 그 직원에게 안 말한다.	I don't talk to the staff.
3	나는 그 직원과 안 말한다.	I don't talk with the staff.
4	나는 그 직원에 대해 안 말한다.	I don't talk about the staff.
5	나는 전화로 안 말한다.	I don't talk on the phone.

73

나는 + 여기서 만나자고 + 그에게 말한다
➡ **I + say him + to meet here**

1	나는 저것을 말한다.	I say that.
2	나는 '안녕'이라고 말한다.	I say 'hello'.
3	나는 여기서 만나자고 말한다.	I say to meet here.
4	나는 여기서 만나자고 그에게 말한다.	I say him to meet here.
5	나는 우리는 여기서 만난다는 것을 말한다.	I say that we meet here.
1	나는 그렇게 안 말한다.	I don't say that.
2	나는 '안녕'이라고 안 말한다.	I don't say 'hello'.
3	나는 여기서 만나자고 안 말한다.	I don't say to meet here.
4	나는 여기서 만나자고 그에게 안 말한다.	I don't say him to meet here.
5	나는 우리는 여기서 만난다는 것을 안 말한다.	I don't say that we meet here.

나는 + 그에게 + 마실 것을 + 준다
➡ I + give + him + a drink

※ give up 다음에 대명사가 나오면, 대명사를 give과 up 사이에 넣어요.

1	나는 마실 것을 준다.	I give a drink.
2	나는 그에게 마실 것을 준다.	I give a drink to him.
3	나는 그에게 마실 것을 준다.	I give him a drink.
4	나는 마실 것을 포기한다.	I give up the drink.
5	나는 그것을 포기한다.	I give it up.
1	나는 마실 것을 안 준다.	I don't give a drink.
2	나는 그에게 마실 것을 안 준다.	I don't give a drink to him.
3	나는 그에게 마실 것을 안 준다.	I don't give him a drink.
4	나는 마실 것을 안 포기한다.	I don't give up the drink.
5	나는 그것을 안 포기한다.	I don't give it up.

나는 + 지루해 + 진다
➡ I + get + bored

1	나는 메시지를 받는다.	I get a message.
2	나는 그로부터 메시지를 받는다.	I get a message from him.
3	나는 지루해진다.	I get bored.
4	나는 버스 정류장에 도착한다.	I get to the bus stop.
1	나는 메시지를 안 받는다.	I don't get a message.
2	나는 그로부터 메시지를 안 받는다.	I don't get a message from him.
3	나는 안 지루해진다.	I don't get bored.
4	나는 버스 정류장에 안 도착한다.	I don't get to the bus stop.

76

나는 + 너에게 + 바지를 + 사준다

➡ I + buy + you + the pants

1	나는 바지를 산다.	I buy the pants.
2	나는 바지를 싼 가격에 산다.	I buy the pants at a cheap price.
3	나는 너를 위해 바지를 산다.	I buy the pants for you.
4	나는 너에게 바지를 사준다.	I buy you the pants.
1	나는 바지를 안 산다.	I don't buy the pants.
2	나는 바지를 싼 가격에 안 산다.	I don't buy the pants at a cheap price.
3	나는 너를 위해 바지를 안 산다.	I don't buy the pants for you.
4	나는 너에게 바지를 안 사준다.	I don't buy you the pants.

77

나는 + 10달러에 + 그녀에게 + 티셔츠를 판다

➡ I + sell a T-shirt + to her + for $10

1	나는 티셔츠를 판다.	I sell a T-shirt.
2	나는 티셔츠를 비싼 가격에 판다.	I sell a T-shirt at a high price.
3	나는 10달러에 그녀에게 티셔츠를 판다.	I sell a T-shirt to her for $10.
4	나는 10달러에 그녀에게 티셔츠를 판다.	I sell her a T-shirt for $10.
1	나는 티셔츠를 안 판다.	I don't sell a T-shirt.
2	나는 티셔츠를 비싼 가격에 안 판다.	I don't sell a T-shirt at a high price.
3	나는 10달러에 그녀에게 티셔츠를 안 판다.	I don't sell a T-shirt to her for $10.
4	나는 10달러에 그녀에게 티셔츠를 안 판다.	I don't sell her a T-shirt for $10.

나는 + 코트를 + 테이블 위에 + 둔다
➡ I + put down + the coat + on the table

1	나는 팔을 위에 둔다(팔을 든다).	I put my hands up.
2	나는 코트를 방 안에 둔다.	I put the coat in the room.
3	나는 코트를 테이블 위에 내려 둔다.	I put down the coat on the table.
4	나는 코트를 그곳에 내려 둔다.	I put down the coat there.
5	나는 코트를 그것이 있던 곳에 되돌려 둔다.	I put the coat back where it was.
6	나는 코트를 입는다.	I put on the coat.
1	나는 팔을 위에 안 둔다(팔을 안 든다).	I don't put my hands up.
2	나는 코트를 방 안에 안 둔다.	I don't put the coat in the room.
3	나는 코트를 테이블 위에 안 내려 둔다.	I don't put down the coat on the table.
4	나는 코트를 그곳에 안 내려 둔다.	I don't put down the coat there.
5	나는 코트를 그것이 있던 곳에 안 되돌려 둔다.	I don't put the coat back where it was.
6	나는 코트를 안 입는다.	I don't put on the coat.

나는 + 그녀가 기다리게 + 둔다
➡ I + leave + her waiting

1	나는 집을 떠난다.	I leave home.
2	나는 학교를 향해 집을 떠난다.	I leave home for school.
3	나는 가방을 열어 둔다.	I leave the bag open.
4	나는 가방을 집에 둔다.	I leave the bag at home.
5	나는 그녀가 기다리게 둔다.	I leave her waiting.
1	나는 집을 안 떠난다.	I don't leave home.
2	나는 학교를 향해 집을 안 떠난다.	I don't leave home for school.
3	나는 가방을 안 열어 둔다.	I don't leave the bag open.
4	나는 가방을 집에 안 둔다.	I don't leave the bag at home.
5	나는 그녀가 기다리게 안 둔다.	I don't leave her waiting.

80

나는 + 그녀를 + 파티에 + 데려온다
➡ I + bring + her + to the party

1	나는 선물을 가져온다.	I bring a gift.
2	나는 그녀를 위해 선물을 가져온다.	I bring a gift for her.
3	나는 그녀를 데려온다.	I bring her.
4	나는 그녀를 파티에 데려온다.	I bring her to the party.
5	나는 그녀에게 선물을 가져다준다.	I bring her a gift.
1	나는 선물을 안 가져온다.	I don't bring a gift.
2	나는 그녀를 위해 선물을 안 가져온다.	I don't bring a gift for her.
3	나는 그녀를 안 데려온다.	I don't bring her.
4	나는 그녀를 파티에 안 데려온다.	I don't bring her to the party.
5	나는 그녀에게 선물을 안 가져다준다.	I don't bring her a gift.

81

나는 + 돈 쓸 + 시간이 + 있다
➡ I + have + time + to spend money

1	나는 저녁을 먹는다.	I have dinner.
2	나는 돈을 가지고 있다.	I have money.
3	나는 돈 쓸 시간이 있다.	I have time to spend money.
4	나는 돈을 쓰는 데 어려움이 있다.	I have trouble in spending money.
5	나는 돈을 써야 한다.	I have to spend money.
1	나는 저녁을 안 먹는다.	I don't have dinner.
2	나는 돈을 안 가지고 있다.	I don't have money.
3	나는 돈 쓸 시간이 있지 않다.	I don't have time to spend money.
4	나는 돈을 쓰는 데 어려움이 있지 않다.	I don't have trouble in spending money.
5	나는 돈을 써야 하지 않는다.	I don't have to spend money.

나는 + 그녀에게 + 집세를 + 지불한다
➡ **I + pay + her + the rent**

1	나는 그녀에게 지불한다.	I pay her.
2	나는 10달러를 지불한다.	I pay $10.
3	나는 집세를 지불한다.	I pay the rent.
4	나는 집세를 위해 지불한다.	I pay for the rent.
5	나는 그녀에게 집세를 지불한다.	I pay her the rent.
6	나는 그녀가 집 빌리는 것을 지불한다.	I pay for her to rent.
7	나는 현금으로 지불한다.	I pay in cash.
8	나는 신용카드로 지불한다.	I pay by credit card.
9	나는 그녀에게 되돌려 준다.	I pay her back.
10	나는 그녀에게 관심을 준다.	I pay attention to her.
1	나는 그녀에게 안 지불한다.	I don't pay her.
2	나는 10달러를 안 지불한다.	I don't pay $10.
3	나는 집세를 안 지불한다.	I don't pay the rent.
4	나는 집세를 위해 안 지불한다.	I don't pay for the rent.
5	나는 그녀에게 집세를 안 지불한다.	I don't pay her the rent.
6	나는 그녀가 집 빌리는 것을 안 지불한다.	I don't pay for her to rent.
7	나는 현금으로 안 지불한다.	I don't pay in cash.
8	나는 신용카드로 안 지불한다.	I don't pay by credit card.
9	나는 그녀에게 안 되돌려 준다.	I don't pay her back.
10	나는 그녀에게 관심을 안 준다.	I don't pay attention to her.

83

나는 + 지하철역으로 + 너를 + 데리고 간다
➡ I + take + you + to the subway station

1	나는 그 서류를 받는다.	I take the document.
2	나는 그 서류를 너한테 받는다.	I take the document from you.
3	나는 지하철역으로 그 서류를 가져간다.	I take the document to the subway station.
4	나는 지하철역으로 너를 데리고 간다(데려다 준다).	I take you to the subway station.
5	나는 그곳으로 너를 데리고 간다(데려다 준다).	I take you there.
6	나는 차로 너를 데리고 간다(데려다 준다).	I take you by car.
7	나는 너를 바라본다.	I take a look at you.
1	나는 그 서류를 안 받는다.	I don't take the document.
2	나는 그 서류를 너한테 안 받는다.	I don't take the document from you.
3	나는 지하철역으로 그 서류를 안 가져간다.	I don't take the document to the subway station.
4	나는 지하철역으로 너를 안 데리고 간다(안 데려다 준다).	I don't take you to the subway station.
5	나는 그곳으로 너를 안 데리고 간다(안 데려다 준다).	I don't take you there.
6	나는 차로 너를 안 데리고 간다(안 데려다 준다).	I don't take you by car.
7	나는 너를 안 바라본다.	I don't take a look at you.

84

나는 + 그녀가 멈출 것으로 + 예상한다
➡ I + expect + that she stops

1	나는 그렇게 예상한다.	I expect so.
2	나는 오래 걸릴 것으로 예상한다.	I expect to be long.
3	나는 정거장을 예상한다.	I expect the stop.
4	나는 그녀가 멈출 것으로 예상한다.	I expect that she stops.
5	나는 그녀가 멈출 것으로 예상한다.	I expect her to stop.
1	나는 그렇게 안 예상한다.	I don't expect so.
2	나는 오래 걸릴 것으로 안 예상한다.	I don't expect to be long.
3	나는 정거장을 안 예상한다.	I don't expect the stop.
4	나는 그녀가 멈출 것으로 안 예상한다.	I don't expect that she stops.
5	나는 그녀가 멈출 것으로 안 예상한다.	I don't expect her to stop.

나는 + 코트를 입으려고 + 해본다
➡ I + try + to wear a coat

1	나는 다시 해본다.	I try again.
2	나는 최선을 다해본다.	I try my best.
3	나는 커피를 마셔본다.	I try coffee.
4	나는 코트를 입어본다.	I try a coat.
5	나는 코트를 입으려고 해본다.	I try to wear a coat.
6	나는 코트를 안 입으려고 해본다.	I try not to wear a coat.
1	나는 다시 안 해본다.	I don't try again.
2	나는 최선을 안 다해본다(다하지 않는다).	I don't try my best.
3	나는 커피를 안 마셔본다.	I don't try coffee.
4	나는 코트를 안 입어본다.	I don't try a coat.
5	나는 코트를 입으려고 안 해본다.	I don't try to wear a coat.
6	나는 코트를 안 입으려고 안 해본다.	I don't try not to wear a coat.

나는 + 너를 기다리게 + 한다
➡ I + keep + you waiting

1	나는 따뜻하게 유지한다.	I keep warm.
2	나는 비밀을 유지한다.	I keep a secret.
3	나는 여권을 가방에 보관한다.	I keep my passport in the bag.
4	나는 계속 기다린다.	I keep waiting.
5	나는 너를 기다리게 한다.	I keep you waiting.
1	나는 따뜻하게 안 유지한다.	I don't keep warm.
2	나는 비밀을 안 유지한다.	I don't keep a secret.
3	나는 여권을 가방에 안 보관한다.	I don't keep my passport in the bag.
4	나는 계속 안 기다린다.	I don't keep waiting.
5	나는 너를 기다리게 안 한다.	I don't keep you waiting.

STEP 4.
내가 자주 쓰는 표현들

나는 + 학교에 갈 + 수 있다

➡ I'm + able to + go to school

※ be able to = ~할 수 있다

1	나는 학교에 갈 수 있다.	I'm able to go to school.
2	나는 사무실에 올 수 있다.	I'm able to come to the office.
3	나는 너에게 뛰어갈 수 있다.	I'm able to run to you.
4	나는 슈퍼에 걸어갈 수 있다.	I'm able to walk to the supermarket.
5	나는 뒤로 이동할 수 있다.	I'm able to move to the back.
1	나는 학교에 갈 수 없다.	I'm not able to go to school.
2	나는 사무실에 올 수 없다.	I'm not able to come to the office.
3	나는 너에게 뛰어갈 수 없다.	I'm not able to run to you.
4	나는 슈퍼에 걸어갈 수 없다.	I'm not able to walk to the supermarket.
5	나는 뒤로 이동할 수 없다.	I'm not able to move to the back.

나는 + 차 운전을 + 막 하려 한다

➡ I'm + about to + drive a car

※ be about to = 막 ~하려 한다

1	나는 막 차를 운전하려 한다.	I'm about to drive a car.
2	나는 막 노래를 부르려 한다.	I'm about to sing a song.
3	나는 막 케이팝 춤을 추려 한다.	I'm about to dance K-pop.
4	나는 막 여기 앉으려 한다.	I'm about to sit here.
5	나는 막 똑바로 일어서려 한다.	I'm about to stand up straight.
1	나는 막 차를 운전하려 안 한다.	I'm not about to drive a car.
2	나는 막 노래를 부르려 안 한다.	I'm not about to sing a song.
3	나는 막 케이팝 춤을 추려 안 한다.	I'm not about to dance K-pop.
4	나는 막 여기 앉으려 안 한다.	I'm not about to sit here.
5	나는 막 똑바로 일어서려 안 한다.	I'm not about to stand up straight.

89

나는 + 은행에서 일하는 것에 + 익숙하다

➡ I'm + accustomed to + working in a bank

※ be accustomed to ~ing = ~에 익숙하다

1	나는 은행에서 일하는 것에 익숙하다.	I'm accustomed to working in a bank.
2	나는 식당을 선택하는 데 익숙하다.	I'm accustomed to choosing a restaurant.
3	나는 버스를 타는 데 익숙하다.	I'm accustomed to riding a bus.
4	나는 대화에 익숙하다.	I'm accustomed to a conversation.
5	나는 교육/연수에 익숙하다.	I'm accustomed to a training.
1	나는 은행에서 일하는 것에 안 익숙하다.	I'm not accustomed to working in a bank.
2	나는 식당을 선택하는 데 안 익숙하다.	I'm not accustomed to choosing a restaurant.
3	나는 버스를 타는 데 안 익숙하다.	I'm not accustomed to riding a bus.
4	나는 대화에 안 익숙하다.	I'm not accustomed to a conversation.
5	나는 교육/연수에 안 익숙하다.	I'm not accustomed to a training.

90

나는 + 중국어를 가르치는 게 + 두렵다

➡ I'm + afraid of + teaching Chinese

※ be afraid of ~ing = ~가 두렵다

1	나는 중국어를 가르치는 게 두렵다.	I'm afraid of teaching Chinese.
2	나는 중국을 떠나는 게 두렵다.	I'm afraid of leaving China.
3	나는 표를 파는 게 두렵다.	I'm afraid of selling a ticket.
4	나는 동물이 두렵다.	I'm afraid of an animal.
5	나는 사고가 두렵다.	I'm afraid of an accident.
1	나는 중국어를 가르치는 게 안 두렵다.	I'm not afraid of teaching Chinese.
2	나는 중국을 떠나는 게 안 두렵다.	I'm not afraid of leaving China.
3	나는 표를 파는 게 안 두렵다.	I'm not afraid of selling a ticket.
4	나는 동물이 안 두렵다.	I'm not afraid of an animal.
5	나는 사고가 안 두렵다.	I'm not afraid of an accident.

나는 + 문을 닫을 + 수 있다
➡ I'm + available to + close the door

※ be available to = 할 수 있다/가능하다

1	나는 문을 닫을 수 있다.	I'm available to close the door.
2	나는 공을 칠 수 있다.	I'm available to hit a ball.
3	나는 게임을 할 수 있다.	I'm available to play a game.
4	나는 운동이 가능하다(할 수 있다).	I'm available to a sport.
5	나는 야채가 가능하다(먹을 수 있다).	I'm available to a vegetable.
1	나는 문을 닫을 수 없다.	I'm not available to close the door.
2	나는 공을 칠 수 없다.	I'm not available to hit a ball.
3	나는 게임을 할 수 없다.	I'm not available to play a game.
4	나는 운동이 안 가능하다(할 수 없다).	I'm not available to a sport.
5	나는 야채가 안 가능하다(먹을 수 없다).	I'm not available to a vegetable.

나는 + 영어를 공부하느라 + 바쁘다
➡ I'm + busy + studying English

※ be busy ~ing = ~하느라 바쁘다

1	나는 영어를 공부하느라 바쁘다.	I'm busy studying English.
2	나는 이것을 하느라 바쁘다.	I'm busy doing this.
3	나는 너를 돕느라 바쁘다.	I'm busy helping you.
4	나는 사람들을 만나느라 바쁘다.	I'm busy meeting people.
5	나는 일자리를 구하느라 바쁘다.	I'm busy looking for a job.
1	나는 영어를 공부하느라 안 바쁘다.	I'm not busy studying English.
2	나는 이것을 하느라 안 바쁘다.	I'm not busy doing this.
3	나는 너를 돕느라 안 바쁘다.	I'm not busy helping you.
4	나는 사람들을 만나느라 안 바쁘다.	I'm not busy meeting people.
5	나는 일자리를 구하느라 안 바쁘다.	I'm not busy looking for a job.

93

나는 + 그 질문에 답하도록 + 주의한다

➡ **I'm + careful to + answer the question**

※ be careful to/of = ~하도록 조심/주의한다

1	나는 그 질문에 답하도록 주의한다.	I'm careful to answer the question.
2	나는 숙제를 끝내도록 주의한다.	I'm careful to finish homework.
3	나는 남동생/형과 싸우지 않도록 조심한다.	I'm careful not to fight with brother.
4	나는 카메라를 조심한다.	I'm careful of camera.
5	나는 비행을 조심한다.	I'm careful of a flight.
1	나는 그 질문에 답하도록 안 주의한다.	I'm not careful to answer the question.
2	나는 숙제를 끝내도록 안 주의한다.	I'm not careful to finish homework.
3	나는 남동생/형과 싸우지 않도록 안 조심한다.	I'm not careful not to fight with brother.
4	나는 카메라를 안 조심한다.	I'm not careful of camera.
5	나는 비행을 안 조심한다.	I'm not careful of a flight.

94

나는 + 홍콩에 도착하면 + 흥분된다

➡ **I'm + excited to + arrive in Hongkong**

※ be excited to/at/about/that = ~에 흥분/열광한다

1	나는 홍콩에 도착하면 흥분된다.	I'm excited to arrive in Hongkong.
2	나는 음악을 들으면 흥분된다.	I'm excited to listen to a music.
3	나는 내가 음악을 들어서 흥분된다.	I'm excited that I listen to a music.
4	나는 음악을 듣는 것에 대해 흥분된다.	I'm excited about listening to a music.
5	나는 그 음악에 흥분된다.	I'm excited at the music.
1	나는 홍콩에 도착하면 안 흥분된다.	I'm not excited to arrive in Hongkong.
2	나는 음악을 들으면 안 흥분된다.	I'm not excited to listen to a music.
3	나는 내가 음악을 들어서 안 흥분된다.	I'm not excited that I listen to a music.
4	나는 음악을 듣는 것에 대해 안 흥분된다.	I'm not excited about listening to a music.
5	나는 그 음악에 안 흥분된다.	I'm not excited at the music.

나는 + 크게 웃는 것으로 + 유명하다

➡ I'm + famous for + laughing out loud

※ be famous for ~ing = ~로 유명하다

1	나는 크게 웃는 것으로 유명하다.	I'm famous for laughing out loud.
2	나는 보고서를 쓰는 것으로 유명하다.	I'm famous for writing a report.
3	나는 잘생긴 것으로 유명하다.	I'm famous for being handsome.
4	나는 내 취미로 유명하다.	I'm famous for my hobby.
5	나는 내 책으로 유명하다.	I'm famous for my book.
1	나는 크게 웃는 것으로 안 유명하다.	I'm not famous for laughing out loud.
2	나는 보고서를 쓰는 것으로 안 유명하다.	I'm not famous for writing a report.
3	나는 잘생긴 것으로 안 유명하다.	I'm not famous for being handsome.
4	나는 내 취미로 안 유명하다.	I'm not famous for my hobby.
5	나는 내 책으로 안 유명하다.	I'm not famous for my book.

나는 + 버튼을 누를 + 것이다.

➡ I'm + going to + touch the button

※ be going to = ~할 것이다/~에 가는 중이다

1	나는 버튼을 누를 것이다.	I'm going to touch the button.
2	나는 택시를 잡을 것이다.	I'm going to catch a taxi.
3	나는 창문을 열 것이다.	I'm going to open the window.
4	나는 내 집에 가는 중이다.	I'm going to my house.
5	나는 바다에 가는 중이다.	I'm going to sea.
1	나는 버튼을 안 누를 것이다.	I'm not going to touch the button.
2	나는 택시를 안 잡을 것이다.	I'm not going to catch a taxi.
3	나는 창문을 안 열 것이다.	I'm not going to open the window.
4	나는 내 집에 안 가는 중이다.	I'm not going to my house.
5	나는 바다에 안 가는 중이다.	I'm not going to sea.

97

나는 + 한국어 말하기를 + 잘한다

➡ **I'm + good at + speaking in Korean**

※ be good at ~ing = ~를 잘한다

1	나는 한국어 말하기를 잘한다.	I'm good at speaking in Korean.
2	나는 날짜 결정을 잘한다.	I'm good at deciding the date.
3	나는 라면 요리하는 것을 잘한다.	I'm good at cooking ramen.
4	나는 언어를 잘한다.	I'm good at language.
5	나는 연습을 잘한다.	I'm good at exercise.
1	나는 한국어 말하기를 안 잘한다.	I'm not good at speaking in Korean.
2	나는 날짜 결정을 안 잘한다.	I'm not good at deciding the date.
3	나는 라면 요리하는 것을 안 잘한다.	I'm not good at cooking ramen.
4	나는 언어를 안 잘한다.	I'm not good at language.
5	나는 연습을 안 잘한다.	I'm not good at exercise.

98

나는 + 그에게 전화하는 + 중이다

➡ **I'm + calling him**

※ be ~ing(현재 진행형) = ~하고 있는 중이다

1	나는 그에게 전화하는 중이다.	I'm calling him.
2	나는 네 손을 잡고 있는 중이다.	I'm holding your hand.
3	나는 잘 자고 있는 중이다.	I'm sleeping well.
4	나는 얼굴을 씻고 있는 중이다.	I'm washing face.
5	나는 콜라를 마시고 있는 중이다.	I'm drinking a coke.
1	나는 그에게 전화하고 있지 않다.	I'm not calling him.
2	나는 네 손을 잡고 있지 않다.	I'm not holding your hand.
3	나는 잘 자고 있지 않다.	I'm not sleeping well.
4	나는 얼굴을 씻고 있지 않다.	I'm not washing face.
5	나는 콜라를 마시고 있지 않다.	I'm not drinking a coke.

나는 + 그 이유를 아는 것에 + 흥미가 있다
➡ I'm + interested in + knowing the reason

※ be interested in ~ing = ~에 흥미/관심이 있다

1. 나는 그 이유를 아는 것에 흥미가 있다. — I'm interested in knowing the reason.
2. 나는 서울에 사는 것에 관심이 있다. — I'm interested in living in Seoul.
3. 나는 환불받는 것에 관심이 있다. — I'm interested in getting a refund.
4. 나는 날씨에 흥미가 있다. — I'm interested in weather.
5. 나는 자연에 흥미가 있다. — I'm interested in nature.

1. 나는 그 이유를 아는 것에 흥미가 없다. — I'm not interested in knowing the reason.
2. 나는 서울에 사는 것에 관심이 없다. — I'm not interested in living in Seoul.
3. 나는 환불받는 것에 관심이 없다. — I'm not interested in getting a refund.
4. 나는 날씨에 흥미가 없다. — I'm not interested in weather.
5. 나는 자연에 흥미가 없다. — I'm not interested in nature.

나는 + 그를 이해하는 데 + 서투르다
➡ I'm + poor at + understanding him

※ be poor at ~ing = ~에 서투르다

1. 나는 그를 이해하는 데 서투르다. — I'm poor at understanding him.
2. 나는 샌드위치를 자르는 데 서투르다. — I'm poor at cutting the sandwich.
3. 나는 매장을 찾는 데 서투르다. — I'm poor at finding a shop.
4. 나는 영어에 서투르다. — I'm poor at English.
5. 나는 기계에 서투르다. — I'm poor at the machine.

1. 나는 그를 이해하는 데 서투르지 않다. — I'm not poor at understanding him.
2. 나는 샌드위치를 자르는 데 서투르지 않다. — I'm not poor at cutting the sandwich.
3. 나는 매장을 찾는 데 서투르지 않다. — I'm not poor at finding a shop.
4. 나는 영어에 서투르지 않다. — I'm not poor at English.
5. 나는 기계에 서투르지 않다. — I'm not poor at the machine.

101

나는 + 아침 먹을 + 준비가 되었다

➡ I'm + ready to + eat breakfast

※ be ready to/for = ~할 준비가 되었다

1	나는 아침 먹을 준비가 되었다.	I'm ready to eat breakfast.
2	나는 돈 줄 준비가 되었다.	I'm ready to give money.
3	나는 이메일을 보낼 준비가 되었다.	I'm ready to send an email.
4	나는 시험 준비가 되었다.	I'm ready for the test.
5	나는 휴가 준비가 되었다.	I'm ready for my holiday.
1	나는 아침 먹을 준비가 안 되었다.	I'm not ready to eat breakfast.
2	나는 돈 줄 준비가 안 되었다.	I'm not ready to give money.
3	나는 이메일을 보낼 준비가 안 되었다.	I'm not ready to send an email.
4	나는 시험 준비가 안 되었다.	I'm not ready for the test.
5	나는 휴가 준비가 안 되었다.	I'm not ready for my holiday.

102

나는 + 예약을 취소할 + 의무가 있다

➡ I'm + responsible for + cancelling the booking

※ be responsible for ~ing = ~에 책임/의무가 있다

1	나는 예약을 취소할 의무가 있다.	I'm responsible for cancelling the booking.
2	나는 옷을 치울 책임이 있다.	I'm responsible for removing clothes.
3	나는 영수증을 받을 의무가 있다.	I'm responsible for taking a receipt.
4	나는 그 일/사업에 책임이 있다.	I'm responsible for the business.
5	나는 그 실수에 책임이 있다.	I'm responsible for the mistake.
1	나는 예약을 취소할 의무가 없다.	I'm not responsible for cancelling the booking.
2	나는 옷을 치울 책임이 없다.	I'm not responsible for removing clothes.
3	나는 영수증을 받을 의무가 없다.	I'm not responsible for taking a receipt.
4	나는 그 일/사업에 책임이 없다.	I'm not responsible for the business.
5	나는 그 실수에 책임이 없다.	I'm not responsible for the mistake.

나는 + 음식 냄새 맡는 것에 + 질린다

➡ I'm + sick of + smelling food

※ be sick of ~ing = ~에 질린다

1	나는 음식 냄새 맡는 것에 질린다.	I'm sick of smelling food.
2	나는 친구를 기다리는 것에 질린다.	I'm sick of waiting for a friend.
3	나는 그 이야기를 말하는 것에 질린다.	I'm sick of talking about the story.
4	나는 고기에 질린다.	I'm sick of meat.
5	나는 과일에 질린다.	I'm sick of fruit.
1	나는 음식 냄새 맡는 것에 안 질린다.	I'm not sick of smelling food.
2	나는 친구를 기다리는 것에 안 질린다.	I'm not sick of waiting for a friend.
3	나는 그 이야기를 말하는 것에 안 질린다.	I'm not sick of talking about the story.
4	나는 고기에 안 질린다.	I'm not sick of meat.
5	나는 과일에 안 질린다.	I'm not sick of fruit.

나는 + 그 말을 들으니 + 안타깝다

➡ I'm + sorry to + hear that

※ be sorry to/about/that = ~해서 미안하다

1	나는 그 말을 들으니 안타깝다.	I'm sorry to hear that.
2	나는 그에게 거짓말을 해서 미안하다.	I'm sorry to tell him a lie.
3	나는 그 사실을 잊어서 미안하다.	I'm sorry to forget the fact.
4	나는 내가 그 사실을 잊어서 미안하다.	I'm sorry that I forget the fact.
5	나는 그 사실에 대해 미안하다.	I'm sorry about the fact.
1	나는 그 말을 들으니 안 안타깝다.	I'm not sorry to hear that.
2	나는 그에게 거짓말을 해서 안 미안하다.	I'm not sorry to tell him a lie.
3	나는 그 사실을 잊어서 안 미안하다.	I'm not sorry to forget the fact.
4	나는 내가 그 사실을 잊어서 안 미안하다.	I'm not sorry that I forget the fact.
5	나는 그 사실에 대해 안 미안하다.	I'm not sorry about the fact.

105

나는 + 내가 그것을 기억한다는 것을 + 확신한다

➡ I'm + sure that + I remember it

※ be sure of/to/about/that = ~을 반드시/확신한다

1	나는 그것을 확신한다.	I'm sure of it.
2	나는 내가 그것을 기억한다는 것을 확신한다.	I'm sure that I remember it.
3	나는 그걸 기억한다고 확신한다(반드시 기억한다).	I'm sure to remember it.
4	나는 그것을 기억하는 것에 대해 확신한다.	I'm sure about remembering it.
5	나는 열쇠를 가져오는 것을 확신한다(반드시 가져온다).	I'm sure to bring a key.
1	나는 그것을 안 확신한다.	I'm not sure of it.
2	나는 내가 그것을 기억한다는 것을 안 확신한다.	I'm not sure that I remember it.
3	나는 그걸 기억한다고 안 확신한다.	I'm not sure to remember it.
4	나는 그것을 기억하는 것에 대해 안 확신한다.	I'm not sure about remembering it.
5	나는 열쇠를 가져오는 것을 안 확신한다.	I'm not sure to bring a key.

106

나는 + 에릭을 보고 + 놀란다

➡ I'm + surprised to + see Eric

※ be surprised to = ~하고 놀란다

1	나는 에릭을 보고 놀란다.	I'm surprised to see Eric.
2	나는 네 말을 듣고 놀란다.	I'm surprised to hear you.
3	나는 책을 읽고 놀란다.	I'm surprised to read a book.
4	나는 TV를 보고 놀란다.	I'm surprised to watch TV.
5	나는 아시아를 여행하고 놀란다.	I'm surprised to travel to Asia.
1	나는 에릭을 보고 안 놀란다.	I'm not surprised to see Eric.
2	나는 네 말을 듣고 안 놀란다.	I'm not surprised to hear you.
3	나는 책을 읽고 안 놀란다.	I'm not surprised to read a book.
4	나는 TV를 보고 안 놀란다.	I'm not surprised to watch TV.
5	나는 아시아를 여행하고 안 놀란다.	I'm not surprised to travel to Asia.

나는 + 많이 우는 것이 + 지겹다
➡ **I'm + tired of + crying much**

※ be tired of ~ing = ~이 지겹다

1. 나는 많이 우는 것이 지겹다. — I'm tired of crying much.
2. 나는 그 문제에 대해 생각하는 것이 지겹다. — I'm tired of thinking about the matter.
3. 나는 핸드폰을 끄는 것이 지겹다. — I'm tired of turning off the cellphone.
4. 나는 그 시스템이 지겹다. — I'm tired of the system.
5. 나는 그 버릇이 지겹다. — I'm tired of the habit.

1. 나는 많이 우는 것이 안 지겹다. — I'm not tired of crying much.
2. 나는 그 문제에 대해 생각하는 것이 안 지겹다. — I'm not tired of thinking about the matter.
3. 나는 핸드폰을 끄는 것이 안 지겹다. — I'm not tired of turning off the cellphone.
4. 나는 그 시스템이 안 지겹다. — I'm not tired of the system.
5. 나는 그 버릇이 안 지겹다. — I'm not tired of the habit.

나는 + 엄마에게 물어 + 볼 것이다
➡ **I'm + willing to + ask mom**

※ be willing to = (기꺼이) ~할 것이다

1. 나는 엄마에게 물어볼 것이다. — I'm willing to ask mom.
2. 나는 늦게 일어날 것이다. — I'm willing to wake up late.
3. 나는 바지를 입을 것이다. — I'm willing to wear the pants.
4. 나는 포크를 사용할 것이다. — I'm willing to use a fork.
5. 나는 예약할 것이다. — I'm willing to make a reservation.

1. 나는 엄마에게 안 물어볼 것이다. — I'm not willing to ask mom.
2. 나는 늦게 안 일어날 것이다. — I'm not willing to wake up late.
3. 나는 바지를 안 입을 것이다. — I'm not willing to wear the pants.
4. 나는 포크를 안 사용할 것이다. — I'm not willing to use a fork.
5. 나는 안 예약할 것이다. — I'm not willing to make a reservation.

109

나는 + 그 결과에 + 실망한다
➡ **I'm + disappointed with + the result**

※ be disappointed with = ~에 실망한다

1	나는 그 결과에 실망한다.	I'm disappointed with the result.
2	나는 그 수업에 실망한다.	I'm disappointed with the lesson.
3	나는 그 영화에 실망한다.	I'm disappointed with the movie.
4	나는 그 뉴스에 실망한다.	I'm disappointed with the news.
5	나는 그 점수에 실망한다.	I'm disappointed with the score.
1	나는 그 결과에 안 실망한다.	I'm not disappointed with the result.
2	나는 그 수업에 안 실망한다.	I'm not disappointed with the lesson.
3	나는 그 영화에 안 실망한다.	I'm not disappointed with the movie.
4	나는 그 뉴스에 안 실망한다.	I'm not disappointed with the news.
5	나는 그 점수에 안 실망한다.	I'm not disappointed with the score.

110

나는 + 내 가족과 + 다르다
➡ **I'm + different from + my family**

※ be different from = ~와 다르다

1	나는 내 가족과 다르다.	I'm different from my family.
2	나는 내 부모님과 다르다.	I'm different from my parents.
3	나는 너와 다르다.	I'm different from you.
4	나는 그녀와 다르다.	I'm different from her.
5	나는 그들과 다르다.	I'm different from them.
1	나는 내 가족과 안 다르다.	I'm not different from my family.
2	나는 내 부모님과 안 다르다.	I'm not different from my parents.
3	나는 너와 안 다르다.	I'm not different from you.
4	나는 그녀와 안 다르다.	I'm not different from her.
5	나는 그들과 안 다르다.	I'm not different from them.

나는 + 숫자와 + 친숙하다

➡ **I'm + familiar with + number**

※ be familiar with = ~를 잘 안다/친숙하다

1	나는 숫자와 친숙하다.	I'm familiar with number.
2	나는 이 도시를 잘 안다.	I'm familiar with this city.
3	나는 이 거리를 잘 안다.	I'm familiar with this street.
4	나는 이 나라와 친숙하다.	I'm familiar with this country.
5	나는 이 장소와 친숙하다.	I'm familiar with this place.
1	나는 숫자와 안 친숙하다.	I'm not familiar with number.
2	나는 이 도시를 잘 모른다.	I'm not familiar with this city.
3	나는 이 거리를 잘 모른다.	I'm not familiar with this street.
4	나는 이 나라와 안 친숙하다.	I'm not familiar with this country.
5	나는 이 장소와 안 친숙하다.	I'm not familiar with this place.

나는 + 수업에 + 늦는다

➡ **I'm + late for + the class**

※ be late for = ~에 늦는다

1	나는 수업에 늦는다.	I'm late for the class.
2	나는 일에 늦는다.	I'm late for the work.
3	나는 기차에 늦는다.	I'm late for the train.
4	나는 약속에 늦는다.	I'm late for the appointment.
5	나는 미팅에 늦는다.	I'm late for the meeting.
1	나는 수업에 안 늦는다.	I'm not late for the class.
2	나는 일에 안 늦는다.	I'm not late for the work.
3	나는 기차에 안 늦는다.	I'm not late for the train.
4	나는 약속에 안 늦는다.	I'm not late for the appointment.
5	나는 미팅에 안 늦는다.	I'm not late for the meeting.

113

나는 + 내 머리에 + 만족한다

➡ I'm + satisfied with + my hair

※ be satisfied with = ~에 만족한다

1	나는 내 머리에 만족한다.	I'm satisfied with my hair.
2	나는 식사에 만족한다.	I'm satisfied with the meal.
3	나는 호텔에 만족한다.	I'm satisfied with the hotel.
4	나는 이 상황에 만족한다.	I'm satisfied with this situation.
5	나는 그 방법에 만족한다.	I'm satisfied with the method.
1	나는 내 머리에 안 만족한다.	I'm not satisfied with my hair.
2	나는 식사에 안 만족한다.	I'm not satisfied with the meal.
3	나는 호텔에 안 만족한다.	I'm not satisfied with the hotel.
4	나는 이 상황에 안 만족한다.	I'm not satisfied with this situation.
5	나는 그 방법에 안 만족한다.	I'm not satisfied with the method.

114

나는 + 아버지와 + 비슷하다

➡ I'm + similar to + father

※ be similar to = ~와 비슷하다

1	나는 아버지와 비슷하다.	I'm similar to father.
2	나는 어머니와 비슷하다.	I'm similar to mother.
3	나는 내 친구와 비슷하다.	I'm similar to my friend.
4	나는 고양이와 비슷하다.	I'm similar to a cat.
5	나는 그 스타와 비슷하다.	I'm similar to the star.
1	나는 아버지와 안 비슷하다.	I'm not similar to father.
2	나는 어머니와 안 비슷하다.	I'm not similar to mother.
3	나는 내 친구와 안 비슷하다.	I'm not similar to my friend.
4	나는 고양이와 안 비슷하다.	I'm not similar to a cat.
5	나는 그 스타와 안 비슷하다.	I'm not similar to the star.

STEP 5.
나에 대해 물어보기

115

내가(나는) + 너무 + 배고파?

➡ **Am + I + so + hungry?**

※ 물어볼 때의 I(나)는 '내가' 또는 '나는'이라고 이해해도 좋아요.

1	내가 너무 배고파?	Am I so hungry?
2	내가 너무 배불러?	Am I so full?
3	내가 너무 목말라?	Am I so thirsty?
4	내가 너무 아파?	Am I so sick?
5	내가 너무 졸려?	Am I so sleepy?
6	내가 너무 추워?	Am I so cold?
7	내가 너무 시원해?	Am I so cool?
8	내가 너무 따뜻해?	Am I so warm?
9	내가 너무 더워?	Am I so hot?
10	내가 너무 피곤해?	Am I so tired?
11	내가 너무 좋아/착해?	Am I so good?
12	내가 너무 나빠?	Am I so bad?
13	내가 너무 슬퍼?	Am I so sad?
14	내가 너무 화나?	Am I so angry?
15	내가 너무 행복해?	Am I so happy?
16	내가 너무 무서워?	Am I so scared?
17	내가 너무 놀랐어?	Am I so surprised?
18	내가 너무 아름다워?	Am I so beautiful?
19	내가 너무 잘생겼어?	Am I so handsome?
20	내가 너무 바빠?	Am I so busy?
21	내가 매우 더러워?	Am I very dirty?
22	내가 매우 깨끗해?	Am I very clean?
23	내가 매우 늙었어?	Am I very old?
24	내가 매우 젊어/어려?	Am I very young?
25	내가 매우 못생겼어?	Am I very ugly?
26	내가 매우 예뻐?	Am I very pretty?
27	내가 매우 준비됐어?	Am I very ready?
28	내가 매우 바보야?	Am I very stupid?
29	내가 매우 똑똑해?	Am I very smart?
30	내가 매우 헷갈려?	Am I very confused?

내가(나는) + 너무 + 뚱뚱해?
➡ **Am + I + very + fat?**

1	내가 매우 뚱뚱해?	Am I very fat?
2	내가 매우 날씬해?	Am I very slim?
3	내가 매우 돈이 많아?	Am I very rich?
4	내가 매우 가난해/불쌍해?	Am I very poor?
5	내가 매우 약해?	Am I very weak?
6	내가 매우 강해?	Am I very strong?
7	내가 매우 키가 커?	Am I very tall?
8	내가 매우 키가 작아?	Am I very short?
9	내가 매우 조용해?	Am I very quiet?
10	내가 매우 시끄러워?	Am I very noisy?
11	내가 진짜 혼자/미혼이야?	Am I really single?
12	내가 진짜 결혼했어?	Am I really married?
13	내가 진짜 병났어?	Am I really ill?
14	내가 진짜 건강해?	Am I really healthy?
15	내가 진짜 똑같아?	Am I really same?
16	내가 진짜 달라?	Am I really different?
17	내가 진짜 정상이야?	Am I really normal?
18	내가 진짜 특별해?	Am I really special?
19	내가 진짜 부지런해?	Am I really diligent?
20	내가 진짜 게을러?	Am I really lazy?
21	내가 진짜 인기가 많아?	Am I really popular?
22	내가 진짜 유명해?	Am I really famous?
23	내가 진짜 예의가 발라?	Am I really polite?
24	내가 진짜 예의가 없어?	Am I really rude?
25	내가 진짜 중요해?	Am I really important?
26	내가 진짜 정직해?	Am I really honest?
27	내가 진짜 친절해?	Am I really kind?
28	내가 진짜 운이 좋아?	Am I really lucky?
29	내가 진짜 훌륭해?	Am I really great?
30	내가 진짜 좋아/괜찮아?	Am I really fine?

117

내가(나는) + 똑똑한 + 학생이야?

➡ **Am + I + a smart + student?**

1	내가 특별한 다연이야?	Am I special Dayun?
2	내가 똑똑한 학생이야?	Am I a smart student?
3	내가 지루한 선생님이야?	Am I a boring teacher?
4	내가 잘생긴 소년이야?	Am I a handsome boy?
5	내가 아름다운 소녀야?	Am I a beautiful girl?
6	내가 돈이 많은 남자야?	Am I a rich man?
7	내가 행복한 여자야?	Am I a happy woman?
8	내가 좋은 친구야?	Am I a good friend?
9	내가 중요한 같은 반 친구야?	Am I an important classmate?
10	내가 나쁜 선배야?	Am I a bad senior?
11	내가 불쌍한 후배야?	Am I a poor junior?
12	내가 친절한 안내원이야?	Am I a kind guide?
13	내가 정직한 판매원이야?	Am I an honest salesman?
14	내가 운이 좋은 손님이야?	Am I a lucky guest?
15	내가 배고픈 여행자야?	Am I a hungry tourist?
16	내가 바쁜 기술자야?	Am I a busy engineer?
17	내가 부지런한 간호사야?	Am I a diligent nurse?
18	내가 비슷한 직원이야?	Am I a similar staff?
19	내가 젊은/어린 사장이야?	Am I a young boss?
20	내가 피곤한 회사원이야?	Am I a tired worker?
21	내가 무서운 경찰이야?	Am I a scary police?
22	내가 엄격한 경비원이야?	Am I a strict guard?
23	내가 유명한 가수야?	Am I a famous singer?
24	내가 인기 있는 연예인이야?	Am I a popular celebrity?
25	내가 매력적인 주장이야?	Am I a charming captain?
26	내가 진지한 영화배우야?	Am I a serious movie star?
27	내가 약한 아이야?	Am I a weak kid?
28	내가 예쁜 어린이야?	Am I a pretty child?
29	내가 귀여운 아기야?	Am I a cute baby?
30	내가 침착한 어른이야?	Am I a calm adult?

내가(나는) + 뚱뚱한 + 여왕이야?

➡ **Am + I + a fat + queen?**

1	내가 뚱뚱한 여왕이야?	Am I a fat queen?
2	내가 늙은 왕이야?	Am I an old king?
3	내가 똑똑한 왕자야?	Am I a clever prince?
4	내가 날씬한 공주야?	Am I a slim princess?
5	내가 시끄러운 이웃이야?	Am I a noisy neighbor?
6	내가 강한 군인이야?	Am I a strong soldier?
7	내가 슬픈 음악인이야?	Am I a sad musician?
8	내가 조용한 과학자야?	Am I a quiet scientist?
9	내가 깨끗한 비서야?	Am I a clean secretary?
10	내가 같은 회원이야?	Am I a same member?
11	내가 훌륭한 사진 기사야?	Am I a great photographer?
12	내가 바보 같은 코미디언이야?	Am I a stupid comedian?
13	내가 웃기는 춤꾼이야?	Am I a funny dancer?
14	내가 국제적인 교수야?	Am I an international professor?
15	내가 정상적인 인간이야?	Am I a normal human being?
16	내가 더러운 도둑이야?	Am I a dirty thief?
17	내가 버릇없는 강도야?	Am I a rude robber?
18	내가 못생긴 모델이야?	Am I an ugly model?
19	내가 우수한 선수야?	Am I an excellent player?
20	내가 예의바른 의사야?	Am I a polite doctor?
21	내가 화난 아빠/아버지야?	Am I an angry dad/father?
22	내가 따뜻한 엄마/어머니야?	Am I a warm mom/mother?
23	내가 다른 남동생/형이야?	Am I a different brother?
24	내가 결혼한 여동생/누나야?	Am I a married sister?
25	내가 건강한 할머니야?	Am I a healthy grandmother?
26	내가 아픈 할아버지야?	Am I a sick grandfather?
27	내가 키 큰 친척이야?	Am I a tall relative?
28	내가 키가 작은 사촌이야?	Am I a short cousin?
29	내가 게으른 아들이야?	Am I a lazy son?
30	내가 재미있는 딸이야?	Am I an interesting daughter?

119

내가(나는) + 집 + 안에 + 있어?

➡ **Am + I + in + the house?**

1	내가 집 안에 있어?	Am I in the house?
2	내가 욕실 안에 있어?	Am I in the bathroom?
3	내가 주방 안에 있어?	Am I in the kitchen?
4	내가 거실 안에 있어?	Am I in the livingroom?
5	내가 침실 안에 있어?	Am I in the bedroom?
6	내가 방 안에 있어?	Am I in the room?
7	내가 지하철 안에 있어?	Am I in the subway?
8	내가 학교 안에 있어?	Am I in the school?
9	내가 사무실 안에 있어?	Am I in the office?
10	내가 비행기 안에 있어?	Am I in the airplane?
11	내가 매장 밖에 있어?	Am I out of the shop?
12	내가 가게 밖에 있어?	Am I out of the store?
13	내가 도시 밖에 있어?	Am I out of the city?
14	내가 공항 밖에 있어?	Am I out of the airport?
15	내가 주유소 밖에 있어?	Am I out of the oil-station?
16	내가 시장 밖에 있어?	Am I out of the market?
17	내가 교실 밖에 있어?	Am I out of the classroom?
18	내가 공원 밖에 있어?	Am I out of the park?
19	내가 슈퍼마켓 밖에 있어?	Am I out of the supermarket?
20	내가 식당 밖에 있어?	Am I out of the restaurant?
21	내가 거리 위에 있어?	Am I on the street?
22	내가 길 위에 있어?	Am I on the road?
23	내가 땅 위에 있어?	Am I on the ground?
24	내가 배 위에 있어?	Am I on the ship?
25	내가 보트 위에 있어?	Am I on the boat?
26	내가 다리 위에 있어?	Am I on the bridge?
27	내가 지붕 위에 있어?	Am I on the roof?
28	내가 강 위에 있어?	Am I on the river?
29	내가 침대 위에 있어?	Am I on the bed?
30	내가 길 위야(가는 중이야)?	Am I on the way?

내가(나는) + 계단 + 아래에 + 있어?
➡ Am + I + under + the stairs?

1	내가 계단 아래에 있어?	Am I under the stairs?
2	내가 그 장소 아래에 있어?	Am I under the place?
3	내가 구름 아래에 있어?	Am I under the cloud?
4	내가 하늘 아래에 있어?	Am I under the sky?
5	내가 창문 아래에 있어?	Am I under the window?
6	내가 커튼 아래에 있어?	Am I under the curtain?
7	내가 산 아래에 있어?	Am I under the mountain?
8	내가 물 아래에 있어?	Am I under the water?
9	내가 침대 아래에 있어?	Am I under the bed?
10	내가 그 사람의 아래에 있어?	Am I under him?
11	내가 교회 앞에 있어?	Am I in front of the church?
12	내가 은행 앞에 있어?	Am I in front of the bank?
13	내가 도서관 앞에 있어?	Am I in front of the library?
14	내가 아파트 앞에 있어?	Am I in front of the apartment?
15	내가 문 앞에 있어?	Am I in front of the door?
16	내가 정원 앞에 있어?	Am I in front of the garden?
17	내가 병원 앞에 있어?	Am I in front of the hospital?
18	내가 건물 앞에 있어?	Am I in front of the building?
19	내가 회사 앞에 있어?	Am I in front of the company?
20	내가 영화관 앞에 있어?	Am I in front of the theater?
21	내가 문 뒤에 있어?	Am I behind the gate?
22	내가 초등학교 뒤에 있어?	Am I behind the elementary school?
23	내가 세탁소 뒤에 있어?	Am I behind the laundry?
24	내가 서점 뒤에 있어?	Am I behind the bookstore?
25	내가 벽 뒤에 있어?	Am I behind the wall?
26	내가 미용실 뒤에 있어?	Am I behind the beauty shop?
27	내가 섬 뒤에 있어?	Am I behind the island?
28	내가 마을 뒤에 있어?	Am I behind the village?
29	내가 시내 뒤에 있어?	Am I behind the downtown?
30	내가 주차장 뒤에 있어?	Am I behind the parking lot?

121

내가(나는) + 집 + 에 + 있어?

➡ Am + I + at + home?

1	내가 집에 있어?	Am I at home?
2	내가 탁자에 있어?	Am I at the table?
3	내가 책상에 있어?	Am I at the desk?
4	내가 버스정류장에 있어?	Am I at the bus stop?
5	내가 학원에 있어?	Am I at the academy?
6	내가 연구소에 있어?	Am I at the institute?
7	내가 역에 있어?	Am I at the station?
8	내가 파티에 있어?	Am I at the party?
9	내가 구석에 있어?	Am I at the corner?
10	내가 뒤에 있어?	Am I at the back?
11	내가 영화관 주위에 있어?	Am I around the cinema?
12	내가 화장실 주위에 있어?	Am I around the toilet?
13	내가 쇼핑몰 주위에 있어?	Am I around the shopping-mall?
14	내가 화장실 주위에 있어?	Am I around the restroom?
15	내가 광장 주위에 있어?	Am I around the square?
16	내가 공장 주위에 있어?	Am I around the factory?
17	내가 휴지통 주위에 있어?	Am I around the waste?
18	내가 호수 주위에 있어?	Am I around the lake?
19	내가 해변 주위에 있어?	Am I around the beach?
20	내가 백화점 주위에 있어?	Am I around the department-store?
21	내가 미술관 옆에 있어?	Am I beside the gallery?
22	내가 운동장 옆에 있어?	Am I beside the playground?
23	내가 약국 옆에 있어?	Am I beside the drugstore?
24	내가 바다 옆에 있어?	Am I beside the sea?
25	내가 강 옆에 있어?	Am I beside the river?
26	내가 대학교 옆에 있어?	Am I beside the university?
27	내가 유치원 옆에 있어?	Am I beside the kindergarten?
28	내가 중학교 옆에 있어?	Am I beside the middle school?
29	내가 고등학교 옆에 있어?	Am I beside the high school?
30	내가 박물관 옆에 있어?	Am I beside the museum?

내가(나는) + 학교에 + 가?

➡ **Do + I + go + to school?**

1	내가 학교에 가?	Do I go to school?
2	내가 사무실에 와?	Do I come to the office?
3	내가 너에게 뛰어가?	Do I run to you?
4	내가 슈퍼에 걸어가?	Do I walk to the supermarket?
5	내가 뒤로 이동해?	Do I move to the back?
6	내가 차를 운전해?	Do I drive a car?
7	내가 노래를 불러?	Do I sing a song?
8	내가 케이팝 춤을 춰?	Do I dance K-pop?
9	내가 여기에 앉아?	Do I sit here?
10	내가 똑바로 서 있어?	Do I stand up straight?
11	내가 버튼을 눌러?	Do I touch the button?
12	내가 택시를 잡아?	Do I catch a taxi?
13	내가 창문을 열어?	Do I open the window?
14	내가 문을 닫아?	Do I close the door?
15	내가 공을 쳐?	Do I hit a ball?
16	내가 게임을 해?	Do I play a game?
17	내가 남동생/형과 싸워?	Do I fight with brother?
18	내가 너의 손을 잡아?	Do I hold your hand?
19	내가 잘 자?	Do I sleep well?
20	내가 늦게 일어나?	Do I wake up late?
21	내가 얼굴을 씻어?	Do I wash face?
22	내가 콜라를 마셔?	Do I drink a coke?
23	내가 바지를 입어?	Do I wear the pants?
24	내가 은행에서 일해?	Do I work in a bank?
25	내가 이것을 해?	Do I do this?
26	내가 포크를 사용해?	Do I use a fork?
27	내가 너를 도와?	Do I help you?
28	내가 예약해?	Do I make a reservation?
29	내가 버스를 타?	Do I ride a bus?
30	내가 그에게 전화해?	Do I call him?

123

내가(나는) + 그것을 + 기억해?

➡ **Do + I + remember + it?**

1	내가 그것을 기억해?	Do I remember it?
2	내가 그 사실을 잊어?	Do I forget the fact?
3	내가 엄마에게 물어?	Do I ask mom?
4	내가 그 질문에 대답해?	Do I answer the question?
5	내가 그 문제에 대해 생각해?	Do I think about the matter?
6	내가 그 이유를 알아?	Do I know the reason?
7	내가 너를 믿어?	Do I believe in you?
8	내가 날짜를 결정해?	Do I decide the date?
9	내가 식당을 선택해?	Do I choose a restaurant?
10	내가 할인을 원해?	Do I want a discount?
11	내가 물이 필요해?	Do I need water?
12	내가 이것을 좋아해?	Do I like this?
13	내가 너에게 약속해?	Do I promise you?
14	내가 기분이 좋아?	Do I feel good?
15	내가 일자리를 구해?	Do I look for a job?
16	내가 에릭을 봐?	Do I see Eric?
17	내가 TV를 봐?	Do I watch TV?
18	내가 음악을 들어?	Do I listen to a music?
19	내가 네 말을 들어?	Do I hear you?
20	내가 한국어를 말해?	Do I speak in Korean?
21	내가 그에게 거짓말을 해?	Do I tell him a lie?
22	내가 그 이야기에 대해 말해?	Do I talk about the story?
23	내가 '안녕'이라고 말해?	Do I say 'hello'?
24	내가 음식 냄새를 맡아?	Do I smell food?
25	내가 큰 소리로 웃어?	Do I laugh out loud?
26	내가 많이 울어?	Do I cry much?
27	내가 영어를 공부해?	Do I study English?
28	내가 책을 읽어?	Do I read a book?
29	내가 보고서를 써?	Do I write a report?
30	내가 중국어를 가르쳐?	Do I teach Chinese?

내가(나는) + 돈을 + 줘?

➡ **Do** + **I** + **give** + **money?**

1	내가 돈을 줘?	Do I give money?
2	내가 이메일을 보내?	Do I send an email?
3	내가 환불을 받아?	Do I get a refund?
4	내가 문을 당겨?	Do I pull a door?
5	내가 책상을 밀어?	Do I push a desk?
6	내가 가방을 사?	Do I buy a bag?
7	내가 표를 팔아?	Do I sell a ticket?
8	내가 컵을 내려놓아?	Do I put down a cup?
9	내가 사람들을 만나?	Do I meet people?
10	내가 일을 시작해?	Do I start work?
11	내가 숙제를 끝내?	Do I finish homework?
12	내가 서울에 살아?	Do I live in Seoul?
13	내가 중국을 떠나?	Do I leave China?
14	내가 홍콩에 도착해?	Do I arrive in Hongkong?
15	내가 열쇠를 가져와?	Do I bring a key?
16	내가 딸이 있어?	Do I have a daughter?
17	내가 아침을 먹어?	Do I eat breakfast?
18	내가 친구를 기다려?	Do I wait for a friend?
19	내가 매장을 찾아?	Do I find a shop?
20	내가 돈을 바꿔?	Do I change money?
21	내가 라면을 요리해?	Do I cook ramen?
22	내가 너에게 지불해?	Do I pay you?
23	내가 옷을 치워?	Do I remove clothes?
24	내가 불을 켜?	Do I turn on the light?
25	내가 핸드폰을 꺼?	Do I turn off cellphone?
26	내가 그를 이해해?	Do I understand him?
27	내가 영수증을 받아?	Do I take a receipt?
28	내가 예약을 취소해?	Do I cancel the booking?
29	내가 샌드위치를 잘라?	Do I cut the sandwich?
30	내가 아시아를 여행해?	Do I travel to Asia?

125

내가(나는) + 학교에 + 가야 + 해?
→ **Should + I + go + to school?**

1	내가 학교에 가야 해?		Should I go to school?
2	내가 사무실에 와야 해?		Should I come to the office?
3	내가 너에게 뛰어가야 해?		Should I run to you?
4	내가 슈퍼에 걸어가야 해?		Should I walk to the supermarket?
5	내가 뒤로 이동해야 해?		Should I move to the back?
6	내가 차를 운전해야 해?		Should I drive a car?
7	내가 노래를 불러야 해?		Should I sing a song?
8	내가 케이팝 춤을 춰야 해?		Should I dance K-pop?
9	내가 여기에 앉아야 해?		Should I sit here?
10	내가 똑바로 서있어야 해?		Should I stand up straight?
11	내가 버튼을 눌러야 해?		Should I touch the button?
12	내가 택시를 잡아야 해?		Should I catch a taxi?
13	내가 창문을 열어야 해?		Should I open the window?
14	내가 문을 닫아야 해?		Should I close the door?
15	내가 공을 쳐야 해?		Should I hit a ball?
16	내가 게임을 해야 해?		Should I play a game?
17	내가 남동생/형과 싸워야 해?		Should I fight with brother?
18	내가 너의 손을 잡아야 해?		Should I hold your hand?
19	내가 잘 자야 해?		Should I sleep well?
20	내가 늦게 일어나야 해?		Should I wake up late?
21	내가 얼굴을 씻어야 해?		Should I wash face?
22	내가 콜라를 마셔야 해?		Should I drink a coke?
23	내가 바지를 입어야 해?		Should I wear the pants?
24	내가 은행에서 일해야 해?		Should I work in a bank?
25	내가 이것을 해야 해?		Should I do this?
26	내가 포크를 사용해야 해?		Should I use a fork?
27	내가 너를 도와야 해?		Should I help you?
28	내가 예약해야 해?		Should I make a reservation?
29	내가 버스를 타야 해?		Should I ride a bus?
30	내가 그에게 전화해야 해?		Should I call him?

내가(나는) + 그것을 + 기억할 + 수 있어?

➡ **Can + I + remember + it?**

1	내가 그것을 기억할 수 있어?	Can I remember it?
2	내가 그 사실을 잊을 수 있어?	Can I forget the fact?
3	내가 엄마에게 물을 수 있어?	Can I ask mom?
4	내가 그 질문에 대답할 수 있어?	Can I answer the question?
5	내가 그 문제에 대해 생각할 수 있어?	Can I think about the matter?
6	내가 그 이유를 알 수 있어?	Can I know the reason?
7	내가 너를 믿을 수 있어?	Can I believe in you?
8	내가 날짜를 결정할 수 있어?	Can I decide the date?
9	내가 식당을 선택할 수 있어?	Can I choose a restaurant?
10	내가 할인을 원할 수 있어?	Can I want a discount?
11	내가 물이 필요할 수 있어?	Can I need water?
12	내가 이것을 좋아할 수 있어?	Can I like this?
13	내가 너에게 약속할 수 있어?	Can I promise you?
14	내가 기분이 좋을 수 있어?	Can I feel good?
15	내가 일자리를 구할 수 있어?	Can I look for a job?
16	내가 에릭을 볼 수/만날 수 있어?	Can I see Eric?
17	내가 TV를 볼 수 있어?	Can I watch TV?
18	내가 음악을 들을 수 있어?	Can I listen to a music?
19	내가 네 말을 들을 수 있어?	Can I hear you?
20	내가 한국어로 말할 수 있어?	Can I speak in Korean?
21	내가 그에게 거짓말을 할 수 있어?	Can I tell him a lie?
22	내가 그 이야기에 대해 말할 수 있어?	Can I talk about the story?
23	내가 '안녕'이라고 말할 수 있어?	Can I say 'hello'?
24	내가 음식 냄새를 맡을 수 있어?	Can I smell food?
25	내가 큰 소리로 웃을 수 있어?	Can I laugh out loud?
26	내가 많이 울 수 있어?	Can I cry much?
27	내가 영어를 공부할 수 있어?	Can I study English?
28	내가 책을 읽을 수 있어?	Can I read a book?
29	내가 보고서를 쓸 수 있어?	Can I write a report?
30	내가 중국어를 가르칠 수 있어?	Can I teach Chinese?

127

내가(나는) + 돈을 + 줄 + 까?

➡ Will + I + give + money?

1	내가 돈을 줄까?	Will I give money?
2	내가 이메일을 보낼까?	Will I send an email?
3	내가 환불을 받을까?	Will I get a refund?
4	내가 문을 당길까?	Will I pull a door?
5	내가 책상을 밀까?	Will I push a desk?
6	내가 가방을 살까?	Will I buy a bag?
7	내가 표를 팔까?	Will I sell a ticket?
8	내가 컵을 내려놓을까?	Will I put down a cup?
9	내가 사람들을 만날까?	Will I meet people?
10	내가 일을 시작할까?	Will I start work?
11	내가 숙제를 끝낼까?	Will I finish homework?
12	내가 서울에 살까?	Will I live in Seoul?
13	내가 중국을 떠날까?	Will I leave China?
14	내가 홍콩에 도착할까?	Will I arrive in Hongkong?
15	내가 열쇠를 가져올까?	Will I bring a key?
16	내가 딸을 가질까?	Will I have a daughter?
17	내가 아침을 먹을까?	Will I eat breakfast?
18	내가 친구를 기다릴까?	Will I wait for a friend?
19	내가 매장을 찾을까?	Will I find a shop?
20	내가 돈을 바꿀까?	Will I change money?
21	내가 라면을 요리할까?	Will I cook ramen?
22	내가 너에게 지불할까?	Will I pay you?
23	내가 옷을 치울까?	Will I remove clothes?
24	내가 불을 켤까?	Will I turn on the light?
25	내가 핸드폰을 끌까?	Will I turn off cellphone?
26	내가 그를 이해할까?	Will I understand him?
27	내가 영수증을 받을까?	Will I take a receipt?
28	내가 예약을 취소할까?	Will I cancel the booking?
29	내가 샌드위치를 자를까?	Will I cut the sandwich?
30	내가 아시아를 여행할까?	Will I travel to Asia?

128

내가(나는) + 택시를 + 잡아도 + 돼?

➡ **May + I + catch + a taxi**

1	내가 택시를 잡아도 돼?	May I catch a taxi?
2	내가 창문을 열어도 돼?	May I open the window?
3	내가 문을 닫아도 돼?	May I close the door?
4	내가 공을 쳐도 돼?	May I hit a ball?
5	내가 너의 손을 잡아도 돼?	May I hold your hand?
6	내가 바지를 입어도 돼?	May I wear the pants?
7	내가 포크를 사용해도 돼?	May I use a fork?
8	내가 그 이유를 알아도 돼?	May I know the reason?
9	내가 너를 믿어도 돼?	May I believe in you?
10	내가 에릭을 봐도 돼?	May I see Eric?
11	내가 '안녕'이라고 말해도 돼?	May I say 'hello'?
12	내가 음식 냄새를 맡아도 돼?	May I smell food?
13	내가 큰 소리로 웃어도 돼?	May I laugh out loud?
14	내가 보고서를 써도 돼?	May I write a report?
15	내가 문을 당겨도 돼?	May I pull a door?
16	내가 책상을 밀어도 돼?	May I push a desk?
17	내가 표를 팔아도 돼?	May I sell a ticket?
18	내가 컵을 내려놓아도 돼?	May I put down a cup?
19	내가 사람들을 만나도 돼?	May I meet people?
20	내가 일을 시작해도 돼?	May I start work?
21	내가 숙제를 끝내도 돼?	May I finish homework?
22	내가 열쇠를 가져와도 돼?	May I bring a key?
23	내가 매장을 찾아도 돼?	May I find a shop?
24	내가 돈을 바꿔도 돼?	May I change money?
25	내가 너에게 지불해도 돼?	May I pay you?
26	내가 불을 켜도 돼?	May I turn on the light?
27	내가 핸드폰을 꺼도 돼?	May I turn off cellphone?
28	내가 영수증을 받아도 돼?	May I take a receipt?
29	내가 예약을 취소해도 돼?	May I cancel the booking?
30	내가 샌드위치를 잘라도 돼?	May I cut the sandwich?

129

내가(나는) + 쇼핑하러 + 가?

➡ **Do + I + go + shopping?**

1	내가 쇼핑하러 가?	Do I go shopping?
2	내가 놀러 와?	Do I come to play?
3	내가 그 미팅을 금요일로 옮겨?	Do I move the meeting to friday?
4	내가 운동을 해?	Do I do sports?
5	내가 네가 청소하는 것을 도와?	Do I help you clean?
6	내가 너를 기분 좋게 만들어?	Do I make you feel good?
7	내가 너에게 전화하는 것을 내가 기억해?	Do I remember that I call you?
8	내가 내 지갑을 가져오는 것을 내가 잊어?	Do I forget that I bring my wallet?
9	내가 너에게 이것을 사용하라고 요청해?	Do I ask you to use this?
10	내가 그 생각이 좋다고 생각해?	Do I think that the idea is good?
11	내가 네가 그것을 의미한다는 것을 알아?	Do I know that you mean it?
12	내가 그것을 다음에 하기로 결정해?	Do I decide to do it next?
13	내가 네가 차를 마시기를 원해?	Do I want you to drink tea?
14	네가 나를 도와주는 것이 내가 필요해?	Do I need you to help me?
15	네가 게임하는 것을 내가 좋아해?	Do I like you to play a game?
16	내가 살 뺀다는 것을 내가 약속해?	Do I promise that I lose weight?
17	너에게 연락하는 것에 대해 내가 자유롭게(편하게) 느껴?	Do I feel free about contacting you?
18	내가 일을 구하고 있는 것처럼 보여?	Do I look like that I look for a job?
19	그가 건물에 들어가는 것을 내가 봐?	Do I see him enter the building?
20	내가 영어로 말해?	Do I speak in English?
21	너는 침착해야 한다고 내가 너에게 말해?	Do I tell you that you should keep calm?
22	내가 그 직원에 대해 말해?	Do I talk about the staff?
23	내가 여기서 만나자고 그에게 말해?	Do I say him to meet here?
24	내가 그에게 마실 것을 줘?	Do I give him a drink?
25	내가 지루해?	Do I get bored?
26	내가 너에게 바지를 사줘?	Do I buy you the pants?
27	내가 10달러에 그녀에게 티셔츠를 팔아?	Do I sell a T-shirt to her for $10?
28	내가 코트를 테이블 위에 내려 둬?	Do I put down the coat on the table?
29	내가 그녀가 기다리게 둬?	Do I leave her waiting?
30	내가 그녀를 파티에 데려와?	Do I bring her to the party?

내가(나는) + 학교에 + 갈 수 있어?
➡ Am + I + able to + go to school?

1	내가 돈 쓸 시간이 있어?	Do I have time to spend money?
2	내가 그녀에게 집세를 지불해?	Do I pay her the rent?
3	내가 지하철역으로 너를 데리고 가?	Do I take you to the subway station?
4	내가 그녀가 멈출 것으로 예상해?	Do I expect that she stops?
5	내가 코트를 입으려고 해?	Do I try to wear a coat?
6	내가 너를 기다리게 해?	Do I keep you waiting?
7	내가 학교에 갈 수 있어?	Am I able to go to school?
8	내가 막 차를 운전하려 해?	Am I about to drive a car?
9	내가 중국어를 가르치는 게 두려워?	Am I afraid of teaching Chinese?
10	내가 문을 닫을 수 있어?	Am I available to close the door?
11	내가 영어를 공부하느라 바빠?	Am I busy studying English?
12	내가 그 질문에 답하도록 주의해?	Am I careful to answer the question?
13	내가 홍콩에 도착하면 흥분돼?	Am I excited to arrive in Hongkong?
14	내가 크게 웃는 것으로 유명해?	Am I famous for laughing out loud?
15	내가 버튼을 누를까?	Am I going to touch the button?
16	내가 한국어 말하기를 잘해?	Am I good at speaking in Korean?
17	내가 그에게 전화하는 중이야?	Am I calling him?
18	내가 그를 이해하는 데 서툴러?	Am I poor at understanding him?
19	내가 아침 먹을 준비가 되었어?	Am I ready to eat breakfast?
20	내가 음식 냄새 맡는 것에 질려?	Am I sick of smelling food?
21	내가 그 말을 들으니 안타까워해?	Am I sorry to hear that?
22	내가 에릭을 보고 놀라?	Am I surprised to see Eric?
23	내가 많이 우는 것이 지겨워?	Am I tired of crying much?
24	내가 기꺼이 엄마에게 물어볼까?	Am I willing to ask mom?
25	내가 그 결과에 실망해?	Am I disappointed with the result?
26	내가 내 가족과 달라?	Am I different from my family?
27	내가 숫자와 친숙해?	Am I familiar with number?
28	내가 수업에 늦어?	Am I late for the class?
29	내가 내 머리에 만족해?	Am I satisfied with my hair?
30	내가 아버지와 비슷해?	Am I similar to father?

STEP 6.
나에 대해 구체적으로 물어보기

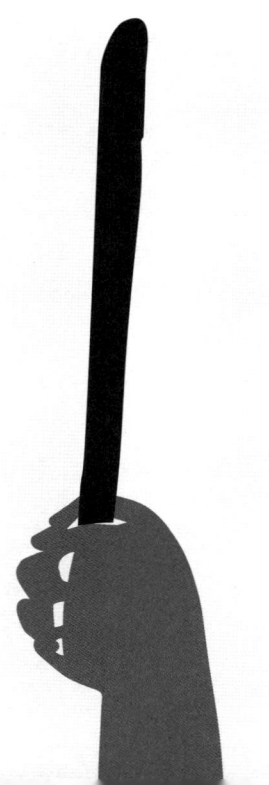

131

1	What		나는 무엇을 ?
2	Where		나는 어디에서 ?
3	Who	+ am I?	나는 누구를 ?
4	Why		나는 왜 ?
5	When		나는 언제 ?
6	How		나는 어떻게 ?

나는 + 무엇을 + 할 수 있어?

➡ **What + am I + able to?**

1	나는 뭐야?	What am I?
2	나는 무엇을 할 수 있어?	What am I able to?
3	나는 막 무엇을 하려 해?	What am I about to?
4	나는 무엇을 두려워해?	What am I afraid of?
5	나는 무엇으로 유명해?	What am I famous for?

나는 + 어디에 + 가고 있어?

➡ **Where + am I + going?**

1	나는 어디에 있어?	Where am I?
2	나는 어디에 가고 있어?	Where am I going?
3	나는 어디서 그에게 전화하고 있어?	Where am I calling him?
4	나는 어디서 얼굴을 씻고 있어?	Where am I washing face?
5	나는 어디서 콜라를 마시고 있어?	Where am I drinking a coke?

나는 + 누구와 + 달라?

➡ **Who + am I + different from?**

1	나는 누구야?	Who am I?
2	나는 누구와 달라?	Who am I different from?
3	나는 누구와 비슷해?	Who am I similar to?
4	나는 누구에게 관심이 있어?	Who am I interested in?
5	나는 누구에게 실망해?	Who am I disappointed with?

나는 + 왜 + 조심해?

➡ **Why + am I + careful?**

1	나는 왜 조심해?	Why am I careful?
2	나는 왜 흥분돼?	Why am I excited?
3	나는 왜 미안해?	Why am I sorry?
4	나는 왜 만족해?	Why am I satisfied?
5	나는 왜 놀라?	Why am I surprised?

나는 + 언제 + 익숙해?

➡ **When + am I + accustomed?**

1	나는 언제 익숙해?	When am I accustomed?
2	나는 언제 가능해?	When am I available?
3	나는 언제 할 수 있어?	When am I able?
4	나는 언제 바빠?	When am I busy?
5	나는 언제 준비돼?	When am I ready?

나 + 얼마나 + 잘해? ➡ **How + good + am I?**

1	나 얼마나 잘해?	How good am I?
2	나 얼마나 아파?	How sick am I?
3	나 얼마나 늦어?	How late am I?
4	나 얼마나 유명해?	How famous am I?
5	나 얼마나 불쌍해?	How poor am I?

133

1	What		나는 무엇을 ?
2	Where		나는 어디에서 ?
3	Who	+ do I ?	나는 누구를 ?
4	Why		나는 왜 ?
5	When		나는 언제 ?
6	How		나는 어떻게 ?

나는 + 무엇을 + 해? ➡ What + do I + do?

1	나는 무엇을 해?	What do I do?
2	나는 무엇을 가지고 있어?	What do I have?
3	나는 무엇을 원해?	What do I want?
4	나는 무엇이 필요해?	What do I need?
5	나는 무엇을 좋아해?	What do I like?

나는 + 어디에서 + 해? ➡ Where + do I + do?

1	나는 어디에서 해?	Where do I do?
2	나는 어디에서 가방을 사?	Where do I buy a bag?
3	나는 어디에 컵을 내려놔?	Where do I put down a cup?
4	나는 어디에서 일을 시작해?	Where do I start work?
5	나는 어디에서 돈을 바꿔?	Where do I change money?

나는 + 누구를 + 기다려? ➡ Who + do I + wait for?

1	나는 누구를 기다려?	Who do I wait for?
2	나는 누구한테 물어봐?	Who do I ask?
3	나는 누구를 찾아?	Who do I look for?
4	나는 누구한테 전화해?	Who do I call?
5	나는 누구를 만나?	Who do I meet?

나는 + 왜 + 해? ➡ Why + do I + do?

1	나는 왜 해?	Why do I do?
2	나는 왜 너한테 약속해?	Why do I promise you?
3	나는 왜 널 믿어?	Why do I believe in you?
4	나는 왜 학교에 가?	Why do I go to school?
5	나는 왜 사무실에 와?	Why do I come to the office?

나는 + 언제 + 해? ➡ When + do I + do?

1	나는 언제 해?	When do I do?
2	나는 언제 너에게 지불해?	When do I pay you?
3	나는 언제 '안녕'이라고 말해?	When do I say 'hello'?
4	나는 언제 아침 먹어?	When do I eat breakfast?
5	나는 언제 잘 자?	When do I sleep well?

나는 + 어떻게 + 해? ➡ How + do I + do?

1	나는 어떻게 해?	How do I do?
2	나는 어떻게 게임을 해?	How do I play a game?
3	나는 어떻게 한국어로 말해?	How do I speak in Korean?
4	나는 어떻게 느껴?	How do I feel?
5	나는 어떻게 불을 켜?	How do I turn on the light?

135

1	What		나는 무엇을 해야 해?
2	Where		나는 어디에서 해야 해?
3	Who	+ should I ?	나는 누구를 해야 해?
4	Why		나는 왜 해야 해?
5	When		나는 언제 해야 해?
6	How		나는 어떻게 해야 해?

나는 + 무엇을 + 해야 + 해?
➡ What + should + I + do?

1	나는 무엇을 해야 해?	What should I do?
2	나는 무엇을 너에게 지불해야 해?	What should I pay you?
3	나는 무엇을 기억해야 해?	What should I remember?
4	나는 무엇을 봐야 해?	What should I see?
5	나는 무엇이 되어야 해?	What should I be?

나는 + 어디로 + 열쇠를 가져가야 + 해?
➡ Where + should + I + bring a key?

1	나는 어디로 열쇠를 가져가야 해?	Where should I bring a key?
2	나는 어디에서 친구를 기다려야 해?	Where should I wait for a friend?
3	나는 어디에서 아침을 먹어야 해?	Where should I eat breakfast?
4	나는 어디에서 사람들을 만나야 해?	Where should I meet people?
5	나는 어디에 있어야 해?	Where should I be?

나는 + 누구한테 + 이메일을 보내야 + 해?
➡ Who + should + I + send an email?

1	나는 누구한테 이메일을 보내야 해?	Who should I send an email?
2	나는 누구한테 돈을 줘야 해?	Who should I give money?
3	나는 누구를 도와야 해?	Who should I help?
4	나는 누구를 믿어야 해?	Who should I believe?
5	나는 누가 되어야 해?	Who should I be?

나는 + 왜 + 서울에 살아야 + 해?

➡ **Why** + **should** + **I** + **live in Seoul?**

1	나는 왜 서울에 살아야 해?	Why should I live in Seoul?
2	나는 왜 사무실에 와야 해?	Why should I come to the office?
3	나는 왜 그를 이해해야 해?	Why should I understand him?
4	나는 왜 핸드폰을 꺼야 해?	Why should I turn off cellphone?
5	나는 왜 책임져야 해?	Why should I be responsible?

나는 + 언제 + 그에게 전화해야 + 해?

➡ **When** + **should** + **I** + **call him?**

1	나는 언제 그에게 전화해야 해?	When should I call him?
2	나는 언제 아시아를 여행해야 해?	When should I travel to Asia?
3	나는 언제 학교에 가야 해?	When should I go to school?
4	나는 언제 숙제를 끝내야 해야 해?	When should I finish homework?
5	나는 언제 집에 있어야 해?	When should I be at home?

나는 + 어떻게 + 영어를 공부해야 + 해?

➡ **How** + **should** + **I** + **study English?**

1	나는 어떻게 영어를 공부해야 해?	How should I study English?
2	나는 어떻게 라면을 요리해야 해?	How should I cook ramen?
3	나는 어떻게 중국어를 가르쳐야 해?	How should I teach Chinese?
4	나는 어떻게 차를 운전해야 해?	How should I drive a car?
5	나는 어떻게 이 도시와 친숙해져야 해?	How should I be familiar with this city?

137

1	What		나는 무엇을 할 수 있어?
2	Where		나는 어디에서 할 수 있어?
3	Who	+ can I ?	나는 누구를 할 수 있어?
4	Why		나는 왜 할 수 있어?
5	When		나는 언제 할 수 있어?
6	How		나는 어떻게 할 수 있어?

나는 + 무엇을 + 엄마한테 물을 + 수 있어?
➡ **What + can + I + ask mom?**

1	나는 무엇을 엄마한테 물을 수 있어?	What can I ask mom?
2	나는 무엇을 볼 수 있어?	What can I watch?
3	나는 무엇을 말할 수 있어?	What can I say?
4	나는 무엇을 말할 수 있어?	What can I speak?
5	나는 무엇이 될 수 있어?	What can I be?

나는 + 어디서 + 버스를 탈 + 수 있어?
➡ **Where + can + I + ride a bus?**

1	나는 어디서 예약을 취소할 수 있어?	Where can I cancel the booking?
2	나는 어디서 버스를 탈 수 있어?	Where can I ride a bus?
3	나는 어디서 가방을 살 수 있어?	Where can I buy a bag?
4	나는 어디서 일을 시작할 수 있어?	Where can I start work?
5	나는 어디서 만족할 수 있어?	Where can I be satisfied?

나는 + 누구한테 + 약속할 + 수 있어?
➡ **Who + can + I + promise?**

1	나는 누구한테 약속할 수 있어?	Who can I promise?
2	나는 누구한테 거짓말을 할 수 있어?	Who can I tell a lie?
3	나는 누구한테 그 이야기를 말할 수 있어?	Who can I talk about the story?
4	나는 누구를 들을 수 있어?	Who can I hear?
5	나는 누가 될 수 있어?	Who can I be?

나는 + 왜 + 늦게 일어날 + 수 있어?

➡ **Why + can + I + wake up late?**

1. 나는 왜 늦게 일어날 수 있어?   Why can I wake up late?
2. 나는 왜 대답할 수 있어?   Why can I answer?
3. 나는 왜 크게 웃을 수 있어?   Why can I laugh out loud?
4. 나는 왜 보고서를 쓸 수 있어?   Why can I write a report?
5. 나는 왜 늦을 수 있어?   Why can I be late?

나는 + 언제 + 환불 받을 + 수 있어?

➡ **When + can + I + get a refund?**

1. 나는 언제 환불 받을 수 있어?   When can I get a refund?
2. 나는 언제 게임을 할 수 있어?   When can I play a game?
3. 나는 언제 잘 잘 수 있어?   When can I sleep well?
4. 나는 언제 이것을 할 수 있어?   When can I do this?
5. 나는 언제 집에 있을 수 있어?   When can I be at home?

나는 + 어떻게 + 노래를 부를 + 수 있어?

➡ **How + can + I + sing a song?**

1. 나는 어떻게 케이팝 춤을 출 수 있어?   How can I dance K-pop?
2. 나는 어떻게 노래를 부를 수 있어?   How can I sing a song?
3. 나는 어떻게 돈을 바꿀 수 있어?   How can I change money?
4. 나는 어떻게 샌드위치를 자를 수 있어?   How can I cut the sandwich?
5. 나는 어떻게 피곤할 수 있어?   How can I be tired?

139

1	What		나는 무엇을 할까?
2	Where		나는 어디서 할까?
3	Who	+ will I ?	나는 누구를/와 할까?
4	Why		나는 왜 할까?
5	When		나는 언제 할까?
6	How		나는 어떻게 할까?

나는 + 무엇을 + 할 + 까?

➡ **What + will + I + do?**

1	나는 무엇을 할까?	What will I do?
2	나는 무엇을 가질까?	What will I have?
3	나는 무엇을 마실까?	What will I drink?
4	나는 무엇을 입을까?	What will I wear?
5	나는 무엇이 될까?	What will I be?

나는 + 어디서 + 매장을 찾을 + 까?

➡ **Where + will + I + find a shop?**

1	나는 어디서 매장을 찾을까?	Where will I find a shop?
2	나는 어디에 컵을 내려둘까?	Where will I put down a cup?
3	나는 어디서 달릴까?	Where will I run?
4	나는 어디서 걸을까?	Where will I walk?
5	나는 어디에 있을까?	Where will I be?

나는 + 누구를 + 생각할 + 까?

➡ **Who + will + I + think?**

1	나는 누구를 생각할까?	Who will I think?
2	나는 누구를 결정할까?	Who will I decide?
3	나는 누구를 들을까?	Who will I listen?
4	나는 누구를 선택할까?	Who will I choose?
5	나는 누가 될까?	Who will I be?

나는 + 왜 + 이것을 좋아하게 + 될까?

➡ **Why** + **will** + **I** + **like this?**

1	나는 왜 영수증을 받게 될까?	Why will I take a receipt?
2	나는 왜 기분이 좋아지게 될까?	Why will I feel good?
3	나는 왜 이것을 좋아하게 될까?	Why will I like this?
4	나는 왜 물이 필요하게 될까?	Why will I need water?
5	나는 왜 집에 있게 될까?	Why will I be at home?

나는 + 언제 + 홍콩에 도착할 + 까?

➡ **When** + **will** + **I** + **arrive in Hongkong?**

1	나는 언제 홍콩에 도착할까?	When will I arrive in Hongkong?
2	나는 언제 중국을 떠날까?	When will I leave China?
3	나는 언제 불을 켤까?	When will I turn on the light?
4	나는 언제 옷을 치울까?	When will I remove clothes?
5	나는 언제 집에 있을까?	When will I be at home?

나는 + 어떻게 + 표를 팔 + 까?

➡ **How** + **will** + **I** + **sell a ticket?**

1	나는 어떻게 표를 팔까?	How will I sell a ticket?
2	나는 어떻게 책상을 밀까?	How will I push a desk?
3	나는 어떻게 문을 당길까?	How will I pull a door?
4	나는 어떻게 일자리를 찾을까?	How will I look for a job?
5	나는 어떻게 집에 있을까?	How will I be at home?

STEP 7.
나의 과거

※ 여기서부터는 앞에서 배운 문장들을 되풀이하므로
속도를 높여서 공부해도 좋아요(문장 수는 현재형 문장의 50% 수준).

나는 + 배고파 ➡ I + am + hungry

나는 + 배고팠어 ➡ I + was + hungry

나는 + 그것을 + 해 ➡ I + do + it

나는 + 그것을 + 했어 ➡ I + did + it

나는 + 배고팠어 → I + was + hungry

1	나는 배고팠어.	I was hungry.
2	나는 배불렀어.	I was full.
3	나는 목말랐어.	I was thirsty.
4	나는 아팠어.	I was sick.
5	나는 졸렸어.	I was sleepy.
6	나는 추웠어.	I was cold.
7	나는 시원했어.	I was cool.
8	나는 따뜻했어.	I was warm.
9	나는 더웠어.	I was hot.
10	나는 피곤했어.	I was tired.
11	나는 좋았어/착했어.	I was good.
12	나는 나빴어.	I was bad.
13	나는 슬펐어.	I was sad.
14	나는 화났어.	I was angry.
15	나는 행복했어.	I was happy.
16	나는 무서웠어.	I was scared.
17	나는 놀랐었어.	I was surprised.
18	나는 아름다웠어.	I was beautiful.
19	나는 잘생겼었어.	I was handsome.
20	나는 바빴어.	I was busy.
21	나는 더러웠어.	I was dirty.
22	나는 깨끗했어.	I was clean.
23	나는 늙었었어.	I was old.
24	나는 젊었어/어렸어.	I was young.
25	나는 못생겼었어.	I was ugly.
26	나는 예뻤었어.	I was pretty.
27	나는 준비됐었어.	I was ready.
28	나는 바보였어.	I was stupid.
29	나는 똑똑했어.	I was smart.
30	나는 헷갈렸어.	I was confused.

142

나는 + 안 + 배고팠어

➡ I + was + not + hungry

1	나는 안 배고팠어.		I was not hungry.
2	나는 안 배불렀어.		I was not full.
3	나는 안 목말랐어.		I was not thirsty.
4	나는 안 아팠어.		I was not sick.
5	나는 안 졸렸어.		I was not sleepy.
6	나는 안 추웠어.		I was not cold.
7	나는 안 시원했어.		I was not cool.
8	나는 안 따뜻했어.		I was not warm.
9	나는 안 더웠어.		I was not hot.
10	나는 안 피곤했어.		I was not tired.
11	나는 안 좋았어/착했어.		I was not good.
12	나는 안 나빴어.		I was not bad.
13	나는 안 슬펐어.		I was not sad.
14	나는 안 화났어.		I was not angry.
15	나는 안 행복했어.		I was not happy.
16	나는 안 무서웠어.		I was not scared.
17	나는 안 놀랐었어.		I was not surprised.
18	나는 안 아름다웠어.		I was not beautiful.
19	나는 안 잘생겼었어.		I was not handsome.
20	나는 안 바빴어.		I was not busy.
21	나는 안 더러웠어.		I was not dirty.
22	나는 안 깨끗했어.		I was not clean.
23	나는 안 늙었었어.		I was not old.
24	나는 안 젊었어/어렸어.		I was not young.
25	나는 안 못생겼었어.		I was not ugly.
26	나는 안 예뻤었어.		I was not pretty.
27	나는 안 준비됐었어.		I was not ready.
28	나는 바보가 아니었어.		I was not stupid.
29	나는 안 똑똑했어.		I was not smart.
30	나는 안 헷갈렸어.		I was not confused.

나는 + 똑똑한 학생 + 이었어

➡ I + was + a smart student

1	나는 특별한 다연이었어.	I was special Dayun.
2	나는 똑똑한 학생이었어.	I was a smart student.
3	나는 지루한 선생님이었어.	I was a boring teacher.
4	나는 잘생긴 소년이었어.	I was a handsome boy.
5	나는 아름다운 소녀였어.	I was a beautiful girl.
6	나는 돈이 많은 남자였어.	I was a rich man.
7	나는 행복한 여자였어.	I was a happy woman.
8	나는 좋은 친구였어.	I was a good friend.
9	나는 중요한 같은 반 친구였어.	I was an important classmate.
10	나는 나쁜 선배였어.	I was a bad senior.
11	나는 불쌍한 후배였어.	I was a poor junior.
12	나는 친절한 안내원이었어.	I was a kind guide.
13	나는 정직한 판매원이었어.	I was an honest salesman.
14	나는 운이 좋은 손님이었어.	I was a lucky guest.
15	나는 배고픈 여행자였어.	I was a hungry tourist.
16	나는 바쁜 기술자였어.	I was a busy engineer.
17	나는 부지런한 간호사였어.	I was a diligent nurse.
18	나는 비슷한 직원이었어.	I was a similar staff.
19	나는 젊은/어린 사장이었어.	I was a young boss.
20	나는 피곤한 회사원이었어.	I was a tired worker.
21	나는 무서운 경찰이었어.	I was a scary police.
22	나는 엄격한 경비원이었어.	I was a strict guard.
23	나는 유명한 가수였어.	I was a famous singer.
24	나는 인기 있는 연예인이었어.	I was a popular celebrity.
25	나는 매력적인 주장이었어.	I was a charming captain.
26	나는 진지한 영화배우였어.	I was a serious movie star.
27	나는 약한 아이였어.	I was a weak kid.
28	나는 예쁜 어린이였어.	I was a pretty child.
29	나는 귀여운 아기였어.	I was a cute baby.
30	나는 침착한 어른이었어.	I was a calm adult.

144

나는 + 똑똑한 학생이 + 아니 + 었어

➡ I + was + not + a smart student

1	나는 특별한 다연이 아니었어.	I was not special Dayun.
2	나는 똑똑한 학생이 아니었어.	I was not a smart student.
3	나는 지루한 선생님이 아니었어.	I was not a boring teacher.
4	나는 잘생긴 소년이 아니었어.	I was not a handsome boy.
5	나는 아름다운 소녀가 아니었어.	I was not a beautiful girl.
6	나는 돈 많은 남자가 아니었어.	I was not a rich man.
7	나는 행복한 여자가 아니었어.	I was not a happy woman.
8	나는 좋은 친구가 아니었어.	I was not a good friend.
9	나는 중요한 같은 반 친구가 아니었어.	I was not an important classmate.
10	나는 나쁜 선배가 아니었어.	I was not a bad senior.
11	나는 불쌍한 후배가 아니었어.	I was not a poor junior.
12	나는 친절한 안내원이 아니었어.	I was not a kind guide.
13	나는 정직한 판매원이 아니었어.	I was not an honest salesman.
14	나는 운이 좋은 손님이 아니었어.	I was not a lucky guest.
15	나는 배고픈 여행자가 아니었어.	I was not a hungry tourist.
16	나는 바쁜 기술자가 아니었어.	I was not a busy engineer.
17	나는 부지런한 간호사가 아니었어.	I was not a diligent nurse.
18	나는 비슷한 직원이 아니었어.	I was not a similar staff.
19	나는 젊은/어린 사장이 아니었어.	I was not a young boss.
20	나는 피곤한 회사원이 아니었어.	I was not a tired worker.
21	나는 무서운 경찰이 아니었어.	I was not a scary police.
22	나는 엄격한 경비원이 아니었어.	I was not a strict guard.
23	나는 유명한 가수가 아니었어.	I was not a famous singer.
24	나는 인기 있는 연예인이 아니었어.	I was not a popular celebrity.
25	나는 매력적인 주장이 아니었어.	I was not a charming captain.
26	나는 진지한 영화배우가 아니었어.	I was not a serious movie star.
27	나는 약한 아이가 아니었어.	I was not a weak kid.
28	나는 예쁜 어린이가 아니었어.	I was not a pretty child.
29	나는 귀여운 아기가 아니었어.	I was not a cute baby.
30	나는 침착한 어른이 아니었어.	I was not a calm adult.

나는 + 집 + 안에 + 있었어
➡ I + was + in + the house

1	나는 집 안에 있었어.	I was in the house.
2	나는 욕실 안에 있었어.	I was in the bathroom.
3	나는 주방 안에 있었어.	I was in the kitchen.
4	나는 거실 안에 있었어.	I was in the livingroom.
5	나는 침실 안에 있었어.	I was in the bedroom.
6	나는 방 안에 있었어.	I was in the room.
7	나는 지하철 안에 있었어.	I was in the subway.
8	나는 학교 안에 있었어.	I was in the school.
9	나는 사무실 안에 있었어.	I was in the office.
10	나는 비행기 안에 있었어.	I was in the airplane.
11	나는 매장 밖에 있었어.	I was out of the shop.
12	나는 가게 밖에 있었어.	I was out of the store.
13	나는 도시 밖에 있었어.	I was out of the city.
14	나는 공항 밖에 있었어.	I was out of the airport.
15	나는 주유소 밖에 있었어.	I was out of the oil-station.
16	나는 시장 밖에 있었어.	I was out of the market.
17	나는 교실 밖에 있었어.	I was out of the classroom.
18	나는 공원 밖에 있었어.	I was out of the park.
19	나는 슈퍼마켓 밖에 있었어.	I was out of the supermarket.
20	나는 식당 밖에 있었어.	I was out of the restaurant.
21	나는 거리 위에 있었어.	I was on the street.
22	나는 길 위에 있었어.	I was on the road.
23	나는 땅 위에 있었어.	I was on the ground.
24	나는 배 위에 있었어.	I was on the ship.
25	나는 보트 위에 있었어.	I was on the boat.
26	나는 다리 위에 있었어.	I was on the bridge.
27	나는 지붕 위에 있었어.	I was on the roof.
28	나는 강 위에 있었어.	I was on the river.
29	나는 침대 위에 있었어.	I was on the bed.
30	나는 길 위에 있었어(가는 중이었어).	I was on the way.

146

나는 + 집 + 안에 + 있지 + 않았어

➡ **I + was + not + in + the house**

1	나는 집 안에 있지 않았어.	I was not in the house.
2	나는 욕실 안에 있지 않았어.	I was not in the bathroom.
3	나는 주방 안에 있지 않았어.	I was not in the kitchen.
4	나는 거실 안에 있지 않았어.	I was not in the livingroom.
5	나는 침실 안에 있지 않았어.	I was not in the bedroom.
6	나는 방 안에 있지 않았어.	I was not in the room.
7	나는 지하철 안에 있지 않았어.	I was not in the subway.
8	나는 학교 안에 있지 않았어.	I was not in the school.
9	나는 사무실 안에 있지 않았어.	I was not in the office.
10	나는 비행기 안에 있지 않았어.	I was not in the airplane.
11	나는 매장 밖에 있지 않았어.	I was not out of the shop.
12	나는 가게 밖에 있지 않았어.	I was not out of the store.
13	나는 도시 밖에 있지 않았어.	I was not out of the city.
14	나는 공항 밖에 있지 않았어.	I was not out of the airport.
15	나는 주유소 밖에 있지 않았어.	I was not out of the oil-station.
16	나는 시장 밖에 있지 않았어.	I was not out of the market.
17	나는 교실 밖에 있지 않았어.	I was not out of the classroom.
18	나는 공원 밖에 있지 않았어.	I was not out of the park.
19	나는 슈퍼마켓 밖에 있지 않았어.	I was not out of the supermarket.
20	나는 식당 밖에 있지 않았어.	I was not out of the restaurant.
21	나는 거리 위에 있지 않았어.	I was not on the street.
22	나는 길 위에 있지 않았어.	I was not on the road.
23	나는 땅 위에 있지 않았어.	I was not on the ground.
24	나는 배 위에 있지 않았어.	I was not on the ship.
25	나는 보트 위에 있지 않았어.	I was not on the boat.
26	나는 다리 위에 있지 않았어.	I was not on the bridge.
27	나는 지붕 위에 있지 않았어.	I was not on the roof.
28	나는 강 위에 있지 않았어.	I was not on the river.
29	나는 침대 위에 있지 않았어.	I was not on the bed.
30	나는 길 위에 있지 않았어(가는 중이 아니었어).	I was not on the way.

나는 + 학교에 + 갔어

➡ **I + went + to school**

1	나는 학교에 갔어.	I went to school.
2	나는 사무실에 왔어.	I came to the office.
3	나는 너에게 뛰어갔어.	I ran to you.
4	나는 슈퍼에 걸어갔어.	I walked to the supermarket.
5	나는 뒤로 이동했어.	I moved to the back.
6	나는 차를 운전했어.	I drove a car.
7	나는 노래를 불렀어.	I sang a song.
8	나는 케이팝 춤을 췄어.	I danced K-pop.
9	나는 여기에 앉았어.	I sat here.
10	나는 똑바로 서있었어.	I stood up straight.
11	나는 버튼을 눌렀어.	I touched the button.
12	나는 택시를 잡았어.	I caught a taxi.
13	나는 창문을 열었어.	I opened the window.
14	나는 문을 닫았어.	I closed the door.
15	나는 공을 쳤어.	I hit a ball.
16	나는 게임을 했어.	I played a game.
17	나는 남동생/형과 싸웠어.	I fought with brother.
18	나는 너의 손을 잡았어.	I held your hand.
19	나는 잘 잤어.	I slept well.
20	나는 늦게 일어났어.	I woke up late.
21	나는 얼굴을 씻었어.	I washed face.
22	나는 콜라를 마셨어.	I drank a coke.
23	나는 바지를 입었어.	I wore the pants.
24	나는 은행에서 일했어.	I worked in a bank.
25	나는 이것을 했어.	I did this.
26	나는 포크를 사용했어.	I used a fork.
27	나는 너를 도왔어.	I helped you.
28	나는 예약했어.	I made a reservation.
29	나는 버스를 탔어.	I rode a bus.
30	나는 그에게 전화했어.	I called him.

148

나는 + 학교에 + 안 + 갔어

➡ **I + didn't + go + to school**

1	나는 학교에 안 갔어.	I didn't go to school.
2	나는 사무실에 안 왔어.	I didn't come to the office.
3	나는 너에게 안 뛰어갔어.	I didn't run to you.
4	나는 슈퍼에 안 걸어갔어.	I didn't walk to the supermarket.
5	나는 뒤로 안 이동했어.	I didn't move to the back.
6	나는 차를 안 운전했어.	I didn't drive a car.
7	나는 노래를 안 불렀어.	I didn't sing a song.
8	나는 케이팝 춤을 안 췄어.	I didn't dance K-pop.
9	나는 여기에 안 앉았어.	I didn't sit here.
10	나는 똑바로 안 서있었어.	I didn't stand up straight.
11	나는 버튼을 안 눌렀어.	I didn't touch the button.
12	나는 택시를 안 잡았어.	I didn't catch a taxi.
13	나는 창문을 안 열었어.	I didn't open the window.
14	나는 문을 안 닫았어.	I didn't close the door.
15	나는 공을 안 쳤어.	I didn't hit a ball.
16	나는 게임을 안 했어.	I didn't play a game.
17	나는 남동생/형과 안 싸웠어.	I didn't fight with brother.
18	나는 너의 손을 안 잡았어.	I didn't hold your hand.
19	나는 잘 안 잤어.	I didn't sleep well.
20	나는 늦게 안 일어났어.	I didn't wake up late.
21	나는 얼굴을 안 씻었어.	I didn't wash face.
22	나는 콜라를 안 마셨어.	I didn't drink a coke.
23	나는 바지를 안 입었어.	I didn't wear the pants.
24	나는 은행에서 안 일했어.	I didn't work in a bank.
25	나는 이것을 안 했어.	I didn't do this.
26	나는 포크를 안 사용했어.	I didn't use a fork.
27	나는 너를 안 도왔어.	I didn't help you.
28	나는 안 예약했어.	I didn't make a reservation.
29	나는 버스를 안 탔어.	I didn't ride a bus.
30	나는 그에게 안 전화했어.	I didn't call him.

나는(내가) + 그것을 + 기억했어

➡ **I + remembered + it**

1	나는 그것을 기억했어.	I remembered it.
2	나는 그 사실을 잊었어.	I forgot the fact.
3	나는 엄마에게 물었어.	I asked mom.
4	나는 그 질문에 대답했어.	I answered the question.
5	나는 그 문제에 대해 생각했어.	I thought about the matter.
6	나는 그 이유를 알았어.	I knew the reason.
7	나는 너를 믿었어.	I believed in you.
8	나는 날짜를 결정했어.	I decided the date.
9	나는 식당을 선택했어.	I chose a restaurant.
10	나는 할인을 원했어.	I wanted a discount.
11	나는 물이 필요했어.	I needed water.
12	나는 이것을 좋아했어.	I liked this.
13	나는 너에게 약속했어.	I promised you.
14	나는 기분이 좋았어.	I felt good.
15	나는 일자리를 구했어.	I looked for a job.
16	나는 에릭을 봤어.	I saw Eric.
17	나는 TV를 봤어.	I watched TV.
18	나는 음악을 들었어.	I listened to a music.
19	나는 네 말을 들었어.	I heard you.
20	나는 한국어로 말했어.	I spoke in Korean.
21	나는 그에게 거짓말을 했어.	I told him a lie.
22	나는 그 이야기에 대해 말했어.	I talked about the story.
23	나는 '안녕'이라고 말했어.	I said 'hello'.
24	나는 음식 냄새를 맡았어.	I smelled food.
25	나는 큰 소리로 웃었어.	I laughed out loud.
26	나는 많이 울었어.	I cried much.
27	나는 영어를 공부했어.	I studied English.
28	나는 책을 읽었어.	I read a book.
29	나는 보고서를 썼어.	I wrote a report.
30	나는 중국어를 가르쳤어.	I taught Chinese.

150

나는(내가) + 그것을 + 안 + 기억했어
➡ **I + didn't + remember + it**

1	나는 그것을 안 기억했어.	I didn't remember it.
2	나는 그 사실을 안 잊었어.	I didn't forget the fact.
3	나는 엄마에게 안 물었어.	I didn't ask mom.
4	나는 그 질문에 안 대답했어.	I didn't answer the question.
5	나는 그 문제에 대해 안 생각했어.	I didn't think about the matter.
6	나는 그 이유를 몰랐어.	I didn't know the reason.
7	나는 너를 안 믿었어.	I didn't believe in you.
8	나는 날짜를 안 결정했어.	I didn't decide the date.
9	나는 식당을 안 선택했어.	I didn't choose a restaurant.
10	나는 할인을 안 원했어.	I didn't want a discount.
11	나는 물이 안 필요했어.	I didn't need water.
12	나는 이것을 안 좋아했어.	I didn't like this.
13	나는 너에게 안 약속했어.	I didn't promise you.
14	나는 기분이 안 좋았어.	I didn't feel good.
15	나는 일자리를 안 구했어.	I didn't look for a job.
16	나는 에릭을 안 봤어.	I didn't see Eric.
17	나는 TV를 안 봤어.	I didn't watch TV.
18	나는 음악을 안 들었어.	I didn't listen to a music.
19	나는 네 말을 안 들었어.	I didn't hear you.
20	나는 한국어로 안 말했어.	I didn't speak in Korean.
21	나는 그에게 거짓말을 안 했어.	I didn't tell him a lie.
22	나는 그 이야기에 대해 안 말했어.	I didn't talk about the story.
23	나는 '안녕'이라고 안 말했어.	I didn't say 'hello'.
24	나는 음식 냄새를 안 맡았어.	I didn't smell food.
25	나는 큰 소리로 안 웃었어.	I didn't laugh out loud.
26	나는 많이 안 울었어.	I didn't cry much.
27	나는 영어를 안 공부했어.	I didn't study English.
28	나는 책을 안 읽었어.	I didn't read a book.
29	나는 보고서를 안 썼어.	I didn't write a report.
30	나는 중국어를 안 가르쳤어.	I didn't teach Chinese.

151

나는(내가) + 돈을 + 줬어

➡ **I + gave + money**

1	나는 돈을 줬어.	I gave money.
2	나는 이메일을 보냈어.	I sent an email.
3	나는 환불을 받았어.	I got a refund.
4	나는 문을 당겼어.	I pulled a door.
5	나는 책상을 밀었어.	I pushed a desk.
6	나는 가방을 샀어.	I bought a bag.
7	나는 표를 팔았어.	I sold a ticket.
8	나는 컵을 내려놓았어.	I put down a cup.
9	나는 사람들을 만났어.	I met people.
10	나는 일을 시작했어.	I started work.
11	나는 숙제를 끝냈어.	I finished homework.
12	나는 서울에 살았어.	I lived in Seoul.
13	나는 중국을 떠났어.	I left China.
14	나는 홍콩에 도착했어.	I arrived in Hongkong.
15	나는 열쇠를 가져왔어.	I brought a key.
16	나는 딸이 있었어.	I had a daughter.
17	나는 아침을 먹었어.	I ate breakfast.
18	나는 친구를 기다렸어.	I waited for a friend.
19	나는 매장을 찾았어.	I found a shop.
20	나는 돈을 바꿨어.	I changed money.
21	나는 라면을 요리했어.	I cooked ramen.
22	나는 너에게 지불했어.	I paid you.
23	나는 옷을 치웠어.	I removed clothes.
24	나는 불을 켰어.	I turned on the light.
25	나는 핸드폰을 껐어.	I turned off cellphone.
26	나는 그를 이해했어.	I understood him.
27	나는 영수증을 받았어.	I took a receipt.
28	나는 예약을 취소했어.	I cancelled the booking.
29	나는 샌드위치를 잘랐어.	I cut the sandwich.
30	나는 아시아를 여행했어.	I travelled to Asia.

나는(내가) + 돈을 + 안 + 줬어
➡ I + didn't + give + money

1	나는 돈을 안 줬어.	I didn't give money.
2	나는 이메일을 안 보냈어.	I didn't send an email.
3	나는 환불을 안 받았어.	I didn't get a refund.
4	나는 문을 안 당겼어.	I didn't pull a door.
5	나는 책상을 안 밀었어.	I didn't push a desk.
6	나는 가방을 안 샀어.	I didn't buy a bag.
7	나는 표를 안 팔았어.	I didn't sell a ticket.
8	나는 컵을 안 내려놓았어.	I didn't put down a cup.
9	나는 사람들을 안 만났어.	I didn't meet people.
10	나는 일을 안 시작했어.	I didn't start work.
11	나는 숙제를 안 끝냈어.	I didn't finish homework.
12	나는 서울에 안 살았어.	I didn't live in Seoul.
13	나는 중국을 안 떠났어.	I didn't leave China.
14	나는 홍콩에 안 도착했어.	I didn't arrive in Hongkong.
15	나는 열쇠를 안 가져왔어.	I didn't bring a key.
16	나는 딸이 없었어.	I didn't have a daughter.
17	나는 아침을 안 먹었어.	I didn't eat breakfast.
18	나는 친구를 안 기다렸어.	I didn't wait for a friend.
19	나는 매장을 안 찾았어.	I didn't find a shop.
20	나는 돈을 안 바꿨어.	I didn't change money.
21	나는 라면을 안 요리했어.	I didn't cook ramen.
22	나는 너에게 안 지불했어.	I didn't pay you.
23	나는 옷을 안 치웠어.	I didn't remove clothes.
24	나는 불을 안 켰어.	I didn't turn on the light.
25	나는 핸드폰을 안 껐어.	I didn't turn off cellphone.
26	나는 그를 안 이해했어.	I didn't understand him.
27	나는 영수증을 안 받았어.	I didn't take a receipt.
28	나는 예약을 안 취소했어.	I didn't cancel the booking.
29	나는 샌드위치를 안 잘랐어.	I didn't cut the sandwich.
30	나는 아시아를 안 여행했어.	I didn't travel to Asia.

나는 + 쇼핑하러 + 갔어

➡ **I + went + shopping**

1	나는 쇼핑하러 갔어.	I went shopping.
2	나는 놀러 왔어.	I came to play.
3	나는 그 미팅을 금요일로 옮겼어.	I moved the meeting to Friday.
4	나는 운동을 했어.	I did sports.
5	나는 네가 청소하는 것을 도왔어.	I helped you clean.
6	나는 너를 기분 좋게 만들었어.	I made you feel good.
7	나는 너에게 전화하는 것을 기억했어.	I remembered that I called you.
8	나는 내가 내 지갑을 가져오는 것을 잊었어.	I forgot that I brought my wallet.
9	나는 너에게 이것을 사용하라고 요청했어.	I asked you to use this.
10	나는 그 생각이 좋다고 생각했어.	I thought that the idea was good.
11	나는 네가 그것을 의미한다는 것을 알았어.	I knew that you meant it.
12	나는 그것을 다음에 하기로 결정했어.	I decided to do it next.
13	나는 네가 차를 마시기를 원했어.	I wanted you to drink tea.
14	나는 네가 나를 도와주는 것이 필요했어.	I needed you to help me.
15	나는 네가 게임하는 것을 좋아했어.	I liked you to play a game.
16	나는 내가 살 뺀다는 것을 약속했어.	I promised that I lost weight.
17	나는 너에게 연락하는 것에 대해 자유롭게(편하게) 느꼈어.	I felt free about contacting you.
18	나는 일을 구하고 있는 것처럼 보였어.	I looked like that I looked for a job.
19	나는 그가 건물에 들어가는 것을 봤어.	I saw him enter the building.
20	나는 영어로 말했어.	I spoke in English.
21	나는 네가 침착해야 한다고 너에게 말했어.	I told you that you should keep calm.
22	나는 그 직원에 대해 말했어.	I talked about the staff.
23	나는 여기서 만나자고 그에게 말했어.	I said him to meet here.
24	나는 그에게 마실 것을 줬어.	I gave him a drink.
25	나는 지루했어.	I got bored.
26	나는 너에게 바지를 사줬어.	I bought you the pants.
27	나는 10달러에 그녀에게 티셔츠를 팔았어.	I sold a T-shirt to her for $10.
28	나는 코트를 테이블 위에 내려 뒀어.	I put down the coat on the table.
29	나는 그녀가 기다리게 뒀어.	I left her waiting.
30	나는 그녀를 파티에 데려왔어.	I brought her to the party.

154

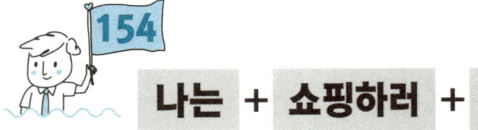

나는 + 쇼핑하러 + 안 + 갔어
➡ I + didn't + go + shopping

1	나는 쇼핑하러 안 갔어.	I didn't go shopping.
2	나는 안 놀러 왔어.	I didn't come to play.
3	나는 그 미팅을 금요일로 안 옮겼어.	I didn't move the meeting to friday.
4	나는 운동을 안 했어.	I didn't do sports.
5	나는 네가 청소하는 것을 안 도왔어.	I didn't help you clean.
6	나는 너를 기분 좋게 안 만들었어.	I didn't make you feel good.
7	나는 너에게 전화하는 것을 안 기억했어.	I didn't remember that I called you.
8	나는 내가 내 지갑을 가져오는 것을 안 잊었어.	I didn't forget that I brought my wallet.
9	나는 너에게 이것을 사용하라고 안 요청했어.	I didn't ask you to use this.
10	나는 그 생각이 좋다고 안 생각했어.	I didn't think that the idea was good.
11	나는 네가 그것을 의미한다는 것을 몰랐어.	I didn't know that you meant it.
12	나는 그것을 다음에 하기로 결정 안 했어.	I didn't decide to do it next.
13	나는 네가 차를 마시기를 안 원했어.	I didn't want you to drink tea.
14	나는 네가 나를 도와주는 것이 안 필요했어.	I didn't need you to help me.
15	나는 네가 게임하는 것을 안 좋아했어.	I didn't like you to play a game.
16	나는 내가 살 뺀다는 것을 안 약속했어.	I didn't promise that I lost weight.
17	나는 너에게 연락하는 것에 대해 자유롭게(편하게) 안 느꼈어.	I didn't feel free about contacting you.
18	나는 일을 구하고 있는 것처럼 안 보였어.	I didn't look like that I looked for a job.
19	나는 그가 건물에 들어가는 것을 안 봤어.	I didn't see him enter the building.
20	나는 영어로 안 말했어.	I didn't speak in English.
21	나는 네가 침착해야 한다고 너에게 안 말했어.	I didn't tell you that you should keep calm.
22	나는 그 직원에 대해 안 말했어.	I didn't talk about the staff.
23	나는 여기서 만나자고 그에게 안 말했어.	I didn't say him to meet here.
24	나는 그에게 마실 것을 안 줬어.	I didn't give him a drink.
25	나는 안 지루했어.	I didn't get bored.
26	나는 너에게 바지를 안 사줬어.	I didn't buy you the pants.
27	나는 10달러에 그녀에게 티셔츠를 안 팔았어.	I didn't sell a T-shirt to her for $10.
28	나는 코트를 테이블 위에 안 내려 뒀어.	I didn't put down the coat on the table.
29	나는 그녀가 기다리게 안 뒀어.	I didn't leave her waiting.
30	나는 그녀를 파티에 안 데려왔어.	I didn't bring her to the party.

나는 + 학교에 갈 + 수 있었어
➡ I + was able to + go to school

1	나는 돈 쓸 시간이 있었어.		I had time to spend money.
2	나는 그녀에게 집세를 지불했어.		I paid her the rent.
3	나는 지하철역으로 너를 데리고 갔어.		I took you to the subway station .
4	나는 그녀가 멈출 것으로 예상했어.		I expected that she stopped.
5	나는 코트를 입으려고 했어.		I tried to wear a coat.
6	나는 너를 기다리게 했어.		I kept you waiting.
7	나는 학교에 갈 수 있었어.		I was able to go to school.
8	나는 막 차를 운전하려 했었어.		I was about to drive a car.
9	나는 중국어를 가르치는 게 두려웠어.		I was afraid of teaching Chinese.
10	나는 문을 닫을 수 있었어.		I was available to close the door.
11	나는 영어를 공부하느라 바빴어.		I was busy studying English.
12	나는 그 질문에 답하도록 주의했어.		I was careful to answer the question.
13	나는 홍콩에 도착하면 흥분됐어.		I was excited to arrive in Hongkong.
14	나는 크게 웃는 것으로 유명했어.		I was famous for laughing out loud.
15	나는 버튼을 누를 거였어.		I was going to touch the button.
16	나는 한국어 말하는 것을 잘했어.		I was good at speaking in Korean.
17	나는 그에게 전화하는 중이었어.		I was calling him.
18	나는 그를 이해하는 데 서툴렀어.		I was poor at understanding him.
19	나는 아침 먹을 준비가 되었었어.		I was ready to eat breakfast.
20	나는 음식 냄새 맡는 것에 질렸어.		I was sick of smelling food.
21	나는 그 말을 들으니 안타까웠어.		I was sorry to hear that.
22	나는 에릭을 보고 놀랐어.		I was surprised to see Eric.
23	나는 많이 우는 것이 지겨웠어.		I was tired of crying much.
24	나는 기꺼이 엄마에게 물어볼 것이었어.		I was willing to ask mom.
25	나는 그 결과에 실망했어.		I was disappointed with the result.
26	나는 내 가족과 달랐어.		I was different from my family.
27	나는 숫자와 친숙했어.		I was familiar with number.
28	나는 수업에 늦었어.		I was late for the class.
29	나는 내 머리에 만족했어.		I was satisfied with my hair.
30	나는 아버지와 비슷했어.		I was similar to father.

156

나는 + 학교에 갈 + 수 없었어
➡ I + was not able to + go to school

1	나는 돈 쓸 시간이 없었어.	I didn't have time to spend money.
2	나는 그녀에게 집세를 안 지불했어.	I didn't pay her the rent.
3	나는 지하철역으로 너를 안 데리고 갔어.	I didn't take you to the subway station.
4	나는 그녀가 멈출 것으로 안 예상했어.	I didn't expect that she stopped.
5	나는 코트를 입으려고 안 했어.	I didn't try to wear a coat.
6	나는 너를 기다리게 안 했어.	I didn't keep you waiting.
7	나는 학교에 갈 수 없었어.	I was not able to go to school.
8	나는 막 차를 운전하려 안 했었어.	I was not about to drive a car.
9	나는 중국어를 가르치는 게 안 두려웠어.	I was not afraid of teaching Chinese.
10	나는 문을 닫을 수 없었어.	I was not available to close the door.
11	나는 영어를 공부하느라 안 바빴어.	I was not busy studying English.
12	나는 그 질문에 답하도록 안 주의했어.	I was not careful to answer the question.
13	나는 홍콩에 도착하면 안 흥분됐어.	I was not excited to arrive in Hongkong.
14	나는 크게 웃는 것으로 안 유명했어.	I was not famous for laughing out loud.
15	나는 버튼을 안 누를 거였어.	I was not going to touch the button.
16	나는 한국어를 말하는 것을 안 잘했어.	I was not good at speaking in Korean.
17	나는 그에게 전화하는 중이 아니었어.	I was not calling him.
18	나는 그를 이해하는 데 안 서툴렀어.	I was not poor at understanding him.
19	나는 아침 먹을 준비가 안 되었었어.	I was not ready to eat breakfast.
20	나는 음식 냄새 맡는 것에 안 질렸어.	I was not sick of smelling food.
21	나는 그 말을 들으니 안타깝지 않았어.	I was not sorry to hear that.
22	나는 에릭을 보고 안 놀랐어.	I was not surprised to see Eric.
23	나는 많이 우는 것이 안 지겨웠어.	I was not tired of crying much.
24	나는 기꺼이 엄마에게 안 물어볼 것이었어.	I was not willing to ask mom.
25	나는 그 결과에 안 실망했어.	I was not disappointed with the result.
26	나는 내 가족과 안 달랐어.	I was not different from my family.
27	나는 숫자와 안 친숙했어.	I was not familiar with number.
28	나는 수업에 안 늦었어.	I was not late for the class.
29	나는 내 머리에 안 만족했어.	I was not satisfied with my hair.
30	나는 아버지와 안 비슷했어.	I was not similar to father.

내가(나는) + 매우 + 뚱뚱해 + ㅆ었어?

➡ **Was + I + very + fat?**

1	내가 매우 뚱뚱했었어?	Was I very fat?
2	내가 매우 날씬했었어?	Was I very slim?
3	내가 매우 돈이 많았어?	Was I very rich?
4	내가 매우 가난했었어/불쌍했었어?	Was I very poor?
5	내가 매우 약했어?	Was I very weak?
6	내가 매우 강했어?	Was I very strong?
7	내가 매우 키가 컸어?	Was I very tall?
8	내가 매우 키가 작았어?	Was I very short?
9	내가 매우 조용했어?	Was I very quiet?
10	내가 매우 시끄러웠어?	Was I very noisy?
11	내가 진짜 혼자/미혼이었어?	Was I really single?
12	내가 진짜 결혼했었어?	Was I really married?
13	내가 진짜 병났었어?	Was I really ill?
14	내가 진짜 건강했어?	Was I really healthy?
15	내가 진짜 똑같았어?	Was I really same?
16	내가 진짜 달랐어?	Was I really different?
17	내가 진짜 정상이었어?	Was I really normal?
18	내가 진짜 특별했어?	Was I really special?
19	내가 진짜 부지런했어?	Was I really diligent?
20	내가 진짜 게을렀어?	Was I really lazy?
21	내가 진짜 인기가 많았어?	Was I really popular?
22	내가 진짜 유명했어?	Was I really famous?
23	내가 진짜 예의가 발랐어?	Was I really polite?
24	내가 진짜 예의가 없었어?	Was I really rude?
25	내가 진짜 중요했어?	Was I really important?
26	내가 진짜 정직했어?	Was I really honest?
27	내가 진짜 친절했어?	Was I really kind?
28	내가 진짜 운이 좋았어?	Was I really lucky?
29	내가 진짜 훌륭했어?	Was I really great?
30	내가 진짜 좋았어/괜찮았어?	Was I really fine?

158

내가(나는) + 뚱뚱한 + 여왕 + 이었어?
➡ **Was + I + a fat + queen?**

1	내가 뚱뚱한 여왕이었어?	Was I a fat queen?
2	내가 늙은 왕이었어?	Was I an old king?
3	내가 똑똑한 왕자였어?	Was I a clever prince?
4	내가 날씬한 공주였어?	Was I a slim princess?
5	내가 시끄러운 이웃이었어?	Was I a noisy neighbor?
6	내가 강한 군인이었어?	Was I a strong soldier?
7	내가 슬픈 음악인이었어?	Was I a sad musician?
8	내가 조용한 과학자였어?	Was I a quiet scientist?
9	내가 깨끗한 비서였어?	Was I a clean secretary?
10	내가 같은 회원이었어?	Was I a same member?
11	내가 훌륭한 사진 기사였어?	Was I a great photographer?
12	내가 바보 같은 코미디언이었어?	Was I a stupid comedian?
13	내가 웃기는 춤꾼이었어?	Was I a funny dancer?
14	내가 국제적인 교수였어?	Was I an international professor?
15	내가 정상적인 인간이었어?	Was I a normal human being?
16	내가 더러운 도둑이었어?	Was I a dirty thief?
17	내가 버릇없는 강도였어?	Was I a rude robber?
18	내가 못생긴 모델이었어?	Was I an ugly model?
19	내가 우수한 선수였어?	Was I an excellent player?
20	내가 예의바른 의사였어?	Was I a polite doctor?
21	내가 화난 아빠/아버지였어?	Was I an angry dad/father?
22	내가 따뜻한 엄마/어머니였어?	Was I a warm mom/mother?
23	내가 다른 남동생/형이었어?	Was I a different brother?
24	내가 결혼한 여동생/누나였어?	Was I a married sister?
25	내가 건강한 할머니였어?	Was I a healthy grandmother?
26	내가 아픈 할아버지였어?	Was I a sick grandfather?
27	내가 키 큰 친척이었어?	Was I a tall relative?
28	내가 키가 작은 사촌이었어?	Was I a short cousin?
29	내가 게으른 아들이었어?	Was I a lazy son?
30	내가 재미있는 딸이었어?	Was I an interesting daughter?

내가(나는) + 계단 + 아래에 + 있었어?
➡ Was + I + under + the stairs?

1	내가 계단 아래에 있었어?	Was I under the stairs?
2	내가 그 장소 아래에 있었어?	Was I under the place?
3	내가 구름 아래에 있었어?	Was I under the cloud?
4	내가 하늘 아래에 있었어?	Was I under the sky?
5	내가 창문 아래에 있었어?	Was I under the window?
6	내가 커튼 아래에 있었어?	Was I under the curtain?
7	내가 산 아래에 있었어?	Was I under the mountain?
8	내가 물 아래에 있었어?	Was I under the water?
9	내가 침대 아래에 있었어?	Was I under the bed?
10	내가 그 사람의 아래에 있었어?	Was I under him?
11	내가 교회 앞에 있었어?	Was I in front of the church?
12	내가 은행 앞에 있었어?	Was I in front of the bank?
13	내가 도서관 앞에 있었어?	Was I in front of the library?
14	내가 아파트 앞에 있었어?	Was I in front of the apartment?
15	내가 문 앞에 있었어?	Was I in front of the door?
16	내가 정원 앞에 있었어?	Was I in front of the garden?
17	내가 병원 앞에 있었어?	Was I in front of the hospital?
18	내가 건물 앞에 있었어?	Was I in front of the building?
19	내가 회사 앞에 있었어?	Was I in front of the company?
20	내가 영화관 앞에 있었어?	Was I in front of the theater?
21	내가 문 뒤에 있었어?	Was I behind the gate?
22	내가 초등학교 뒤에 있었어?	Was I behind the elementary school?
23	내가 세탁소 뒤에 있었어?	Was I behind the laundry?
24	내가 서점 뒤에 있었어?	Was I behind the bookstore?
25	내가 벽 뒤에 있었어?	Was I behind the wall?
26	내가 미용실 뒤에 있었어?	Was I behind the beauty shop?
27	내가 섬 뒤에 있었어?	Was I behind the island?
28	내가 마을 뒤에 있었어?	Was I behind the village?
29	내가 시내 뒤에 있었어?	Was I behind the downtown?
30	내가 주차장 뒤에 있었어?	Was I behind the parking lot?

160

내가(나는) + 학교에 + 갔어?

➡ Did + I + go + to school?

1	내가 학교에 갔어?	Did I go to school?
2	내가 사무실에 왔어?	Did I come to the office?
3	내가 너에게 뛰어갔어?	Did I run to you?
4	내가 슈퍼에 걸어갔어?	Did I walk to the supermarket?
5	내가 뒤로 이동했어?	Did I move to the back?
6	내가 차를 운전했어?	Did I drive a car?
7	내가 노래를 불렀어?	Did I sing a song?
8	내가 케이팝 춤을 췄어?	Did I dance K-pop?
9	내가 여기에 앉았어?	Did I sit here?
10	내가 똑바로 서있었어?	Did I stand up straight?
11	내가 버튼을 눌렀어?	Did I touch the button?
12	내가 택시를 잡았어?	Did I catch a taxi?
13	내가 창문을 열었어?	Did I open the window?
14	내가 문을 닫았어?	Did I close the door?
15	내가 공을 쳤어?	Did I hit a ball?
16	내가 게임을 했어?	Did I play a game?
17	내가 남동생/형과 싸웠어?	Did I fight with brother?
18	내가 너의 손을 잡았어?	Did I hold your hand?
19	내가 잘 잤어?	Did I sleep well?
20	내가 늦게 일어났어?	Did I wake up late?
21	내가 얼굴을 씻었어?	Did I wash face?
22	내가 콜라를 마셨어?	Did I drink a coke?
23	내가 바지를 입었어?	Did I wear the pants?
24	내가 은행에서 일했어?	Did I work in a bank?
25	내가 이것을 했어?	Did I do this?
26	내가 포크를 사용했어?	Did I use a fork?
27	내가 너를 도왔어?	Did I help you?
28	내가 예약했어?	Did I make a reservation?
29	내가 버스를 탔어?	Did I ride a bus?
30	내가 그에게 전화했어?	Did I call him?

내가(나는) + 그것을 + 기억했어?

➡ **Did + I + remember + it?**

1	내가 그것을 기억했어?	Did I remember it?
2	내가 그 사실을 잊었어?	Did I forget the fact?
3	내가 엄마에게 물었어?	Did I ask mom?
4	내가 그 질문에 대답했어?	Did I answer the question?
5	내가 그 문제에 대해 생각했어?	Did I think about the matter?
6	내가 그 이유를 알았어?	Did I know the reason?
7	내가 너를 믿었어?	Did I believe in you?
8	내가 날짜를 결정했어?	Did I decide the date?
9	내가 식당을 선택했어?	Did I choose a restaurant?
10	내가 할인을 원했어?	Did I want a discount?
11	내가 물이 필요했어?	Did I need water?
12	내가 이것을 좋아했어?	Did I like this?
13	내가 너에게 약속했어?	Did I promise you?
14	내가 기분이 좋았어?	Did I feel good?
15	내가 일자리를 구했어?	Did I look for a job?
16	내가 에릭을 봤어?	Did I see Eric?
17	내가 TV를 봤어?	Did I watch TV?
18	내가 음악을 들었어?	Did I listen to a music?
19	내가 네 말을 들었어?	Did I hear you?
20	내가 한국어로 말했어?	Did I speak in Korean?
21	내가 그에게 거짓말을 했어?	Did I tell him a lie?
22	내가 그 이야기에 대해 말했어?	Did I talk about the story?
23	내가 '안녕'이라고 말했어?	Did I say 'hello'?
24	내가 음식 냄새를 맡았어?	Did I smell food?
25	내가 큰 소리로 웃었어?	Did I laugh out loud?
26	내가 많이 울었어?	Did I cry much?
27	내가 영어를 공부했어?	Did I study English?
28	내가 책을 읽었어?	Did I read a book?
29	내가 보고서를 썼어?	Did I write a report?
30	내가 중국어를 가르쳤어?	Did I teach Chinese?

162

내가(나는) + 돈을 + 줬어?

➡ **Did + I + give + money?**

1	내가 돈을 줬어?	Did I give money?
2	내가 이메일을 보냈어?	Did I send an email?
3	내가 환불을 받았어?	Did I get a refund?
4	내가 문을 당겼어?	Did I pull a door?
5	내가 책상을 밀었어?	Did I push a desk?
6	내가 가방을 샀어?	Did I buy a bag?
7	내가 표를 팔았어?	Did I sell a ticket?
8	내가 컵을 내려놓았어?	Did I put down a cup?
9	내가 사람들을 만났어?	Did I meet people?
10	내가 일을 시작했어?	Did I start work?
11	내가 숙제를 끝냈어?	Did I finish homework?
12	내가 서울에 살았어?	Did I live in Seoul?
13	내가 중국을 떠났어?	Did I leave China?
14	내가 홍콩에 도착했어?	Did I arrive in Hongkong?
15	내가 열쇠를 가져왔어?	Did I bring a key?
16	내가 딸이 있었어?	Did I have a daughter?
17	내가 아침을 먹었어?	Did I eat breakfast?
18	내가 친구를 기다렸어?	Did I wait for a friend?
19	내가 매장을 찾았어?	Did I find a shop?
20	내가 돈을 바꿨어?	Did I change money?
21	내가 라면을 요리했어?	Did I cook ramen?
22	내가 너에게 지불했어?	Did I pay you?
23	내가 옷을 치웠어?	Did I remove clothes?
24	내가 불을 켰어?	Did I turn on the light?
25	내가 핸드폰을 껐어?	Did I turn off cellphone?
26	내가 그를 이해했어?	Did I understand him?
27	내가 영수증을 받았어?	Did I take a receipt?
28	내가 예약을 취소했어?	Did I cancel the booking?
29	내가 샌드위치를 잘랐어?	Did I cut the sandwich?
30	내가 아시아를 여행했어?	Did I travel to Asia?

1	What		나는 무엇을 ?
2	Where		나는 어디에서 ?
3	Who	+ was I?	나는 누구를 ?
4	Why		나는 왜 ?
5	When		나는 언제 ?
6	How		나는 어떻게 ?

나는(내가) + 무엇을 + 할 수 있었어?
➡ **What + was I + able to?**

1	나는 뭐였어?	What was I?
2	나는 무엇을 할 수 있었어?	What was I able to?
3	나는 막 무엇을 하려 했어?	What was I about to?
4	나는 무엇을 두려워했어?	What was I afraid of?
5	나는 무엇으로 유명했어?	What was I famous for?

나는 + 어디에 + 가고 있었어?
➡ **Where + was I + going?**

1	나는 어디에 있었어?	Where was I?
2	나는 어디에 가고 있었어?	Where was I going?
3	나는 어디서 그에게 전화하고 있었어?	Where was I calling him?
4	나는 어디서 얼굴을 씻고 있었어?	Where was I washing face?
5	나는 어디서 콜라를 마시고 있었어?	Where was I drinking a coke?

나는 + 누구와 + 달랐어?
➡ **Who + was I + different from?**

1	나는 누구였어?	Who was I?
2	나는 누구와 달랐어?	Who was I different from?
3	나는 누구와 비슷했어?	Who was I similar to?
4	나는 누구에게 관심이 있었어?	Who was I interested in?
5	나는 누구에게 실망했어?	Who was I disappointed with?

나는 + 왜 + 조심했어?

➡ **Why + was I + careful?**

1	나는 왜 조심했어?	Why was I careful?
2	나는 왜 흥분됐어?	Why was I excited?
3	나는 왜 미안했어?	Why was I sorry?
4	나는 왜 만족했어?	Why was I satisfied?
5	나는 왜 놀랐어?	Why was I surprised?

나는 + 언제 + 익숙했었어?

➡ **When + was I + accustomed?**

1	나는 언제 익숙했었어?	When was I accustomed?
2	나는 언제 가능했었어?	When was I available?
3	나는 언제 할 수 있었어?	When was I able?
4	나는 언제 바빴었어?	When was I busy?
5	나는 언제 준비됐었어?	When was I ready?

나는 + 얼마나 + 잘했었어?

➡ **How + good + was I?**

1	나는 얼마나 잘했었어?	How good was I?
2	나는 얼마나 아팠었어?	How sick was I?
3	나는 얼마나 늦었었어?	How late was I?
4	나는 얼마나 유명했었어?	How famous was I?
5	나는 얼마나 불쌍했었어?	How poor was I?

1	What	+ did I ?	나는 무엇을 ?
2	Where		나는 어디에서 ?
3	Who		나는 누구를 ?
4	Why		나는 왜 ?
5	When		나는 언제 ?
6	How		나는 어떻게 ?

나는 + 무엇을 + 했어? ➡ What + did I + do?

1. 나는 무엇을 했어? — What did I do?
2. 나는 무엇을 가지고 있었어? — What did I have?
3. 나는 무엇을 원했어? — What did I want?
4. 나는 무엇이 필요했어? — What did I need?
5. 나는 무엇을 좋아했어? — What did I like?

나는 + 어디에서 + 했어? ➡ Where + did I + do?

1. 나는 어디에서 했어? — Where did I do?
2. 나는 어디에서 가방을 샀어? — Where did I buy a bag?
3. 나는 어디에 컵을 내려놨어? — Where did I put down a cup?
4. 나는 어디에서 일을 시작했어? — Where did I start work?
5. 나는 어디에서 돈을 바꿨어? — Where did I change money?

나는 + 누구를 + 기다렸어? ➡ Who + did I + wait for?

1. 나는 누구를 기다렸어? — Who did I wait for?
2. 나는 누구한테 물어봤어? — Who did I ask?
3. 나는 누구를 찾았어? — Who did I look for?
4. 나는 누구한테 전화했어? — Who did I call?
5. 나는 누구를 만났어? — Who did I meet?

166

| 나는 + 왜 + 했어? ➡ Why + did I + do? |

1	나는 왜 했어?	Why did I do?
2	나는 왜 너한테 약속했어?	Why did I promise you?
3	나는 왜 널 믿었어?	Why did I believe in you?
4	나는 왜 학교에 갔어?	Why did I go to school?
5	나는 왜 사무실에 왔어?	Why did I come to the office?

| 나는 + 언제 + 했어? ➡ When + did I + do? |

1	나는 언제 했어?	When did I do?
2	나는 언제 너에게 지불했어?	When did I pay you?
3	나는 언제 '안녕'이라고 말했어?	When did I say 'hello'?
4	나는 언제 아침을 먹었어?	When did I eat breakfast?
5	나는 언제 잘 잤어?	When did I sleep well?

| 나는 + 어떻게 + 했어? ➡ How + did I + do? |

1	나는 어떻게 했어?	How did I do?
2	나는 어떻게 게임을 했어?	How did I play a game?
3	나는 어떻게 한국어로 말했어?	How did I speak in Korean?
4	나는 어떻게 느꼈어?	How did I feel?
5	나는 어떻게 불을 켰어?	How did I turn on the light?

Learn english

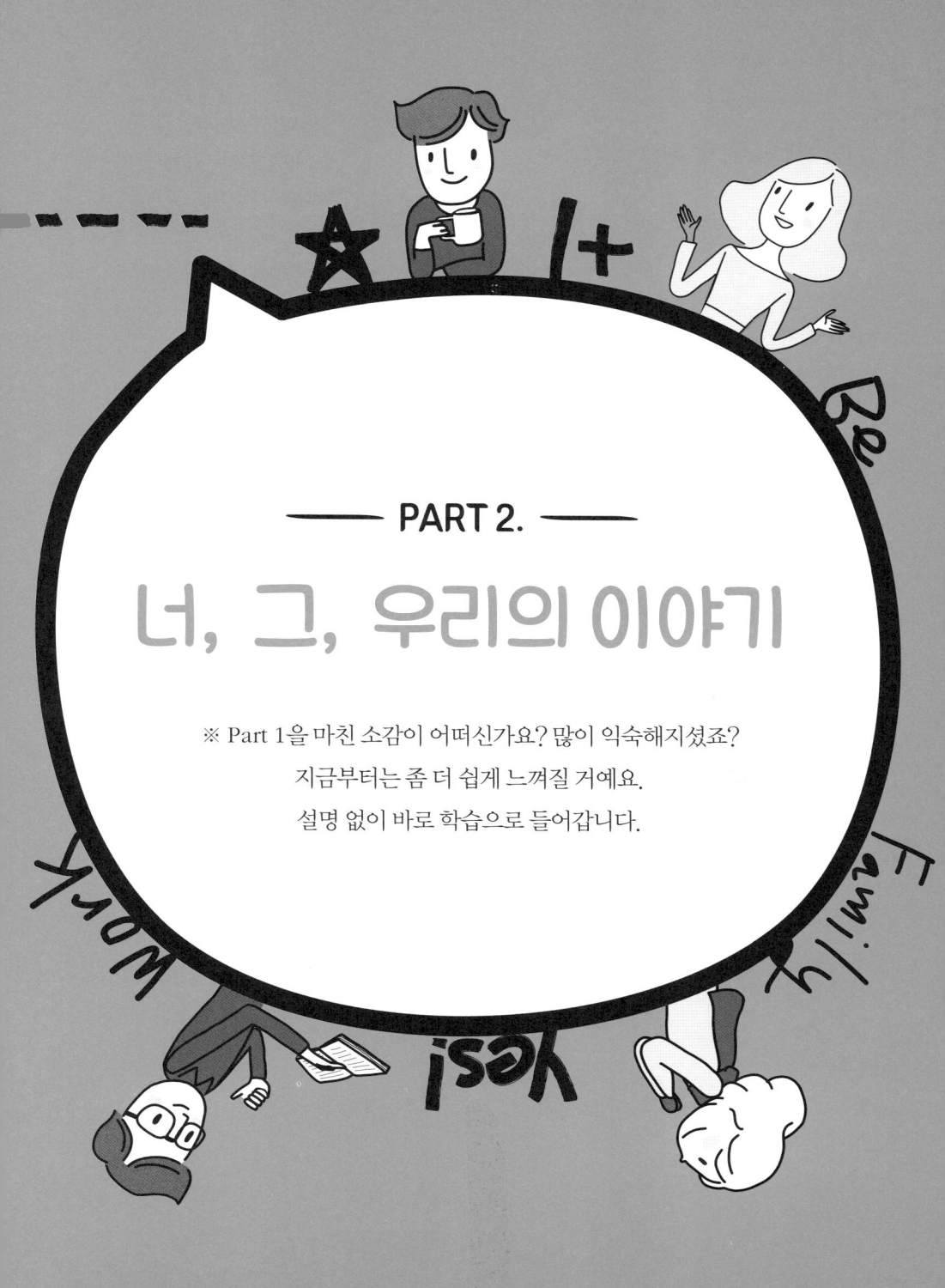

STEP 1.
너의 지금

나는 + 배고파 ➡ **I** + **am** + hungry

너는 + 배고파 ➡ **You** + **are** + hungry

나는 + 그것을 + 해 ➡ **I** + do + it

너는 + 그것을 + 해 ➡ **You** + do + it

1	너는 뚱뚱해.	You're fat.
2	너는 날씬해.	You're slim.
3	너는 돈이 많아.	You're rich.
4	너는 가난해/불쌍해.	You're poor.
5	너는 약해.	You're weak.
6	너는 강해.	You're strong.
7	너는 키가 커.	You're tall.
8	너는 키가 작아.	You're short.
9	너는 조용해.	You're quiet.
10	너는 시끄러워.	You're noisy.
11	너는 혼자/미혼이야.	You're single.
12	너는 결혼했어.	You're married.
13	너는 병났어.	You're ill.
14	너는 건강해.	You're healthy.
15	너는 똑같아.	You're same.
16	너는 안 뚱뚱해.	You're not fat.
17	너는 안 날씬해.	You're not slim.
18	너는 돈이 안 많아.	You're not rich.
19	너는 안 가난해/안 불쌍해.	You're not poor.
20	너는 안 약해.	You're not weak.
21	너는 안 강해.	You're not strong.
22	너는 키가 안 커.	You're not tall.
23	너는 키가 안 작아.	You're not short.
24	너는 안 조용해.	You're not quiet.
25	너는 안 시끄러워.	You're not noisy.
26	너는 혼자/미혼이 아니야.	You're not single.
27	너는 결혼 안 했어.	You're not married.
28	너는 병 안 났어.	You're not ill.
29	너는 안 건강해.	You're not healthy.
30	너는 안 똑같아.	You're not same.

1	너는 특별한 다연이야.	You're special Dayun.
2	너는 똑똑한 학생이야.	You're a smart student.
3	너는 지루한 선생님이야.	You're a boring teacher.
4	너는 잘생긴 소년이야.	You're a handsome boy.
5	너는 아름다운 소녀야.	You're a beautiful girl.
6	너는 돈이 많은 남자야.	You're a rich man.
7	너는 행복한 여자야.	You're a happy woman.
8	너는 좋은 친구야.	You're a good friend.
9	너는 중요한 같은 반 친구야.	You're an important classmate.
10	너는 나쁜 선배야.	You're a bad senior.
11	너는 불쌍한 후배야.	You're a poor junior.
12	너는 친절한 안내원이야.	You're a kind guide.
13	너는 정직한 판매원이야.	You're an honest salesman.
14	너는 운이 좋은 손님이야.	You're a lucky guest.
15	너는 배고픈 여행자야.	You're a hungry tourist.
16	너는 특별한 다연이 아니야.	You're not special Dayun.
17	너는 똑똑한 학생이 아니야.	You're not a smart student.
18	너는 지루한 선생님이 아니야.	You're not a boring teacher.
19	너는 잘생긴 소년이 아니야.	You're not a handsome boy.
20	너는 아름다운 소녀가 아니야.	You're not a beautiful girl.
21	너는 돈 많은 남자가 아니야.	You're not a rich man.
22	너는 행복한 여자가 아니야.	You're not a happy woman.
23	너는 좋은 친구가 아니야.	You're not a good friend.
24	너는 중요한 같은 반 친구가 아니야.	You're not an important classmate.
25	너는 나쁜 선배가 아니야.	You're not a bad senior.
26	너는 불쌍한 후배가 아니야.	You're not a poor junior.
27	너는 친절한 안내원이 아니야.	You're not a kind guide.
28	너는 정직한 판매원이 아니야.	You're not an honest salesman.
29	너는 운이 좋은 손님이 아니야.	You're not a lucky guest.
30	너는 배고픈 여행자가 아니야.	You're not a hungry tourist.

1	너는 집 안에 있어.	You're in the house.
2	너는 욕실 안에 있어.	You're in the bathroom.
3	너는 주방 안에 있어.	You're in the kitchen.
4	너는 거실 안에 있어.	You're in the livingroom.
5	너는 침실 안에 있어.	You're in the bedroom.
6	너는 방 안에 있어.	You're in the room.
7	너는 지하철 안에 있어.	You're in the subway.
8	너는 학교 안에 있어.	You're in the school.
9	너는 사무실 안에 있어.	You're in the office.
10	너는 비행기 안에 있어.	You're in the airplane.
11	너는 매장 밖에 있어.	You're out of the shop.
12	너는 가게 밖에 있어.	You're out of the store.
13	너는 도시 밖에 있어.	You're out of the city.
14	너는 공항 밖에 있어.	You're out of the airport.
15	너는 주유소 밖에 있어.	You're out of the oil-station.
16	너는 집 안에 있지 않아.	You're not in the house.
17	너는 욕실 안에 있지 않아.	You're not in the bathroom.
18	너는 주방 안에 있지 않아.	You're not in the kitchen.
19	너는 거실 안에 있지 않아.	You're not in the livingroom.
20	너는 침실 안에 있지 않아.	You're not in the bedroom.
21	너는 방 안에 있지 않아.	You're not in the room.
22	너는 지하철 안에 있지 않아.	You're not in the subway.
23	너는 학교 안에 있지 않아.	You're not in the school.
24	너는 사무실 안에 있지 않아.	You're not in the office.
25	너는 비행기 안에 있지 않아.	You're not in the airplane.
26	너는 매장 밖에 있지 않아.	You're not out of the shop.
27	너는 가게 밖에 있지 않아.	You're not out of the store.
28	너는 도시 밖에 있지 않아.	You're not out of the city.
29	너는 공항 밖에 있지 않아.	You're not out of the airport.
30	너는 주유소 밖에 있지 않아.	You're not out of the oil-station.

170

1	너는 항상 학교에 간다.	You always go to school.
2	너는 항상 사무실에 온다.	You always come to the office.
3	너는 항상 나에게 뛰어온다.	You always run to me.
4	너는 항상 슈퍼에 걸어간다.	You always walk to the supermarket.
5	너는 항상 뒤로 이동한다.	You always move to the back.
6	너는 가끔 차를 운전한다.	You sometimes drive a car.
7	너는 가끔 노래를 부른다.	You sometimes sing a song.
8	너는 가끔 케이팝 춤을 춘다.	You sometimes dance K-pop.
9	너는 가끔 여기에 앉는다.	You sometimes sit here.
10	너는 가끔 똑바로 서 있는다.	You sometimes stand up straight.
11	너는 종종 버튼을 누른다.	You often touch the button.
12	너는 종종 택시를 잡는다.	You often catch a taxi.
13	너는 종종 창문을 연다.	You often open the window.
14	너는 종종 문을 닫는다.	You often close the door.
15	너는 종종 공을 친다.	You often hit a ball.
16	너는 항상 학교에 가는 것은 아니다.	You don't always go to school.
17	너는 항상 사무실에 오는 것은 아니다.	You don't always come to the office.
18	너는 항상 나에게 뛰어오는 것은 아니다.	You don't always run to me.
19	너는 항상 슈퍼에 걸어가는 것은 아니다.	You don't always walk to the supermarket.
20	너는 항상 뒤로 이동하는 것은 아니다.	You don't always move to the back.
21	너는 가끔 차를 운전하는 것은 아니다.	You don't sometimes drive a car.
22	너는 가끔 노래를 부르는 것은 아니다.	You don't sometimes sing a song.
23	너는 가끔 케이팝 춤을 추는 것은 아니다.	You don't sometimes dance K-pop.
24	너는 가끔 여기에 앉는 것은 아니다.	You don't sometimes sit here.
25	너는 가끔 똑바로 서있는 것은 아니다.	You don't sometimes stand up straight.
26	너는 종종 버튼을 누르는 것은 아니다.	You don't often touch the button.
27	너는 종종 택시를 잡는 것은 아니다.	You don't often catch a taxi.
28	너는 종종 창문을 여는 것은 아니다.	You don't often open the window.
29	너는 종종 문을 닫는 것은 아니다.	You don't often close the door.
30	너는 종종 공을 치는 것은 아니다.	You don't often hit a ball.

1	너는 학교에 가야 한다.	**You should go to school.**
2	너는 사무실에 와야 한다.	**You should come to the office.**
3	너는 나에게 뛰어와야 한다.	**You should run to me.**
4	너는 슈퍼에 걸어가야 한다.	**You should walk to the supermarket.**
5	너는 뒤로 이동해야 한다.	**You should move to the back.**
6	너는 차를 운전해야 한다.	**You should drive a car.**
7	너는 노래를 불러야 한다.	**You should sing a song.**
8	너는 케이팝 춤을 춰야 한다.	**You should dance K-pop.**
9	너는 여기에 앉을 수 있다.	**You can sit here.**
10	너는 똑바로 서있을 수 있다.	**You can stand up straight.**
11	너는 버튼을 누를 수 있다.	**You can touch the button.**
12	너는 택시를 잡을 수 있다.	**You can catch a taxi.**
13	너는 창문을 열 수 있다.	**You can open the window.**
14	너는 문을 닫을 수 있다.	**You can close the door.**
15	너는 공을 칠 수 있다.	**You can hit a ball.**
16	너는 집 안에 있지 않아.	**You can play a game.**
17	너는 남동생/형과 싸울 것이다.	**You will fight with brother.**
18	너는 내 손을 잡을 것이다.	**You will hold my hand.**
19	너는 잘 잘 것이다.	**You will sleep well.**
20	너는 늦게 일어날 것이다.	**You will wake up late.**
21	너는 얼굴을 씻을 것이다.	**You will wash face.**
22	너는 콜라를 마실 것이다.	**You will drink a coke.**
23	너는 바지를 입을 것이다.	**You will wear the pants.**
24	너는 은행에서 일할 것이다.	**You will work in a bank.**
25	너는 이것을 할 것이다.	**You will do this.**
26	너는 포크를 써도 된다.	**You may use a fork.**
27	너는 나를 도와도 된다.	**You may help me.**
28	너는 예약을 해도 된다.	**You may make a reservation.**
29	너는 버스를 타도 된다.	**You may ride a bus.**
30	너는 그에게 전화해도 된다.	**You may call him.**

1	너는 학교에 가면 안 된다.	You shouldn't go to school.
2	너는 사무실에 오면 안 된다.	You shouldn't come to the office.
3	너는 나에게 뛰어오면 안 된다.	You shouldn't run to me.
4	너는 슈퍼에 걸어가면 안 된다.	You shouldn't walk to the supermarket.
5	너는 뒤로 이동하면 안 된다.	You shouldn't move to the back.
6	너는 차를 운전하면 안 된다.	You shouldn't drive a car.
7	너는 노래를 부르면 안 된다.	You shouldn't sing a song.
8	너는 케이팝 춤을 추면 안 된다.	You shouldn't dance K-pop.
9	너는 여기에 앉을 수 없다.	You can't sit here.
10	너는 똑바로 서있을 수 없다.	You can't stand up straight.
11	너는 버튼을 누를 수 없다.	You can't touch the button.
12	너는 택시를 잡을 수 없다.	You can't catch a taxi.
13	너는 창문을 열 수 없다.	You can't open the window.
14	너는 문을 닫을 수 없다.	You can't close the door.
15	너는 공을 칠 수 없다.	You can't hit a ball.
16	너는 게임을 할 수 없다.	You can't play a game.
17	너는 남동생/형과 안 싸울 것이다.	You will not fight with brother.
18	너는 내 손을 안 잡을 것이다.	You will not hold my hand.
19	너는 잘 안 잘 것이다.	You will not sleep well.
20	너는 늦게 안 일어날 것이다.	You will not wake up late.
21	너는 얼굴을 안 씻을 것이다.	You will not wash face.
22	너는 콜라를 안 마실 것이다.	You will not drink a coke.
23	너는 바지를 안 입을 것이다.	You will not wear the pants.
24	너는 은행에서 안 일할 것이다.	You will not work in a bank.
25	너는 이것을 안 할 것이다.	You will not do this.

1	너는 너무 배고파?	Are you so hungry?
2	너는 너무 배불러?	Are you so full?
3	너는 너무 목말라?	Are you so thirsty?
4	너는 너무 아파?	Are you so sick?
5	너는 너무 졸려?	Are you so sleepy?
6	너는 너무 추워?	Are you so cold?
7	너는 너무 시원해?	Are you so cool?
8	너는 너무 따뜻해?	Are you so warm?
9	너는 너무 더워?	Are you so hot?
10	너는 너무 피곤해?	Are you so tired?
11	너는 너무 좋아/착해?	Are you so good?
12	너는 너무 나빠?	Are you so bad?
13	너는 너무 슬퍼?	Are you so sad?
14	너는 너무 화나?	Are you so angry?
15	너는 너무 행복해?	Are you so happy?
16	너는 특별한 다연이야?	Are you special Dayun?
17	너는 똑똑한 학생이야?	Are you a smart student?
18	너는 지루한 선생님이야?	Are you a boring teacher?
19	너는 잘생긴 소년이야?	Are you a handsome boy?
20	너는 아름다운 소녀야?	Are you a beautiful girl?
21	너는 돈이 많은 남자야?	Are you a rich man?
22	너는 행복한 여자야?	Are you a happy woman?
23	너는 좋은 친구야?	Are you a good friend?
24	너는 중요한 같은 반 친구야?	Are you an important classmate?
25	너는 나쁜 선배야?	Are you a bad senior?
26	너는 불쌍한 후배야?	Are you a poor junior?
27	너는 친절한 안내원이야?	Are you a kind guide?
28	너는 정직한 판매원이야?	Are you an honest salesman?
29	너는 운이 좋은 손님이야?	Are you a lucky guest?
30	너는 배고픈 여행자야?	Are you a hungry tourist?

1	너는 학교에 가?	Do you go to school?
2	너는 사무실에 와?	Do you come to the office?
3	너는 나에게 뛰어와?	Do you run to me?
4	너는 슈퍼에 걸어가?	Do you walk to the supermarket?
5	너는 뒤로 이동해?	Do you move to the back?
6	너는 차를 운전해?	Do you drive a car?
7	너는 노래를 불러?	Do you sing a song?
8	너는 케이팝 춤을 춰?	Do you dance K-pop?
9	너는 여기에 앉아?	Do you sit here?
10	너는 똑바로 서 있어?	Do you stand up straight?
11	너는 버튼을 눌러?	Do you touch the button?
12	너는 택시를 잡아?	Do you catch a taxi?
13	너는 창문을 열어?	Do you open the window?
14	너는 문을 닫아?	Do you close the door?
15	너는 공을 쳐?	Do you hit a ball?
16	너는 게임을 해?	Do you play a game?
17	너는 남동생/형과 싸워?	Do you fight with brother?
18	너는 나의 손을 잡아?	Do you hold my hand?
19	너는 잘 자?	Do you sleep well?
20	너는 늦게 일어나?	Do you wake up late?
21	너는 얼굴을 씻어?	Do you wash face?
22	너는 콜라를 마셔?	Do you drink a coke?
23	너는 바지를 입어?	Do you wear the pants?
24	너는 은행에서 일해?	Do you work in a bank?
25	너는 이것을 해?	Do you do this?
26	너는 포크를 사용해?	Do you use a fork?
27	너는 나를 도와줘?	Do you help me?
28	너는 예약해?	Do you make a reservation?
29	너는 버스를 타?	Do you ride a bus?
30	너는 그에게 전화해?	Do you call him?

1	너는 학교에 가야 해?	Should you go to school?
2	너는 사무실에 와야 해?	Should you come to the office?
3	너는 나에게 뛰어와야 해?	Should you run to me?
4	너는 슈퍼에 걸어가야 해?	Should you walk to the supermarket?
5	너는 뒤로 이동해야 해?	Should you move to the back?
6	너는 차를 운전해야 해?	Should you drive a car?
7	너는 노래를 불러야 해?	Should you sing a song?
8	너는 케이팝 춤을 춰야 해?	Should you dance K-pop?
9	너는 여기에 앉을 수 있어?	Can you sit here?
10	너는 똑바로 설 수 있어?	Can you stand up straight?
11	너는 버튼을 누를 수 있어?	Can you touch the button?
12	너는 택시를 잡을 수 있어?	Can you catch a taxi?
13	너는 창문을 열 수 있어?	Can you open the window?
14	너는 문을 닫을 수 있어?	Can you close the door?
15	너는 공을 칠 수 있어?	Can you hit a ball?
16	너는 게임을 할 수 있어?	Can you play a game?
17	너는 남동생/형과 싸울 거야?	Will you fight with brother?
18	너는 나의 손을 잡을 거야?	Will you hold my hand?
19	너는 잘 잘 거야?	Will you sleep well?
20	너는 늦게 일어날 거야?	Will you wake up late?
21	너는 얼굴을 씻을 거야?	Will you wash face?
22	너는 콜라를 마실 거야?	Will you drink a coke?
23	너는 바지를 입을 거야?	Will you wear the pants?
24	너는 은행에서 일할 거야?	Will you work in a bank?
25	너는 이것을 할 거야?	Will you do this?

1	너는 뭐야?	What are you?
2	너는 무엇을 할 수 있어?	What are you able to?
3	너는 막 무엇을 하려 하니?	What are you about to?
4	너는 무엇을 두려워하니?	What are you afraid of?
5	너는 무엇으로 유명하니?	What are you famous for?
1	너는 어디에 있어?	Where are you?
2	너는 어디에 가고 있어?	Where are you going?
3	너는 어디서 그에게 전화하고 있어?	Where are you calling him?
4	너는 어디서 얼굴을 씻고 있어?	Where are you washing face?
5	너는 어디서 콜라를 마시고 있어?	Where are you drinking a coke?
1	너는 누구야?	Who are you?
2	너는 누구와 달라?	Who are you different from?
3	너는 누구와 비슷해?	Who are you similar to?
4	너는 누구에게 관심이 있어?	Who are you interested in?
5	너는 누구에게 실망해?	Who are you disappointed with?
1	너는 왜 조심해?	Why are you careful?
2	너는 왜 흥분해?	Why are you excited?
3	너는 왜 미안해?	Why are you sorry?
4	너는 왜 만족해?	Why are you satisfied?
5	너는 왜 놀라?	Why are you surprised?
1	너는 언제 익숙해?	When are you accustomed?
2	너는 언제 가능해?	When are you available?
3	너는 언제 할 수 있어?	When are you able?
4	너는 언제 바빠?	When are you busy?
5	너는 언제 준비돼?	When are you ready?
1	너는 얼마나 잘해?	How good are you?
2	너는 얼마나 아파?	How sick are you?
3	너는 얼마나 늦어?	How late are you?
4	너는 얼마나 유명해?	How famous are you?
5	너는 얼마나 불쌍해?	How poor are you?

1	너는 무엇을 해?	What do you do?
2	너는 무엇을 가지고 있어?	What do you have?
3	너는 무엇을 원해?	What do you want?
4	너는 무엇이 필요해?	What do you need?
5	너는 무엇을 좋아해?	What do you like?
1	너는 어디에서 해?	Where do you do?
2	너는 어디에서 가방을 사?	Where do you buy a bag?
3	너는 어디에 컵을 내려놔?	Where do you put down a cup?
4	너는 어디에서 일을 시작해?	Where do you start work?
5	너는 어디에서 돈을 바꿔?	Where do you change money?
1	너는 누구를 기다려?	Who do you wait for?
2	너는 누구한테 물어봐?	Who do you ask?
3	너는 누구를 찾아?	Who do you look for?
4	너는 누구한테 전화해?	Who do you call?
5	너는 누구를 만나?	Who do you meet?
1	너는 왜 해?	Why do you do?
2	너는 왜 나한테 약속해?	Why do you promise me?
3	너는 왜 나를 믿어?	Why do you believe in me?
4	너는 왜 학교에 가?	Why do you go to school?
5	너는 왜 사무실에 와?	Why do you come to the office?
1	너는 언제 해?	When do you do?
2	너는 언제 나에게 지불해?	When do you pay me?
3	너는 언제 '안녕'이라고 말해?	When do you say 'hello'?
4	너는 언제 아침 먹어?	When do you eat breakfast?
5	너는 언제 잘 자?	When do you sleep well?
1	너는 어떻게 이것을 해?	How do you do this?
2	너는 어떻게 게임을 해?	How do you play a game?
3	너는 어떻게 한국어로 말해?	How do you speak in Korean?
4	너는 어떻게 느껴?	How do you feel?
5	너는 어떻게 불을 켜?	How do you turn on the light?

1	너는 무엇을 해야 해?		What should you do?
2	너는 무엇을 나에게 지불해야 해?		What should you pay me?
3	너는 무엇을 기억해야 해?		What should you remember?
4	너는 무엇을 봐야 해?		What should you see?
5	너는 무엇이 되어야 해?		What should you be?
1	너는 어디로 열쇠를 가져가야 해?		Where should you bring a key?
2	너는 어디에서 친구를 기다려야 해?		Where should you wait for a friend?
3	너는 어디에서 아침을 먹어야 해?		Where should you eat breakfast?
4	너는 어디에서 사람들을 만나야 해?		Where should you meet people?
5	너는 어디에 있어야 해?		Where should you be?
1	너는 누구한테 이메일을 보내야 해?		Who should you send an email?
2	너는 누구한테 돈을 줘야 해?		Who should you give money?
3	너는 누구를 도와야 해?		Who should you help?
4	너는 누구를 믿어야 해?		Who should you believe?
5	너는 누가 되어야 해?		Who should you be?
1	너는 왜 서울에 살아야 해?		Why should you live Seoul?
2	너는 왜 사무실에 와야 해?		Why should you come to the office?
3	너는 왜 그를 이해해야 해?		Why should you understand him?
4	너는 왜 핸드폰을 꺼야 해?		Why should you turn off cellphone?
5	너는 왜 책임져야 해?		Why should you be responsible?
1	너는 언제 그에게 전화해야 해?		When should you call him?
2	너는 언제 아시아를 여행해야 해?		When should you travel to Asia?
3	너는 언제 학교에 가야 해?		When should you go to school?
4	너는 언제 숙제를 끝내야 해?		When should you finish homework?
5	너는 언제 집에 있어야 해?		When should you be at home?
1	너는 어떻게 영어를 공부해야 해?		How should you study English?
2	너는 어떻게 라면을 요리해야 해?		How should you cook ramen?
3	너는 어떻게 중국어를 가르쳐야 해?		How should you teach Chinese?
4	너는 어떻게 차를 운전해야 해?		How should you drive a car?
5	너는 어떻게 이 도시와 친숙해져야 해?		How should you be familiar with this city?

1	너는 무엇을 엄마한테 물을 수 있어?	What can you ask mom?
2	너는 무엇을 볼 수 있어?	What can you watch?
3	너는 무엇을 말할 수 있어?	What can you say?
4	너는 무엇을 말할 수 있어?	What can you speak?
5	너는 무엇이 될 수 있어?	What can you be?
1	너는 어디서 예약을 취소할 수 있어?	Where can you cancel the booking?
2	너는 어디서 버스를 탈 수 있어?	Where can you ride a bus?
3	너는 어디서 가방을 살 수 있어?	Where can you buy a bag?
4	너는 어디서 일을 시작할 수 있어?	Where can you start work?
5	너는 어디서 만족할 수 있어?	Where can you be satisfied?
1	너는 누구한테 약속할 수 있어?	Who can you promise?
2	너는 누구한테 거짓말을 할 수 있어?	Who can you tell a lie?
3	너는 누구한테 그 이야기를 말할 수 있어?	Who can you talk about the story?
4	너는 누구한테 들을 수 있어?	Who can you hear?
5	너는 누가 될 수 있어?	Who can you be?
1	너는 왜 늦게 일어날 수 있어?	Why can you wake up late?
2	너는 왜 대답할 수 있어?	Why can you answer?
3	너는 왜 크게 웃을 수 있어?	Why can you laugh out loud?
4	너는 왜 보고서를 쓸 수 있어?	Why can you write a report?
5	너는 왜 늦을 수 있어?	Why can you be late?
1	너는 언제 환불받을 수 있어?	When can you get a refund?
2	너는 언제 게임을 할 수 있어?	When can you play a game?
3	너는 언제 잘 잘 수 있어?	When can you sleep well?
4	너는 언제 이것을 할 수 있어?	When can you do this?
5	너는 언제 집에 있을 수 있어?	When can you be at home?
1	너는 어떻게 케이팝 춤을 출 수 있어?	How can you dance K-pop?
2	너는 어떻게 노래를 부를 수 있어?	How can you sing a song?
3	너는 어떻게 돈을 바꿀 수 있어?	How can you change money?
4	너는 어떻게 샌드위치를 자를 수 있어?	How can you cut the sandwich?
5	너는 어떻게 피곤할 수 있어?	How can you be tired?

180

1	너는 무엇을 할 거야?	What will you do?
2	너는 무엇을 가질 거야?	What will you have?
3	너는 무엇을 마실 거야?	What will you drink?
4	너는 무엇을 입을 거야?	What will you wear?
5	너는 무엇이 될 거야?	What will you be?
1	너는 어디서 매장을 찾을 거야?	Where will you find a shop?
2	너는 어디에 컵을 내려둘 거야?	Where will you put down a cup?
3	너는 어디서 달릴 거야?	Where will you run?
4	너는 어디서 걸을 거야?	Where will you walk?
5	너는 어디에 있을 거야?	Where will you be?
1	너는 누구를 생각할 거야?	Who will you think?
2	너는 누구를 결정할 거야?	Who will you decide?
3	너는 누구를 들을 거야?	Who will you listen?
4	너는 누구를 선택할 거야?	Who will you choose?
5	너는 누가 될 거야?	Who will you be?
1	너는 왜 영수증을 받을 거야?	Why will you take a receipt?
2	너는 왜 기분이 좋을 거야?	Why will you feel good?
3	너는 왜 이것을 좋아할 거야?	Why will you like this?
4	너는 왜 물이 필요할 거야?	Why will you need water?
5	너는 왜 집에 있을 거야?	Why will you be at home?
1	너는 언제 홍콩에 도착할 거야?	When will you arrive in Hongkong?
2	너는 언제 중국을 떠날 거야?	When will you leave China?
3	너는 언제 불을 켤 거야?	When will you turn on the light?
4	너는 언제 옷을 치울 거야?	When will you remove clothes?
5	너는 언제 집에 있을 거야?	When will you be at home?
1	너는 어떻게 표를 팔 거야?	How will you sell a ticket?
2	너는 어떻게 책상을 밀 거야?	How will you push a desk?
3	너는 어떻게 문을 당길 거야?	How will you pull a door?
4	너는 어떻게 일자리를 찾을 거야?	How will you look for a job?
5	너는 어떻게 집에 있을 거야?	How will you be at home?

STEP 2.
너의 과거

181

1	너는 달랐어.	Your were different.
2	너는 정상이었어.	Your were normal.
3	너는 특별했어.	Your were special.
4	너는 부지런했어.	Your were diligent.
5	너는 게을렀어.	Your were lazy.
6	너는 인기가 많았어.	Your were popular.
7	너는 유명했어.	Your were famous.
8	너는 예의가 발랐어.	Your were polite.
9	너는 예의가 없었어.	Your were rude.
10	너는 중요했어.	Your were important.
11	너는 정직했어.	Your were honest.
12	너는 친절했어.	Your were kind.
13	너는 운이 좋았어.	Your were lucky.
14	너는 훌륭했어.	Your were great.
15	너는 좋았어/괜찮았어.	Your were fine.
16	너는 안 달랐어.	You were not different.
17	너는 정상이 아니었어.	You were not normal.
18	너는 안 특별했어.	You were not special.
19	너는 안 부지런했어.	You were not diligent.
20	너는 안 게을렀어.	You were not lazy.
21	너는 인기가 없었어.	You were not popular.
22	너는 안 유명했어.	You were not famous.
23	너는 예의가 안 발랐어.	You were not polite.
24	너는 예의가 없지 않았어.	You were not rude.
25	너는 안 중요했어.	You were not important.
26	너는 안 정직했어.	You were not honest.
27	너는 안 친절했어.	You were not kind.
28	너는 운이 안 좋았어.	You were not lucky.
29	너는 안 훌륭했어.	You were not great.
30	너는 안 좋았어/안 괜찮았어.	You were not fine.

1	너는 뚱뚱한 여왕이었어.	Your were a fat queen.
2	너는 늙은 왕이었어.	Your were an old king.
3	너는 똑똑한 왕자였어.	Your were a clever prince.
4	너는 날씬한 공주였어.	Your were a slim princess.
5	너는 시끄러운 이웃이었어.	Your were a noisy neighbor.
6	너는 강한 군인이었어.	Your were a strong soldier.
7	너는 슬픈 음악인이었어.	Your were a sad musician.
8	너는 조용한 과학자였어.	Your were a quiet scientist.
9	너는 깨끗한 비서였어.	Your were a clean secretary.
10	너는 같은 회원이었어.	Your were a same member.
11	너는 훌륭한 사진 기사였어.	Your were a great photographer.
12	너는 바보 같은 코미디언이었어.	Your were a stupid comedian.
13	너는 웃기는 춤꾼이었어.	Your were a funny dancer.
14	너는 국제적인 교수였어.	Your were an international professor.
15	너는 정상적인 인간이었어.	Your were a normal human being.
16	너는 뚱뚱한 여왕이 아니었어.	You were not a fat queen.
17	너는 늙은 왕이 아니었어.	You were not an old king.
18	너는 똑똑한 왕자가 아니었어.	You were not a clever prince.
19	너는 날씬한 공주가 아니었어.	You were not a slim princess.
20	너는 시끄러운 이웃이 아니었어.	You were not a noisy neighbor.
21	너는 강한 군인이 아니었어.	You were not a strong soldier.
22	너는 슬픈 음악인이 아니었어.	You were not a sad musician.
23	너는 조용한 과학자가 아니었어.	You were not a quiet scientist.
24	너는 깨끗한 비서가 아니었어.	You were not a clean secretary.
25	너는 같은 회원이 아니었어.	You were not a same member.
26	너는 훌륭한 사진 기사가 아니었어.	You were not a great photographer.
27	너는 바보 같은 코미디언이 아니었어.	You were not a stupid comedian.
28	너는 웃기는 춤꾼이 아니었어.	You were not a funny dancer.
29	너는 국제적인 교수가 아니었어.	You were not an international professor.
30	너는 정상적인 인간이 아니었어.	You were not a normal human being.

1	너는 시장 밖에 있었어.	Your were out of the market.	
2	너는 교실 밖에 있었어.	Your were out of the classroom.	
3	너는 공원 밖에 있었어.	Your were out of the park.	
4	너는 슈퍼마켓 밖에 있었어.	Your were out of the supermarket.	
5	너는 식당 밖에 있었어.	Your were out of the restaurant.	
6	너는 거리 위에 있었어.	Your were on the street.	
7	너는 길 위에 있었어.	Your were on the road.	
8	너는 땅 위에 있었어.	Your were on the ground.	
9	너는 배 위에 있었어.	Your were on the ship.	
10	너는 보트 위에 있었어.	Your were on the boat.	
11	너는 다리 위에 있었어.	Your were on the bridge.	
12	너는 지붕 위에 있었어.	Your were on the roof.	
13	너는 강 위에 있었어.	Your were on the river.	
14	너는 침대 위에 있었어.	Your were on the bed.	
15	너는 길 위였어(가는 중이었어).	Your were on the way.	
16	너는 시장 밖에 있지 않았어.	You were not out of the market.	
17	너는 교실 밖에 있지 않았어.	You were not out of the classroom.	
18	너는 공원 밖에 있지 않았어.	You were not out of the park.	
19	너는 슈퍼마켓 밖에 있지 않았어.	You were not out of the supermarket.	
20	너는 식당 밖에 있지 않았어.	You were not out of the restaurant.	
21	너는 거리 위에 있지 않았어.	You were not on the street.	
22	너는 길 위에 있지 않았어.	You were not on the road.	
23	너는 땅 위에 있지 않았어.	You were not on the ground.	
24	너는 배 위에 있지 않았어.	You were not on the ship.	
25	너는 보트 위에 있지 않았어.	You were not on the boat.	
26	너는 다리 위에 있지 않았어.	You were not on the bridge.	
27	너는 지붕 위에 있지 않았어.	You were not on the roof.	
28	너는 강 위에 있지 않았어.	You were not on the river.	
29	너는 침대 위에 있지 않았어.	You were not on the bed.	
30	너는 길 위가 아니었어(가는 중이 아니었어).	You were not on the way.	

1	너는 게임을 거의 안 했어.	You seldom played a game.
2	너는 남동생/형과 거의 안 싸웠어.	You seldom fought with brother.
3	너는 나의 손을 거의 안 잡았어.	You seldom held my hand.
4	너는 거의 잘 자지 않았어.	You seldom slept well.
5	너는 거의 늦게 일어나지 않았어.	You seldom woke up late.
6	너는 얼굴을 절대 안 씻었어.	You never washed face.
7	너는 콜라를 절대 안 마셨어.	You never drank a coke.
8	너는 바지를 절대 안 입었어.	You never wore the pants.
9	너는 은행에서 절대 일 안 했어.	You never worked in a bank.
10	너는 이것을 절대 안 했어.	You never did this.
11	너는 평소에 포크를 사용했어.	You usually used a fork.
12	너는 평소에 나를 도왔어.	You usually helped me.
13	너는 평소에 예약을 했어.	You usually made a reservation.
14	너는 대개 버스를 탔어.	You usually rode a bus.
15	너는 대개 그에게 전화했어.	You usually called him.
16	너는 평소에 포크를 사용했던 것은 아니야.	You didn't usually use a fork.
17	너는 평소에 나를 도왔던 것은 아니야.	You didn't usually help me.
18	너는 평소에 예약을 했던 것은 아니야.	You didn't usually make a reservation.
19	너는 대개 버스를 탔던 것은 아니야.	You didn't usually ride a bus.
20	너는 대개 그에게 전화했던 것은 아니야.	You didn't usually call him.

1	너는 매우 뚱뚱했어?	**Were you very fat?**
2	너는 매우 날씬했어?	**Were you very slim?**
3	너는 매우 돈이 많았어?	**Were you very rich?**
4	너는 매우 가난했어/불쌍했어?	**Were you very poor?**
5	너는 매우 약했어?	**Were you very weak?**
6	너는 매우 강했어?	**Were you very strong?**
7	너는 매우 키가 컸어?	**Were you very tall?**
8	너는 매우 키가 작았어?	**Were you very short?**
9	너는 매우 조용했어?	**Were you very quiet?**
10	너는 매우 시끄러웠어?	**Were you very noisy?**
11	너는 진짜 혼자/미혼이었어?	**Were you really single?**
12	너는 진짜 결혼했었어?	**Were you really married?**
13	너는 진짜 병났었어?	**Were you really ill?**
14	너는 진짜 건강했었어?	**Were you really healthy?**
15	너는 진짜 똑같았어?	**Were you really same?**
16	너는 뚱뚱한 여왕이었어?	**Were you a fat queen?**
17	너는 늙은 왕이었어?	**Were you an old king?**
18	너는 똑똑한 왕자였어?	**Were you a clever prince?**
19	너는 날씬한 공주였어?	**Were you a slim princess?**
20	너는 시끄러운 이웃이었어?	**Were you a noisy neighbor?**
21	너는 강한 군인이었어?	**Were you a strong soldier?**
22	너는 슬픈 음악인이었어?	**Were you a sad musician?**
23	너는 조용한 과학자였어?	**Were you a quiet scientist?**
24	너는 깨끗한 비서였어?	**Were you a clean secretary?**
25	너는 같은 회원이었어?	**Were you a same member?**
26	너는 훌륭한 사진 기사였어?	**Were you a great photographer?**
27	너는 바보 같은 코미디언이었어?	**Were you a stupid comedian?**
28	너는 웃기는 춤꾼이었어?	**Were you a funny dancer?**
29	너는 국제적인 교수였어?	**Were you an international professor?**
30	너는 정상적인 인간이었어?	**Were you a normal human being?**

1	너는 뭐였어?	What were you?
2	너는 무엇을 할 수 있었어?	What were you able to?
3	너는 막 무엇을 하려 했었어?	What were you about to?
4	너는 무엇을 두려워했어?	What were you afraid of?
5	너는 무엇으로 유명했어?	What were you famous for?
1	너는 어디에 있었어?	Where were you?
2	너는 어디에 가고 있었어?	Where were you going?
3	너는 어디서 그에게 전화하고 있었어?	Where were you calling him?
4	너는 어디서 얼굴을 씻고 있었어?	Where were you washing face?
5	너는 어디서 콜라를 마시고 있었어?	Where were you drinking a coke?
1	너는 누구였어?	Who were you?
2	너는 누구와 달랐어?	Who were you different from?
3	너는 누구와 비슷했어?	Who were you similar to?
4	너는 누구에게 관심이 있었어?	Who were you interested in?
5	너는 누구에게 실망했었어?	Who were you disappointed with?
1	너는 왜 조심했었어?	Why were you careful?
2	너는 왜 흥분됐었어?	Why were you excited?
3	너는 왜 미안했었어?	Why were you sorry?
4	너는 왜 만족했었어?	Why were you satisfied?
5	너는 왜 놀랐었어?	Why were you surprised?
1	너는 언제 익숙했었어?	When were you accustomed?
2	너는 언제 가능했었어?	When were you available?
3	너는 언제 할 수 있었어?	When were you able?
4	너는 언제 바빴어?	When were you busy?
5	너는 언제 준비됐었어?	When were you ready?
1	너는 얼마나 잘했어?	How good were you?
2	너는 얼마나 아팠었어?	How sick were you?
3	너는 얼마나 늦었었어?	How late were you?
4	너는 얼마나 유명했어?	How famous were you?
5	너는 얼마나 불쌍했어?	How poor were you?

STEP 3.
그와 그녀의 지금

1	그녀는 배고파.	She's hungry.
2	그녀는 배불러.	She's full.
3	그녀는 목말라.	She's thirsty.
4	그녀는 아파.	She's sick.
5	그녀는 졸려.	She's sleepy.
6	그는 추워.	He's cold.
7	그는 시원해.	He's cool.
8	그는 따뜻해.	He's warm.
9	그는 더워.	He's hot.
10	그는 피곤해.	He's tired.
11	그는 좋아/착해.	He's good.
12	그는 나빠.	He's bad.
13	그는 슬퍼.	He's sad.
14	그는 화나.	He's angry.
15	그는 행복해.	He's happy.
16	그녀는 안 배고파.	She's not hungry.
17	그녀는 안 배불러.	She's not full.
18	그녀는 안 목말라.	She's not thirsty.
19	그녀는 안 아파.	She's not sick.
20	그녀는 안 졸려.	She's not sleepy.
21	그는 안 추워.	He's not cold.
22	그는 안 시원해.	He's not cool.
23	그는 안 따뜻해.	He's not warm.
24	그는 안 더워.	He's not hot.
25	그는 안 피곤해.	He's not tired.
26	그는 안 좋아/착해.	He's not good.
27	그는 안 나빠.	He's not bad.
28	그는 안 슬퍼.	He's not sad.
29	그는 안 화나.	He's not angry.
30	그는 안 행복해.	He's not happy.

188

1	그는 바쁜 기술자야.	He's a busy engineer.
2	그는 부지런한 간호사야.	He's a diligent nurse.
3	그는 비슷한 직원이야.	He's a similar staff.
4	그는 젊은/어린 사장이야.	He's a young boss.
5	그는 피곤한 회사원이야.	He's a tired worker.
6	그녀는 무서운 경찰이야.	She's a scary police.
7	그녀는 엄격한 경비원이야.	She's a strict guard.
8	그녀는 유명한 가수야.	She's a famous singer.
9	그녀는 인기 있는 연예인이야.	She's a popular celebrity.
10	그녀는 매력적인 주장이야.	She's a charming captain.
11	그녀는 진지한 영화배우야.	She's a serious movie star.
12	그녀는 약한 아이야.	She's a weak kid.
13	그녀는 예쁜 어린이야.	She's a pretty child.
14	그녀는 귀여운 아기야.	She's a cute baby.
15	그녀는 침착한 어른이야.	She's a calm adult.
16	그는 바쁜 기술자가 아니야.	He's not a busy engineer.
17	그는 부지런한 간호사가 아니야.	He's not a diligent nurse.
18	그는 비슷한 직원이 아니야.	He's not a similar staff.
19	그는 젊은/어린 사장이 아니야.	He's not a young boss.
20	그는 피곤한 회사원이 아니야.	He's not a tired worker.
21	그녀는 무서운 경찰이 아니야.	She's not a scary police.
22	그녀는 엄격한 경비원이 아니야.	She's not a strict guard.
23	그녀는 유명한 가수가 아니야.	She's not a famous singer.
24	그녀는 인기 있는 연예인이 아니야.	She's not a popular celebrity.
25	그녀는 매력적인 주장이 아니야.	She's not a charming captain.
26	그녀는 진지한 영화배우가 아니야.	She's not a serious movie star.
27	그녀는 약한 아이가 아니야.	She's not a weak kid.
28	그녀는 예쁜 어린이가 아니야.	She's not a pretty child.
29	그녀는 귀여운 아기가 아니야.	She's not a cute baby.
30	그녀는 침착한 어른이 아니야.	She's not a calm adult.

1	그녀는 계단 아래에 있어.	She's under the stairs.
2	그녀는 그 장소 아래에 있어.	She's under the place.
3	그녀는 구름 아래에 있어.	She's under the cloud.
4	그녀는 하늘 아래에 있어.	She's under the sky.
5	그녀는 창문 아래에 있어.	She's under the window.
6	그녀는 커튼 아래에 있어.	She's under the curtain.
7	그녀는 산 아래에 있어.	She's under the mountain.
8	그녀는 물 아래에 있어.	She's under the water.
9	그녀는 침대 아래에 있어.	She's under the bed.
10	그녀는 그 사람의 아래에 있어.	She's under him.
11	그는 교회 앞에 있어.	He's in front of the church.
12	그는 은행 앞에 있어.	He's in front of the bank.
13	그는 도서관 앞에 있어.	He's in front of the library.
14	그는 아파트 앞에 있어.	He's in front of the apartment.
15	그는 문 앞에 있어.	He's in front of the door.
16	그녀는 계단 아래에 있지 않아.	She's not under the stairs.
17	그녀는 그 장소 아래에 있지 않아.	She's not under the place.
18	그녀는 구름 아래에 있지 않아.	She's not under the cloud.
19	그녀는 하늘 아래에 있지 않아.	She's not under the sky.
20	그녀는 창문 아래에 있지 않아.	She's not under the window.
21	그녀는 커튼 아래에 있지 않아.	She's not under the curtain.
22	그녀는 산 아래에 있지 않아.	She's not under the mountain.
23	그녀는 물 아래에 있지 않아.	She's not under the water.
24	그녀는 침대 아래에 있지 않아.	She's not under the bed.
25	그녀는 그 사람의 아래에 있지 않아.	She's not under him.
26	그는 교회 앞에 있지 않아.	He's not in front of the church.
27	그는 은행 앞에 있지 않아.	He's not in front of the bank.
28	그는 도서관 앞에 있지 않아.	He's not in front of the library.
29	그는 아파트 앞에 있지 않아.	He's not in front of the apartment.
30	그는 문 앞에 있지 않아.	He's not in front of the door.

190

※ He/She 다음에 오는 동사에는 e/es가 붙어요.

1	그는 그것을 많이 기억한다.	He remembers it a lot.
2	그는 그 사실을 많이 잊는다.	He forgets the fact a lot.
3	그는 엄마에게 많이 묻는다.	He asks mom a lot.
4	그는 그 질문에 많이 대답한다.	He answers the question a lot.
5	그는 그 문제에 대해 많이 생각한다.	He thinks about the matter a lot.
6	그녀는 그 이유를 매우 많이 안다.	She knows the reason so much.
7	그녀는 너를 매우 많이 믿는다.	She believes in you so much.
8	그녀는 물이 매우 많이 필요하다.	She needs water so much.
9	그녀는 이것을 매우 많이 좋아한다.	She likes this so much.
10	그녀는 기분이 매우 많이 좋다.	She feels good so much.
11	그는 에릭을 매우 많이 본다(만난다).	He sees Eric very much.
12	그는 TV를 매우 많이 본다.	He watches TV very much.
13	그는 음악을 매우 많이 듣는다.	He listens to a music very much.
14	그는 네 말을 매우 많이 듣는다.	He hears you very much.
15	그는 한국어로 매우 많이 말한다.	He speaks in Korean very much.
16	그녀는 그것을 많이 기억하는 것은 아니다.	She doesn't remember it a lot.
17	그녀는 그 사실을 많이 잊는 것은 아니다.	She doesn't forget the fact a lot.
18	그녀는 엄마에게 많이 묻는 것은 아니다.	She doesn't ask mom a lot.
19	그녀는 그 질문에 많이 대답하는 것은 아니다.	She doesn't answer the question a lot.
20	그녀는 그 문제에 대해 많이 생각하는 것은 아니다.	She doesn't think about the matter a lot.
21	그는 그 이유를 매우 많이 아는 것은 아니다.	He doesn't know the reason so much.
22	그는 너를 매우 많이 믿는 것은 아니다.	He doesn't believe in you so much.
23	그는 물이 매우 많이 필요한 것은 아니다.	He doesn't need water so much.
24	그는 이것을 매우 많이 좋아하는 것은 아니다.	He doesn't like this so much.
25	그는 기분이 매우 많이 좋은 것은 아니다.	He doesn't feel good so much.
26	그녀는 에릭을 매우 많이 보는 것은 아니다.	She doesn't see Eric very much.
27	그녀는 TV를 매우 많이 보는 것은 아니다.	She doesn't watch TV very much.
28	그녀는 음악을 매우 많이 듣는 것은 아니다.	She doesn't listen to a music very much.
29	그녀는 네 말을 매우 많이 듣는 것은 아니다.	She doesn't hear you very much.
30	그녀는 한국어로 매우 많이 말하는 것은 아니다.	She doesn't speak in Korean very much.

1	그녀는 그것을 기억해야 한다.	She should remember it.
2	그녀는 그 사실을 잊어야 한다.	She should forget the fact.
3	그녀는 엄마에게 물어야 한다.	She should ask mom.
4	그녀는 그 질문에 대답해야 한다.	She should answer the question.
5	그녀는 그 문제에 대해 생각해야 한다.	She should think about the matter.
6	그녀는 그 이유를 알아야 한다.	She should know the reason.
7	그녀는 너를 믿어야 한다.	She should believe in you.
8	그녀는 날짜를 결정해야 한다.	She should decide the date.
9	그녀는 식당을 선택할 수 있다.	She can choose a restaurant.
10	그녀는 할인을 원할 수 있다.	She can want a discount.
11	그녀는 물이 필요할 수 있다.	She can need water.
12	그녀는 이것을 좋아할 수 있다.	She can like this.
13	그녀는 너에게 약속할 수 있다.	She can promise you.
14	그녀는 기분이 좋을 수 있다.	She can feel good.
15	그녀는 일자리를 구할 수 있다.	She can look for a job.
16	그녀는 에릭을 볼 수/만날 수 있다.	She can see Eric.
17	그는 TV를 볼 것이다.	He will watch TV.
18	그는 음악을 들을 것이다.	He will listen to a music.
19	그는 네 말을 들을 것이다.	He will hear you.
20	그는 한국어로 말할 것이다.	He will speak in Korean.
21	그는 그녀에게 거짓말을 할 것이다.	He will tell her a lie.
22	그는 그 이야기에 대해 말할 것이다.	He will talk about the story.
23	그는 '안녕'이라고 말할 것이다.	He will say 'hello'.
24	그는 음식 냄새를 맡을 것이다.	He will smell food.
25	그는 큰 소리로 웃어도 된다.	He may laugh out loud.
26	그는 많이 울어도 된다.	He may cry much.
27	그는 영어를 공부해도 된다.	He may study English.
28	그는 책을 읽어도 된다.	He may read a book.
29	그는 보고서를 써도 된다.	He may write a report.
30	그는 중국어를 가르쳐도 된다.	He may teach Chinese.

1	그녀는 그것을 기억하면 안 된다.	She shouldn't remember it.
2	그녀는 그 사실을 잊으면 안 된다.	She shouldn't forget the fact.
3	그녀는 엄마에게 물으면 안 된다.	She shouldn't ask mom.
4	그녀는 그 질문에 대답하면 안 된다.	She shouldn't answer the question.
5	그녀는 그 문제에 대해 생각하면 안 된다.	She shouldn't think about the matter.
6	그녀는 그 이유를 알면 안 된다.	She shouldn't know the reason.
7	그녀는 너를 믿으면 안 된다.	She shouldn't believe in you.
8	그녀는 날짜를 결정하면 안 된다.	She shouldn't decide the date.
9	그녀는 식당을 선택할 수 없다.	She can't choose a restaurant.
10	그녀는 할인을 원할 수 없다.	She can't want a discount.
11	그녀는 물이 필요할 수 없다.	She can't need water.
12	그녀는 이것을 좋아할 수 없다.	She can't like this.
13	그녀는 너에게 약속할 수 없다.	She can't promise you.
14	그녀는 기분이 좋을 수 없다.	She can't feel good.
15	그녀는 일자리를 구할 수 없다.	She can't look for a job.
16	그녀는 에릭을 볼 수/만날 수 없다.	She can't see Eric.
17	그는 TV를 안 볼 것이다.	He will not watch TV.
18	그는 음악을 안 들을 것이다.	He will not listen to a music.
19	그는 네 말을 안 들을 것이다.	He will not hear you.
20	그는 한국어로 안 말할 것이다.	He will not speak in Korean.
21	그는 그녀에게 거짓말을 안 할 것이다.	He will not tell her a lie.
22	그는 그 이야기에 대해 안 말할 것이다.	He will not talk about the story.
23	그는 '안녕'이라고 안 말할 것이다.	He will not say 'hello'.
24	그는 음식 냄새를 안 맡을 것이다.	He will not smell food.

1	그녀는 너무 배고파?	Is she so hungry?
2	그녀는 너무 배불러?	Is she so full?
3	그녀는 너무 목말라?	Is she so thirsty?
4	그녀는 너무 아파?	Is she so sick?
5	그녀는 너무 졸려?	Is she so sleepy?
6	그녀는 너무 추워?	Is she so cold?
7	그녀는 너무 시원해?	Is she so cool?
8	그녀는 너무 따뜻해?	Is she so warm?
9	그녀는 너무 더워?	Is she so hot?
10	그녀는 너무 피곤해?	Is she so tired?
11	그녀는 너무 좋아/착해?	Is she so good?
12	그녀는 너무 나빠?	Is she so bad?
13	그녀는 너무 슬퍼?	Is she so sad?
14	그녀는 너무 화나?	Is she so angry?
15	그녀는 너무 행복해?	Is she so happy?
16	그녀는 너무 무서워?	Is she so scared?
17	그녀는 너무 놀랐어?	Is she so surprised?
18	그녀는 너무 아름다워?	Is she so beautiful?
19	그녀는 너무 잘생겼어?	Is she so handsome?
20	그녀는 너무 바빠?	Is she so busy?
21	그는 매우 더러워?	Is he very dirty?
22	그는 매우 깨끗해?	Is he very clean?
23	그는 매우 늙었어?	Is he very old?
24	그는 매우 젊어/어려?	Is he very young?
25	그는 매우 못생겼어?	Is he very ugly?
26	그는 매우 예뻐?	Is he very pretty?
27	그는 매우 준비됐어?	Is he very ready?
28	그는 매우 바보야?	Is he very stupid?
29	그는 매우 똑똑해?	Is he very smart?
30	그는 매우 헷갈려?	Is he very confused?

194

1	그녀는 집 안에 있어?	Is she in the house?
2	그녀는 욕실 안에 있어?	Is she in the bathroom?
3	그녀는 주방 안에 있어?	Is she in the kitchen?
4	그녀는 거실 안에 있어?	Is she in the livingroom?
5	그녀는 침실 안에 있어?	Is she in the bedroom?
6	그녀는 방 안에 있어?	Is she in the room?
7	그녀는 지하철 안에 있어?	Is she in the subway?
8	그녀는 학교 안에 있어?	Is she in the school?
9	그녀는 사무실 안에 있어?	Is she in the office?
10	그녀는 비행기 안에 있어?	Is she in the airplane?
11	그녀는 매장 밖에 있어?	Is she out of the shop?
12	그녀는 가게 밖에 있어?	Is she out of the store?
13	그녀는 도시 밖에 있어?	Is she out of the city?
14	그녀는 공항 밖에 있어?	Is she out of the airport?
15	그녀는 주유소 밖에 있어?	Is she out of the oil-station?
16	그는 시장 밖에 있어?	Is he out of the market?
17	그는 교실 밖에 있어?	Is he out of the classroom?
18	그는 공원 밖에 있어?	Is he out of the park?
19	그는 슈퍼마켓 밖에 있어?	Is he out of the supermarket?
20	그는 식당 밖에 있어?	Is he out of the restaurant?
21	그는 거리 위에 있어?	Is he on the street?
22	그는 길 위에 있어?	Is he on the road?
23	그는 땅 위에 있어?	Is he on the ground?
24	그는 배 위에 있어?	Is he on the ship?
25	그는 보트 위에 있어?	Is he on the boat?
26	그는 다리 위에 있어?	Is he on the bridge?
27	그는 지붕 위에 있어?	Is he on the roof?
28	그는 강 위에 있어?	Is he on the river?
29	그는 침대 위에 있어?	Is he on the bed?
30	그는 길 위야(가는 중이야)?	Is he on the way?

※ do는 he/she와 어울릴 때 does가 되어요.

1	그녀는 그것을 기억해?	Does she remember it?
2	그녀는 그 사실을 잊어?	Does she forget the fact?
3	그녀는 엄마에게 물어?	Does she ask mom?
4	그녀는 그 질문에 대답해?	Does she answer the question?
5	그녀는 그 문제에 대해 생각해?	Does she think about the matter?
6	그녀는 그 이유를 알아?	Does she know the reason?
7	그녀는 너를 믿어?	Does she believe in you?
8	그녀는 날짜를 결정해?	Does she decide the date?
9	그녀는 식당을 선택해?	Does she choose a restaurant?
10	그녀는 할인을 원해?	Does she want a discount?
11	그녀는 물이 필요해?	Does she need water?
12	그녀는 이것을 좋아해?	Does she like this?
13	그녀는 너에게 약속해?	Does she promise you?
14	그녀는 기분이 좋아?	Does she feel good?
15	그녀는 일자리를 구해?	Does she look for a job?
16	그는 에릭을 봐?	Does he see Eric?
17	그는 TV를 봐?	Does he watch TV?
18	그는 음악을 들어?	Does he listen to a music?
19	그는 네 말을 들어?	Does he hear you?
20	그는 한국어로 말해?	Does he speak in Korean?
21	그는 그녀에게 거짓말을 해?	Does he tell her a lie?
22	그는 그 이야기에 대해 말해?	Does he talk about the story?
23	그는 '안녕'이라고 말해?	Does he say 'hello'?
24	그는 음식 냄새를 맡아?	Does he smell food?
25	그는 큰 소리로 웃어?	Does he laugh out loud?
26	그는 많이 울어?	Does he cry much?
27	그는 영어를 공부해?	Does he study English?
28	그는 책을 읽어?	Does he read a book?
29	그는 보고서를 써?	Does he write a report?
30	그는 중국어를 가르쳐?	Does he teach Chinese?

196

1	그녀는 그것을 기억해야 해?	Should she remember it?
2	그녀는 그 사실을 잊어야 해?	Should she forget the fact?
3	그녀는 엄마에게 물어야 해?	Should she ask mom?
4	그녀는 그 질문에 대답해야 해?	Should she answer the question?
5	그녀는 그 문제에 대해 생각해야 해?	Should she think about the matter?
6	그녀는 그 이유를 알아야 해?	Should she know the reason?
7	그녀는 너를 믿어야 해?	Should she believe in you?
8	그녀는 날짜를 결정해야 해?	Should she decide the date?
9	그녀는 식당을 선택할 수 있어?	Can she choose a restaurant?
10	그녀는 할인을 원할 수 있어?	Can she want a discount?
11	그녀는 물이 필요할 수 있어?	Can she need water?
12	그녀는 이것을 좋아할 수 있어?	Can she like this?
13	그녀는 너에게 약속할 수 있어?	Can she promise you?
14	그녀는 기분이 좋을 수 있어?	Can she feel good?
15	그녀는 일자리를 구할 수 있어?	Can she look for a job?
16	그녀는 에릭을 볼 수/만날 수 있어?	Can she see Eric?
17	그는 TV를 볼까?	Will he watch TV?
18	그는 음악을 들을까?	Will he listen to a music?
19	그는 네 말을 들을까?	Will he hear you?
20	그는 한국어로 말할까?	Will he speak in Korean?
21	그는 그에게 거짓말을 할까?	Will he tell him a lie?
22	그는 그 이야기에 대해 말할까?	Will he talk about the story?
23	그는 '안녕'이라고 말할까?	Will he say 'hello'?
24	그는 음식 냄새를 맡을까?	Will he smell food?
25	그는 큰 소리로 웃어도 될까?	May he laugh out loud?
26	그는 많이 울어도 될까?	May he cry much?
27	그는 영어를 공부해도 될까?	May he study English?
28	그는 책을 읽어도 될까?	May he read a book?
29	그는 보고서를 써도 될까?	May he write a report?
30	그는 중국어를 가르쳐도 될까?	May he teach Chinese?

1	그녀는 무엇을 해?	What does she do?
2	그녀는 무엇을 가지고 있어?	What does she have?
3	그녀는 무엇을 원해?	What does she want?
4	그녀는 무엇이 필요해?	What does she need?
5	그녀는 무엇을 좋아해?	What does she like?
1	그는 어디에서 해?	Where does he do?
2	그는 어디에서 가방을 사?	Where does he buy a bag?
3	그는 어디에 컵을 내려놔?	Where does he put down a cup?
4	그는 어디에서 일을 시작해?	Where does he start work?
5	그는 어디에서 돈을 바꿔?	Where does he change money?
1	그녀는 누구를 기다려?	Who does she wait for?
2	그녀는 누구한테 물어봐?	Who does she ask?
3	그녀는 누구를 찾아?	Who does she look for?
4	그녀는 누구한테 전화해?	Who does she call?
5	그녀는 누구를 만나?	Who does she meet?
1	그는 왜 해?	Why does he do?
2	그는 왜 너한테 약속해?	Why does he promise you?
3	그는 왜 너를 믿어?	Why does he believe in you?
4	그는 왜 학교에 가?	Why does he go to school?
5	그는 왜 사무실에 와?	Why does he come to the office?
1	그녀는 언제 해?	When does she do?
2	그녀는 언제 너에게 지불해?	When does she pay you?
3	그녀는 언제 '안녕'이라고 말해?	When does she say 'hello'?
4	그녀는 언제 아침을 먹어?	When does she eat breakfast?
5	그녀는 언제 잘 자?	When does she sleep well?
1	그는 어떻게 해?	How does he do?
2	그는 어떻게 게임을 해?	How does he play a game?
3	그는 어떻게 한국어로 말해?	How does he speak in Korean?
4	그는 어떻게 느껴?	How does he feel?
5	그는 어떻게 불을 켜?	How does he turn on the light?

STEP 4.
그와 그녀의 과거

1	그녀는 더러운 도둑이었어.	She was a dirty thief.
2	그녀는 버릇없는 강도였어.	She was a rude robber.
3	그녀는 못생긴 모델이었어.	She was an ugly model.
4	그녀는 우수한 선수였어.	She was an excellent player.
5	그녀는 예의바른 의사였어.	She was a polite doctor.
6	그는 화난 아빠/아버지였어.	He was an angry dad/father.
7	그녀는 따뜻한 엄마/어머니였어.	She was a warm mom/mother.
8	그는 다른 남동생/형이었어.	He was a different brother.
9	그녀는 결혼한 여동생/누나였어.	She was a married sister.
10	그녀는 건강한 할머니였어.	She was a healthy grandma(grandmother).
11	그는 아픈 할아버지였어.	He was a sick grandpa(grandfather).
12	그녀는 키 큰 친척이었어.	She was a tall relative.
13	그녀는 키가 작은 사촌이었어.	She was a short cousin.
14	그는 게으른 아들이었어.	He was a lazy son.
15	그녀는 재미있는 딸이었어.	She was an interesting daughter.
16	그는 더러운 도둑이 아니었어.	He was not a dirty thief.
17	그는 버릇없는 강도가 아니었어.	He was not a rude robber.
18	그는 못생긴 모델이 아니었어.	He was not an ugly model.
19	그는 우수한 선수가 아니었어.	He was not an excellent player.
20	그는 예의바른 의사가 아니었어.	He was not a polite doctor.
21	그는 화난 아빠/아버지가 아니었어.	He was not an angry dad/father.
22	그녀는 따뜻한 엄마/어머니가 아니었어.	She was not a warm mom/mother.
23	그는 다른 남동생/형이 아니었어.	He was not a different brother.
24	그녀는 결혼한 여동생/누나가 아니었어.	She was not a married sister.
25	그녀는 건강한 할머니가 아니었어.	She was not a healthy grandma(grandmother).
26	그는 아픈 할아버지가 아니었어.	He was not a sick grandpa(grandfather).
27	그는 키 큰 친척이 아니었어.	He was not a tall relative.
28	그는 키가 작은 사촌이 아니었어.	He was not a short cousin.
29	그는 게으른 아들이 아니었어.	He was not a lazy son.
30	그녀는 재미있는 딸이 아니었어.	She was not an interesting daughter.

1	그녀는 정원 앞에 있었어.	She was in front of the garden.
2	그녀는 병원 앞에 있었어.	She was in front of the hospital.
3	그녀는 건물 앞에 있었어.	She was in front of the building.
4	그녀는 회사 앞에 있었어.	She was in front of the company.
5	그녀는 영화관 앞에 있었어.	She was in front of the theater.
6	그는 문 뒤에 있었어.	He was behind the gate.
7	그는 초등학교 뒤에 있었어.	He was behind the elementary school.
8	그는 세탁소 뒤에 있었어.	He was behind the laundry.
9	그는 서점 뒤에 있었어.	He was behind the bookstore.
10	그는 벽 뒤에 있었어.	He was behind the wall.
11	그는 미용실 뒤에 있었어.	He was behind the beauty shop.
12	그는 섬 뒤에 있었어.	He was behind the island.
13	그는 마을 뒤에 있었어.	He was behind the village.
14	그는 시내 뒤에 있었어.	He was behind the downtown.
15	그는 주차장 뒤에 있었어.	He was behind the parking lot.
16	그녀는 정원 앞에 있지 않았어.	She was not in front of the garden.
17	그녀는 병원 앞에 있지 않았어.	She was not in front of the hospital.
18	그녀는 건물 앞에 있지 않았어.	She was not in front of the building.
19	그녀는 회사 앞에 있지 않았어.	She was not in front of the company.
20	그녀는 영화관 앞에 있지 않았어.	She was not in front of the theater.
21	그는 문 뒤에 있지 않았어.	He was not behind the gate.
22	그는 초등학교 뒤에 있지 않았어.	He was not behind the elementary school.
23	그는 세탁소 뒤에 있지 않았어.	He was not behind the laundry.
24	그는 서점 뒤에 있지 않았어.	He was not behind the bookstore.
25	그는 벽 뒤에 있지 않았어.	He was not behind the wall.
26	그는 미용실 뒤에 있지 않았어.	He was not behind the beauty shop.
27	그는 섬 뒤에 있지 않았어.	He was not behind the island.
28	그는 마을 뒤에 있지 않았어.	He was not behind the village.
29	그는 시내 뒤에 있지 않았어.	He was not behind the downtown.
30	그는 주차장 뒤에 있지 않았어.	He was not behind the parking lot.

1	그녀는 그에게 거짓말을 진짜로 했다.	She really told him a lie.
2	그녀는 그 이야기에 대해 진짜로 말했다.	She really talked about the story.
3	그녀는 '안녕'이라고 진짜로 말했다.	She really said 'hello'.
4	그녀는 음식 냄새를 진짜로 맡았다.	She really smelled food.
5	그녀는 진짜로 큰 소리로 웃었다.	She really laughed out loud.
6	그는 그의 가족과 서울에 살았다.	He lived in Seoul with his family.
7	그는 그의 친구와 게임을 했다.	He played a game with his friend.
8	그는 그의 엄마와 아침을 먹었다.	He ate breakfast with his mom.
9	그는 그의 동료와 은행에서 일했다.	He worked in a bank with his co-workers.
10	그는 그의 형과 옷을 치웠다.	He removed clothes with his brother.
11	그녀는 진짜로 그에게 거짓말을 안 했다.	She really didn't tell him a lie.
12	그녀는 진짜로 그 이야기에 대해 말 안 했다.	She really didn't talk about the story.
13	그녀는 진짜로 '안녕'이라고 말 안 했다.	She really didn't say 'hello'.
14	그녀는 진짜로 음식 냄새를 안 맡았다.	She really didn't smell food.
15	그녀는 진짜로 큰 소리로 안 웃었다.	She really didn't laugh out loud.
16	그는 그의 가족과 서울에 안 살았다.	He didn't live in Seoul with his family.
17	그는 그의 친구와 게임을 안 했다.	He didn't play a game with his friend.
18	그는 그의 엄마와 아침을 안 먹었다.	He didn't eat breakfast with his mom.
19	그는 그의 동료와 은행에서 일 안 했다.	He didn't work in a bank with his co-workers.
20	그는 그의 형과 옷을 안 치웠다.	He didn't remove clothes with his brother.

1	그녀는 매우 뚱뚱했어?	Was she very fat?
2	그녀는 매우 날씬했어?	Was she very slim?
3	그녀는 매우 돈이 많았어?	Was she very rich?
4	그녀는 매우 가난했어/불쌍했어?	Was she very poor?
5	그녀는 매우 약했어?	Was she very weak?
6	그녀는 매우 강했어?	Was she very strong?
7	그녀는 매우 키가 컸어?	Was she very tall?
8	그녀는 매우 키가 작았어?	Was she very short?
9	그녀는 매우 조용했어?	Was she very quiet?
10	그녀는 매우 시끄러웠어?	Was she very noisy?
11	그녀는 진짜 혼자/미혼이었어?	Was she really single?
12	그녀는 진짜 결혼했었어?	Was she really married?
13	그녀는 진짜 병났었어?	Was she really ill?
14	그녀는 진짜 건강했어?	Was she really healthy?
15	그녀는 진짜 똑같았어?	Was she really same?
16	그는 진짜 달랐어?	Was he really different?
17	그는 진짜 정상이었어?	Was he really normal?
18	그는 진짜 특별했어?	Was he really special?
19	그는 진짜 부지런했어?	Was he really diligent?
20	그는 진짜 게을렀어?	Was he really lazy?
21	그는 진짜 인기가 많았어?	Was he really popular?
22	그는 진짜 유명했어?	Was he really famous?
23	그는 진짜 예의가 발랐어?	Was he really polite?
24	그는 진짜 예의가 없었어?	Was he really rude?
25	그는 진짜 중요했어?	Was he really important?
26	그는 진짜 정직했어?	Was he really honest?
27	그는 진짜 친절했어?	Was he really kind?
28	그는 진짜 운이 좋았어?	Was he really lucky?
29	그는 진짜 훌륭했어?	Was he really great?
30	그는 진짜 좋았어/괜찮았어?	Was he really fine?

1	그녀는 집에 있었어?		Was she at home?
2	그녀는 탁자에 있었어?		Was she at the table?
3	그녀는 책상에 있었어?		Was she at the desk?
4	그녀는 버스정류장에 있었어?		Was she at the bus stop?
5	그녀는 학원에 있었어?		Was she at the academy?
6	그녀는 연구소에 있었어?		Was she at the institute?
7	그녀는 역에 있었어?		Was she at the station?
8	그녀는 파티에 있었어?		Was she at the party?
9	그녀는 구석에 있었어?		Was she at the corner?
10	그녀는 뒤에 있었어?		Was she at the back?
11	그녀는 영화관 주위에 있었어?		Was she around the cinema?
12	그녀는 화장실 주위에 있었어?		Was she around the toilet?
13	그녀는 쇼핑몰 주위에 있었어?		Was she around the shopping-mall?
14	그녀는 화장실 주위에 있었어?		Was she around the restroom?
15	그녀는 광장 주위에 있었어?		Was she around the square?
16	그는 공장 주위에 있었어?		Was he around the factory?
17	그는 휴지통 주위에 있었어?		Was he around the waste?
18	그는 호수 주위에 있었어?		Was he around the lake?
19	그는 해변 주위에 있었어?		Was he around the beach?
20	그는 백화점 주위에 있었어?		Was he around the department-store?
21	그는 미술관 옆에 있었어?		Was he beside the gallery?
22	그는 운동장 옆에 있었어?		Was he beside the playground?
23	그는 약국 옆에 있었어?		Was he beside the drugstore?
24	그는 바다 옆에 있었어?		Was he beside the sea?
25	그는 강 옆에 있었어?		Was he beside the river?
26	그는 대학교 옆에 있었어?		Was he beside the university?
27	그는 유치원 옆에 있었어?		Was he beside the kindergarten?
28	그는 중학교 옆에 있었어?		Was he beside the middle school?
29	그는 고등학교 옆에 있었어?		Was he beside the high school?
30	그는 박물관 옆에 있었어?		Was he beside the museum?

STEP 5.
우리의 지금

1	우리는 무서워.	We're scared.
2	우리는 놀랐어.	We're surprised.
3	우리는 아름다워.	We're beautiful.
4	우리는 잘생겼어.	We're handsome.
5	우리는 바빠.	We're busy.
6	우리는 더러워.	We're dirty.
7	우리는 깨끗해.	We're clean.
8	우리는 늙었어.	We're old.
9	우리는 젊어/어려.	We're young.
10	우리는 못생겼어.	We're ugly.
11	우리는 예뻐.	We're pretty.
12	우리는 준비됐어.	We're ready.
13	우리는 바보야.	We're stupid.
14	우리는 똑똑해.	We're smart.
15	우리는 헷갈려.	We're confused.
16	우리는 안 무서워.	We're not scared.
17	우리는 안 놀랐어.	We're not surprised.
18	우리는 안 아름다워.	We're not beautiful.
19	우리는 안 잘생겼어.	We're not handsome.
20	우리는 안 바빠.	We're not busy.
21	우리는 안 더러워.	We're not dirty.
22	우리는 안 깨끗해.	We're not clean.
23	우리는 안 늙었어.	We're not old.
24	우리는 안 젊어/안 어려.	We're not young.
25	우리는 안 못생겼어.	We're not ugly.
26	우리는 안 예뻐.	We're not pretty.
27	우리는 안 준비됐어.	We're not ready.
28	우리는 바보 아니야.	We're not stupid.
29	우리는 안 똑똑해.	We're not smart.
30	우리는 안 헷갈려.	We're not confused.

1	우리는 집에 있어.	We're at home.
2	우리는 탁자에 있어.	We're at the table.
3	우리는 책상에 있어.	We're at the desk.
4	우리는 버스정류장에 있어.	We're at the bus stop.
5	우리는 학원에 있어.	We're at the academy.
6	우리는 연구소에 있어.	We're at the institute.
7	우리는 역에 있어.	We're at the station.
8	우리는 파티에 있어.	We're at the party.
9	우리는 구석에 있어.	We're at the corner.
10	우리는 뒤에 있어.	We're at the back.
11	우리는 영화관 주위에 있어.	We're around the cinema.
12	우리는 화장실 주위에 있어.	We're around the toilet.
13	우리는 쇼핑몰 주위에 있어.	We're around the shopping-mall.
14	우리는 화장실 주위에 있어.	We're around the restroom.
15	우리는 광장 주위에 있어.	We're around the square.
16	우리는 집에 있지 않아.	We're not at home.
17	우리는 탁자에 있지 않아.	We're not at a table.
18	우리는 책상에 있지 않아.	We're not at a desk.
19	우리는 버스정류장에 있지 않아.	We're not at a bus stop.
20	우리는 학원에 있지 않아.	We're not at an academy.
21	우리는 연구소에 있지 않아.	We're not at an institute.
22	우리는 역에 있지 않아.	We're not at a station.
23	우리는 파티에 있지 않아.	We're not at a party.
24	우리는 구석에 있지 않아.	We're not at a corner.
25	우리는 뒤에 있지 않아.	We're not at the back.
26	우리는 영화관 주위에 있지 않아.	We're not around the cinema.
27	우리는 화장실 주위에 있지 않아.	We're not around the toilet.
28	우리는 쇼핑몰 주위에 있지 않아.	We're not around the shopping-mall.
29	우리는 화장실 주위에 있지 않아.	We're not around the restroom.
30	우리는 광장 주위에 있지 않아.	We're not around the square.

1	우리는 아침에 돈을 준다.		We give money in the morning.
2	우리는 아침에 이메일을 보낸다.		We send an email in the morning.
3	우리는 아침에 환불을 받는다.		We get a refund in the morning.
4	우리는 아침에 문을 당긴다.		We pull a door in the morning.
5	우리는 아침에 책상을 민다.		We push a desk in the morning.
6	우리는 오후에 가방을 산다.		We buy a bag in the afternoon.
7	우리는 오후에 표를 판다.		We sell a ticket in the afternoon.
8	우리는 오후에 컵을 내려놓는다.		We put down a cup in the afternoon.
9	우리는 오후에 사람들을 만난다.		We meet people in the afternoon.
10	우리는 오후에 일을 시작한다.		We start work in the afternoon.
11	우리는 저녁에 숙제를 끝낸다.		We finish homework in the evening.
12	우리는 저녁에 중국을 떠난다.		We leave China in the evening.
13	우리는 저녁에 홍콩에 도착한다.		We arrive in Hongkong in the evening.
14	우리는 저녁에 열쇠를 가져온다.		We bring a key in the evening.
15	우리는 저녁에 친구를 기다린다.		We wait for a friend in the evening.
16	우리는 아침에 돈을 안 준다.		We don't give money in the morning.
17	우리는 아침에 이메일을 안 보낸다.		We don't send an email in the morning.
18	우리는 아침에 환불을 안 받는다.		We don't get a refund in the morning.
19	우리는 아침에 문을 안 당긴다.		We don't pull a door in the morning.
20	우리는 아침에 책상을 안 민다.		We don't push a desk in the morning.
21	우리는 오후에 가방을 안 산다.		We don't buy a bag in the afternoon.
22	우리는 오후에 표를 안 판다.		We don't sell a ticket in the afternoon.
23	우리는 오후에 컵을 안 내려놓는다.		We don't put down a cup in the afternoon.
24	우리는 오후에 사람들을 안 만난다.		We don't meet people in the afternoon.
25	우리는 오후에 일을 안 시작한다.		We don't start work in the afternoon.
26	우리는 저녁에 숙제를 안 끝낸다.		We don't finish homework in the evening.
27	우리는 저녁에 중국을 안 떠난다.		We don't leave China in the evening.
28	우리는 저녁에 홍콩에 안 도착한다.		We don't arrive in Hongkong in the evening.
29	우리는 저녁에 열쇠를 안 가져온다.		We don't bring a key in the evening.
30	우리는 저녁에 친구를 안 기다린다.		We don't wait for a friend in the evening.

1	우리는 돈을 줘야 한다.	We should give money.
2	우리는 이메일을 보내야 한다.	We should send an email.
3	우리는 환불을 받아야 한다.	We should get a refund.
4	우리는 문을 당겨야 한다.	We should pull a door.
5	우리는 책상을 밀어야 한다.	We should push a desk.
6	우리는 가방을 사야 한다.	We should buy a bag.
7	우리는 표를 팔아야 한다.	We should sell a ticket.
8	우리는 컵을 내려놓아야 한다.	We should put down a cup.
9	우리는 사람들을 만날 수 있다.	We can meet people.
10	우리는 일을 시작할 수 있다.	We can start work.
11	우리는 숙제를 끝낼 수 있다.	We can finish homework.
12	우리는 서울에 살 수 있다.	We can live in Seoul.
13	우리는 중국을 떠날 수 있다.	We can leave China.
14	우리는 홍콩에 도착할 수 있다.	We can arrive in Hongkong.
15	우리는 열쇠를 가져올 수 있다.	We can bring a key.
16	우리는 딸을 가질 수 있다.	We can have a daughter.
17	우리는 아침을 먹을 것이다.	We will eat breakfast.
18	우리는 친구를 기다릴 것이다.	We will wait for a friend.
19	우리는 매장을 찾을 것이다.	We will find a shop.
20	우리는 돈을 바꿀 것이다.	We will change money.
21	우리는 라면을 요리할 것이다.	We will cook ramen.
22	우리는 너에게 지불할 것이다.	We will pay you.
23	우리는 옷을 치울 것이다.	We will remove clothes.
24	우리는 불을 켤 것이다.	We will turn on the light.
25	우리는 핸드폰을 꺼도 된다.	We may turn off cellphone.
26	우리는 그를 이해해도 된다.	We may understand him.
27	우리는 영수증을 받아도 된다.	We may take a receipt.
28	우리는 예약을 취소해도 된다.	We may cancel the booking.
29	우리는 샌드위치를 잘라도 된다.	We may cut the sandwich.
30	우리는 아시아를 여행해도 된다.	We may travel to Asia.

1	우리는 돈을 주면 안 된다.	We shouldn't give money.
2	우리는 이메일을 보내면 안 된다.	We shouldn't send an email.
3	우리는 환불을 받으면 안 된다.	We shouldn't get a refund.
4	우리는 문을 당기면 안 된다.	We shouldn't pull a door.
5	우리는 책상을 밀면 안 된다.	We shouldn't push a desk.
6	우리는 가방을 사면 안 된다.	We shouldn't buy a bag.
7	우리는 표를 팔면 안 된다.	We shouldn't sell a ticket.
8	우리는 컵을 내려놓으면 안 된다.	We shouldn't put down a cup.
9	우리는 사람들을 만날 수 없다.	We can't meet people.
10	우리는 일을 시작할 수 없다.	We can't start work.
11	우리는 숙제를 끝낼 수 없다.	We can't finish homework.
12	우리는 서울에 살 수 없다.	We can't live in Seoul.
13	우리는 중국을 떠날 수 없다.	We can't leave China.
14	우리는 홍콩에 도착할 수 없다.	We can't arrive in Hongkong.
15	우리는 열쇠를 가져올 수 없다.	We can't bring a key.
16	우리는 딸을 가질 수 없다.	We can't have a daughter.
17	우리는 아침을 안 먹을 것이다.	We will not eat breakfast.
18	우리는 친구를 안 기다릴 것이다.	We will not wait for a friend.
19	우리는 매장을 안 찾을 것이다.	We will not find a shop.
20	우리는 돈을 안 바꿀 것이다.	We will not change money.
21	우리는 라면을 안 요리할 것이다.	We will not cook ramen.
22	우리는 너에게 안 지불할 것이다.	We will not pay you.
23	우리는 옷을 안 치울 것이다.	We will not remove clothes.
24	우리는 불을 안 켤 것이다.	We will not turn on the light.

1	우리는 특별한 다연이들이야?	Are we special Dayun?
2	우리는 똑똑한 학생들이야?	Are we smart students?
3	우리는 지루한 선생님들이야?	Are we boring teachers?
4	우리는 잘생긴 소년들이야?	Are we handsome boys?
5	우리는 아름다운 소녀들이야?	Are we beautiful girls?
6	우리는 돈이 많은 남자들이야?	Are we rich men?
7	우리는 행복한 여자들이야?	Are we happy women?
8	우리는 좋은 친구들이야?	Are we good friends?
9	우리는 중요한 같은 반 친구들이야?	Are we important classmates?
10	우리는 나쁜 선배들이야?	Are we bad seniors?
11	우리는 불쌍한 후배들이야?	Are we poor juniors?
12	우리는 친절한 안내원들이야?	Are we kind guides?
13	우리는 정직한 판매원들이야?	Are we honest salesmen?
14	우리는 운이 좋은 손님들이야?	Are we lucky guests?
15	우리는 배고픈 여행자들이야?	Are we hungry tourists?
16	우리는 바쁜 기술자들이야?	Are we busy engineers?
17	우리는 부지런한 간호사들이야?	Are we diligent nurses?
18	우리는 비슷한 직원들이야?	Are we similar staffs?
19	우리는 젊은/어린 사장들이야?	Are we young bosses?
20	우리는 피곤한 회사원들이야?	Are we tired workers?
21	우리는 무서운 경찰들이야?	Are we scary police?
22	우리는 엄격한 경비원들이야?	Are we strict guards?
23	우리는 유명한 가수들이야?	Are we famous singers?
24	우리는 인기 있는 연예인들이야?	Are we popular celebrities?
25	우리는 매력적인 주장들이야?	Are we charming captains?
26	우리는 진지한 영화배우들이야?	Are we serious movie stars?
27	우리는 약한 아이들이야?	Are we weak kids?
28	우리는 예쁜 어린이들이야?	Are we pretty children?
29	우리는 귀여운 아기들이야?	Are we cute babies?
30	우리는 침착한 어른들이야?	Are we calm adults?

1	우리는 돈을 줘?	Do we give money?
2	우리는 이메일을 보내?	Do we send an email?
3	우리는 환불을 받아?	Do we get a refund?
4	우리는 문을 당겨?	Do we pull a door?
5	우리는 책상을 밀어?	Do we push a desk?
6	우리는 가방을 사?	Do we buy a bag?
7	우리는 표를 팔아?	Do we sell a ticket?
8	우리는 컵을 내려놓아?	Do we put down a cup?
9	우리는 사람들을 만나?	Do we meet people?
10	우리는 일을 시작해?	Do we start work?
11	우리는 숙제를 끝내?	Do we finish homework?
12	우리는 서울에 살아?	Do we live in Seoul?
13	우리는 중국을 떠나?	Do we leave China?
14	우리는 홍콩에 도착해?	Do we arrive in Hongkong?
15	우리는 열쇠를 가져와?	Do we bring a key?
16	우리는 딸이 있어?	Do we have a daughter?
17	우리는 아침을 먹어?	Do we eat breakfast?
18	우리는 친구를 기다려?	Do we wait for a friend?
19	우리는 매장을 찾아?	Do we find a shop?
20	우리는 돈을 바꿔?	Do we change money?
21	우리는 라면을 요리해?	Do we cook ramen?
22	우리는 너에게 지불해?	Do we pay you?
23	우리는 옷을 치워?	Do we remove clothes?
24	우리는 불을 켜?	Do we turn on the light?
25	우리는 핸드폰을 꺼?	Do we turn off cellphone?
26	우리는 그를 이해해?	Do we understand him?
27	우리는 영수증을 받아?	Do we take a receipt?
28	우리는 예약을 취소해?	Do we cancel the booking?
29	우리는 샌드위치를 잘라?	Do we cut the sandwich?
30	우리는 아시아를 여행해?	Do we travel to Asia?

1	우리는 돈을 줘야 해?	Should we give money?
2	우리는 이메일을 보내야 해?	Should we send an email?
3	우리는 환불을 받아야 해?	Should we get a refund?
4	우리는 문을 당겨야 해?	Should we pull a door?
5	우리는 책상을 밀어야 해?	Should we push a desk?
6	우리는 가방을 사야 해?	Should we buy a bag?
7	우리는 표를 팔아야 해?	Should we sell a ticket?
8	우리는 컵을 내려놓아야 해?	Should we put down a cup?
9	우리는 사람들을 만날 수 있을까?	Can we meet people?
10	우리는 일을 시작할 수 있을까?	Can we start work?
11	우리는 숙제를 끝낼 수 있을까?	Can we finish homework?
12	우리는 서울에 살 수 있을까?	Can we live in Seoul?
13	우리는 중국을 떠날 수 있을까?	Can we leave China?
14	우리는 홍콩에 도착할 수 있을까?	Can we arrive in Hongkong?
15	우리는 열쇠를 가져올 수 있을까?	Can we bring a key?
16	우리는 딸을 가질 수 있을까?	Can we have a daughter?
17	우리는 아침을 먹을까?	Will we eat breakfast?
18	우리는 친구를 기다릴까?	Will we wait for a friend?
19	우리는 매장을 찾을까?	Will we find a shop?
20	우리는 돈을 바꿀까?	Will we change money?
21	우리는 라면을 요리할까?	Will we cook ramen?
22	우리는 너에게 지불할까?	Will we pay you?
23	우리는 옷을 치울까?	Will we remove clothes?
24	우리는 불을 켤까?	Will we turn on the light?
25	우리는 핸드폰을 꺼도 돼?	May we turn off cellphone?
26	우리는 그를 이해해도 돼?	May we understand him?
27	우리는 영수증을 받아도 돼?	May we take a receipt?
28	우리는 예약을 취소해도 돼?	May we cancel the booking?
29	우리는 샌드위치를 잘라도 돼?	May we cut the sandwich?
30	우리는 아시아를 여행해도 돼?	May we travel to Asia?

STEP 6.
우리의 과거

1	우리는 공장 주위에 있었어.	We were around the factory.
2	우리는 휴지통 주위에 있었어.	We were around the waste.
3	우리는 호수 주위에 있었어.	We were around the lake.
4	우리는 해변 주위에 있었어.	We were around the beach.
5	우리는 백화점 주위에 있었어.	We were around the department-store.
6	우리는 미술관 옆에 있었어.	We were beside the gallery.
7	우리는 운동장 옆에 있었어.	We were beside the playground.
8	우리는 약국 옆에 있었어.	We were beside the drugstore.
9	우리는 바다 옆에 있었어.	We were beside the sea.
10	우리는 강 옆에 있었어.	We were beside the river.
11	우리는 대학교 옆에 있었어.	We were beside the university.
12	우리는 유치원 옆에 있었어.	We were beside the kindergarten.
13	우리는 중학교 옆에 있었어.	We were beside the middle school.
14	우리는 고등학교 옆에 있었어.	We were beside the high school.
15	우리는 박물관 옆에 있었어.	We were beside the museum.
16	우리는 공장 주위에 있지 않았어.	We were not around the factory.
17	우리는 휴지통 주위에 있지 않았어.	We were not around the waste.
18	우리는 호수 주위에 있지 않았어.	We were not around the lake.
19	우리는 해변 주위에 있지 않았어.	We were not around the beach.
20	우리는 백화점 주위에 있지 않았어.	We were not around the department-store.
21	우리는 미술관 옆에 있지 않았어.	We were not beside the gallery.
22	우리는 운동장 옆에 있지 않았어.	We were not beside the playground.
23	우리는 약국 옆에 있지 않았어.	We were not beside the drugstore.
24	우리는 바다 옆에 있지 않았어.	We were not beside the sea.
25	우리는 강 옆에 있지 않았어.	We were not beside the river.
26	우리는 대학교 옆에 있지 않았어.	We were not beside the university.
27	우리는 유치원 옆에 있지 않았어.	We were not beside the kindergarten.
28	우리는 중학교 옆에 있지 않았어.	We were not beside the middle school.
29	우리는 고등학교 옆에 있지 않았어.	We were not beside the high school.
30	우리는 박물관 옆에 있지 않았어.	We were not beside the museum.

1	우리는 밤에 매장을 찾았어.	We found a shop in the night.
2	우리는 밤에 돈을 바꿨어.	We changed money in the night.
3	우리는 밤에 라면을 요리했어.	We cooked ramen in the night.
4	우리는 밤에 너에게 지불했어.	We paid you in the night.
5	우리는 밤에 옷을 치웠어.	We removed clothes in the night.
6	우리는 오늘 불을 켰어.	We turned on the light today.
7	우리는 오늘 핸드폰을 껐어.	We turned off cellphone today.
8	우리는 오늘 그를 이해했어.	We understood him today.
9	우리는 오늘 영수증을 받았어.	We took a receipt today.
10	우리는 오늘 예약을 취소했어.	We cancelled the booking today.
11	우리는 밤에 매장을 안 찾았어.	We didn't find a shop in the night.
12	우리는 밤에 돈을 안 바꿨어.	We didn't change money in the night.
13	우리는 밤에 라면을 요리하지 않았어.	We didn't cook ramen in the night.
14	우리는 밤에 너에게 지불하지 않았어.	We didn't pay you in the night.
15	우리는 밤에 옷을 안 치웠어.	We didn't remove clothes in the night.
16	우리는 오늘 불을 안 켰어.	We didn't turn on the light today.
17	우리는 오늘 핸드폰을 안 껐어.	We didn't turn off cellphone today.
18	우리는 오늘 그를 이해하지 않았어.	We didn't understand him today.
19	우리는 오늘 영수증을 안 받았어.	We didn't take a receipt today.
20	우리는 오늘 예약을 취소하지 않았어.	We didn't cancel the booking today.

1	우리는 똥똥한 여왕들이었어?	Were we fat queens?
2	우리는 늙은 왕들이었어?	Were we old kings?
3	우리는 똑똑한 왕자들이었어?	Were we clever princes?
4	우리는 날씬한 공주들이었어?	Were we slim princesses?
5	우리는 시끄러운 이웃들이었어?	Were we noisy neighbors?
6	우리는 강한 군인들이었어?	Were we strong soldiers?
7	우리는 슬픈 음악인들이었어?	Were we sad musicians?
8	우리는 조용한 과학자들이었어?	Were we quiet scientists?
9	우리는 깨끗한 비서들이었어?	Were we clean secretaries?
10	우리는 같은 회원들이었어?	Were we same members?
11	우리는 훌륭한 사진 기사들이었어?	Were we great photographers?
12	우리는 바보 같은 코미디언들이었어?	Were we stupid comedians?
13	우리는 웃기는 춤꾼들이었어?	Were we funny dancers?
14	우리는 국제적인 교수들이었어?	Were we international professors?
15	우리는 정상적인 인간들이었어?	Were we normal human beings?
16	우리는 더러운 도둑들이었어?	Were we dirty thieves?
17	우리는 버릇없는 강도들이었어?	Were we rude robbers?
18	우리는 못생긴 모델들이었어?	Were we ugly models?
19	우리는 우수한 선수들이었어?	Were we excellent players?
20	우리는 예의바른 의사들이었어?	Were we polite doctors?
21	우리는 화난 아빠/아버지들이었어?	Were we angry dads/fathers?
22	우리는 따뜻한 엄마/어머니들이었어?	Were we warm moms/mothers?
23	우리는 다른 남동생/형들이었어?	Were we different brothers?
24	우리는 결혼한 여동생/누나들이었어?	Were we married sisters?
25	우리는 건강한 할머니들이었어?	Were we healthy grandmothers?
26	우리는 아픈 할아버지들이었어?	Were we sick grandfathers?
27	우리는 키 큰 친척들이었어?	Were we tall relatives?
28	우리는 키가 작은 사촌들이었어?	Were we short cousins?
29	우리는 게으른 아들들이었어?	Were we lazy sons?
30	우리는 재미있는 딸들이었어?	Were we interesting daughters?

learn english

PART 3.
기타 표현

STEP 1.
이것의 지금

※ this는 '이것, 이 사람, 얘'라는 뜻이에요.

1	이것은 커.	This is big.
2	이것은 커.	This is large.
3	이것은 작아.	This is small.
4	이것은 느려.	This is slow.
5	이것은 빨라.	This is fast.
6	이것은 밝아.	This is bright.
7	이것은 어두워.	This is dark.
8	이것은 싸/저렴해.	This is cheap.
9	이것은 비싸.	This is expensive.
10	이것은 비었어.	This is empty.
11	이것은 가득찼어.	This is full.
12	이것은 멀어.	This is far.
13	이것은 가까워.	This is near.
14	이것은 신선해.	This is fresh
15	이것은 썩었어.	This is rotten.
16	이것은 단단해.	This is hard.
17	이것은 질겨/거칠어.	This is tough.
18	이것은 부드러워.	This is soft.
19	이것은 무거워.	This is heavy.
20	이것은 가벼워.	This is light.
21	이것은 높아.	This is high.
22	이것은 낮아.	This is low.
23	이것은 뜨거워.	This is hot.
24	이것은 차가워.	This is cold.
25	이것은 길어.	This is long.
26	이것은 짧아.	This is short.
27	이것은 새로워.	This is new.
28	이것은 오래됐어.	This is old.
29	이것은 열렸어.	This is open.
30	이것은 닫혔어.	This is closed.

215

1	이것은 안 커.	This is not big.
2	이것은 안 커.	This is not large.
3	이것은 안 작아.	This is not small.
4	이것은 안 느려.	This is not slow.
5	이것은 안 빨라.	This is not fast.
6	이것은 안 밝아.	This is not bright.
7	이것은 안 어두워.	This is not dark.
8	이것은 안 싸/안 저렴해.	This is not cheap.
9	이것은 안 비싸.	This is not expensive.
10	이것은 안 비었어.	This is not empty.
11	이것은 안 가득찼어.	This is not full.
12	이것은 안 멀어.	This is not far.
13	이것은 안 가까워.	This is not near.
14	이것은 안 신선해.	This is not fresh.
15	이것은 안 썩었어.	This is not rotten.
16	이것은 안 단단해.	This is not hard.
17	이것은 안 질겨/안 거칠어.	This is not tough.
18	이것은 안 부드러워.	This is not soft.
19	이것은 안 무거워.	This is not heavy.
20	이것은 안 가벼워.	This is not light.
21	이것은 안 높아.	This is not high.
22	이것은 안 낮아.	This is not low.
23	이것은 안 뜨거워.	This is not hot.
24	이것은 안 차가워.	This is not cold.
25	이것은 안 길어.	This is not long.
26	이것은 안 짧아.	This is not short.
27	이것은 안 새로워.	This is not new.
28	이것은 안 오래됐어.	This is not old.
29	이것은 안 열렸어.	This is not open.
30	이것은 안 닫혔어.	This is not closed.

1	이것은 똑같아.	This is same.
2	이것은 달라.	This is different.
3	이것은 안전해.	This is safe.
4	이것은 위험해.	This is dangerous.
5	이것은 좁아.	This is narrow.
6	이것은 넓어.	This is wide.
7	이것은 두꺼워.	This is thick.
8	이것은 얇아.	This is thin.
9	이것은 어려워.	This is difficult.
10	이것은 쉬워.	This is easy.
11	이것은 이상해.	This is strange.
12	이것은 정상/보통이야.	This is normal.
13	이것은 웃겨.	This is funny.
14	이것은 지루해.	This is boring.
15	이것은 젖었어.	This is wet.
16	이것은 건조해/말랐어.	This is dry.
17	이것은 가능해.	This is possible.
18	이것은 불가능해.	This is impossible.
19	이것은 옳아.	This is right.
20	이것은 틀렸어/잘못됐어.	This is wrong.
21	이것은 진짜야.	This is real.
22	이것은 가짜야.	This is fake.
23	이것은 동그래.	This is round.
24	이것은 곧아/일자야.	This is straight.
25	이것은 맛있어.	This is delicious.
26	이것은 짜.	This is salty.
27	이것은 날카로워.	This is sharp.
28	이것은 깊어.	This is deep.
29	이것은 고정되어 있어.	This is fixed.
30	이것은 평평해.	This is flat.

1	이것은 안 똑같아.	This is not same.
2	이것은 안 달라.	This is not different.
3	이것은 안 안전해.	This is not safe.
4	이것은 안 위험해.	This is not dangerous.
5	이것은 안 좁아.	This is not narrow.
6	이것은 안 넓어.	This is not wide.
7	이것은 안 두꺼워.	This is not thick.
8	이것은 안 얇아.	This is not thin.
9	이것은 안 어려워.	This is not difficult.
10	이것은 안 쉬워.	This is not easy.
11	이것은 안 이상해.	This is not strange.
12	이것은 정상/보통이 아니야.	This is not normal.
13	이것은 안 웃겨.	This is not funny.
14	이것은 안 지루해.	This is not boring.
15	이것은 안 젖었어.	This is not wet.
16	이것은 안 건조해/안 말랐어.	This is not dry.
17	이것은 안 가능해.	This is not possible.
18	이것은 불가능하지 않아.	This is not impossible.
19	이것은 옳지 않아.	This is not right.
20	이것은 안 틀렸어/안 잘못됐어.	This is not wrong.
21	이것은 진짜가 아니야.	This is not real.
22	이것은 가짜가 아니야.	This is not fake.
23	이것은 안 동그래.	This is not round.
24	이것은 안 곧아/일자야.	This is not straight.
25	이것은 안 맛있어.	This is not delicious.
26	이것은 안 짜.	This is not salty.
27	이것은 안 날카로워.	This is not sharp.
28	이것은 안 깊어.	This is not deep.
29	이것은 안 고정되어 있어.	This is not fixed.
30	이것은 안 평평해.	This is not flat.

1	이것은 오래된 장난감이야.	This is an old toy.
2	이것은 밝은 색깔이야.	This is a bright color.
3	이것은 큰 편지/글자야.	This is a big letter.
4	이것은 아름다운 꽃이야.	This is a beautiful flower.
5	이것은 강한 몸이야.	This is a strong body.
6	이것은 꽉 찬 앨범이야.	This is a full album.
7	이것은 거친 동물이야.	This is a tough animal.
8	이것은 높은 아파트야.	This is a tall apartment.
9	이것은 빠른 자전거야.	This is a fast bicycle.
10	이것은 작은 상자야.	This is a small box.
11	이것은 깊은 사발이야.	This is a deep bowl.
12	이것은 빈 병이야.	This is an empty bottle.
13	이것은 딱딱한 빵이야.	This is a hard bread.
14	이것은 긴 벤치야.	This is a long bench.
15	이것은 잘못된 달력이야.	This is a wrong calender.
16	이것은 싼/저렴한 모자야.	This is a cheap cap.
17	이것은 얇은 카드야.	This is a thin card.
18	이것은 새 여권이야.	This is a new passport.
19	이것은 같은 동전이야.	This is a same coin.
20	이것은 넓은 접시/그릇이야.	This is a wide dish.
21	이것은 진짜 주소야.	This is a real address.
22	이것은 맛있는 음식이야.	This is a delicious food.
23	이것은 뜨거운 불이야.	This is a hot fire.
24	이것은 비싼 집이야.	This is an expensive house.
25	이것은 올바른 숫자야.	This is a right number.
26	이것은 정상적인 가족이야.	This is a normal family.
27	이것은 신선한 과일이야.	This is a fresh fruit.
28	이것은 위험한 장소야.	This is a dangerous place.
29	이것은 낮은 건물/빌딩이야.	This is a low building.
30	이것은 썩은 생선이야.	This is a rotten fish.

219

1	이것은 오래된 장난감이 아니야.	This is not an old toy.
2	이것은 밝은 색깔이 아니야.	This is not a bright color.
3	이것은 큰 편지/글자가 아니야.	This is not a big letter.
4	이것은 아름다운 꽃이 아니야.	This is not a beautiful flower.
5	이것은 강한 몸이 아니야.	This is not a strong body.
6	이것은 꽉 찬 앨범이 아니야.	This is not a full album.
7	이것은 거친 동물이 아니야.	This is not a tough animal.
8	이것은 높은 아파트가 아니야.	This is not a tall apartment.
9	이것은 빠른 자전거가 아니야.	This is not a fast bicycle.
10	이것은 작은 상자가 아니야.	This is not a small box.
11	이것은 깊은 사발이 아니야.	This is not a deep bowl.
12	이것은 빈 병이 아니야.	This is not an empty bottle.
13	이것은 딱딱한 빵이 아니야.	This is not a hard bread.
14	이것은 긴 벤치가 아니야.	This is not a long bench.
15	이것은 잘못된 달력이 아니야.	This is not a wrong calender.
16	이것은 싼/저렴한 모자가 아니야.	This is not a cheap cap.
17	이것은 얇은 카드가 아니야.	This is not a thin card.
18	이것은 새 여권이 아니야.	This is not a new passport.
19	이것은 같은 동전이 아니야.	This is not a same coin.
20	이것은 넓은 접시/그릇이 아니야.	This is not a wide dish.
21	이것은 진짜 주소가 아니야.	This is not a real address.
22	이것은 맛있는 음식이 아니야.	This is not a delicious food.
23	이것은 뜨거운 불이 아니야.	This is not a hot fire.
24	이것은 비싼 집이 아니야.	This is not an expensive house.
25	이것은 올바른 숫자가 아니야.	This is not a right number.
26	이것은 정상적인 가족이 아니야.	This is not a normal family.
27	이것은 신선한 과일이 아니야.	This is not a fresh fruit.
28	이것은 위험한 장소가 아니야.	This is not a dangerous place.
29	이것은 낮은 건물/빌딩이 아니야.	This is not a low building.
30	이것은 썩은 생선이 아니야.	This is not a rotten fish.

1	이것은 안전한 운동이야.	This is a safe sport.
2	이것은 곧은 나무야.	This is a straight tree.
3	이것은 짠 야채야.	This is a salty vegetable.
4	이것은 두꺼운 고기야.	This is a thick meat.
5	이것은 차가운 얼음이야.	This is a cold ice.
6	이것은 어려운 규칙이야.	This is a difficult rule.
7	이것은 시원한 주스야.	This is a cool juice.
8	이것은 고정된 가격이야.	This is a fixed price.
9	이것은 이상한 지도야.	This is a strange map.
10	이것은 큰 시장이야.	This is a large market.
11	이것은 웃긴 농담이야.	This is a funny joke.
12	이것은 가벼운 종이야.	This is a light paper.
13	이것은 가짜 그림이야.	This is a fake picture.
14	이것은 어두운 사진이야.	This is a dark photo.
15	이것은 불가능한 계획이야.	This is an impossible plan.
16	이것은 다른 선물이야.	This is a different gift.
17	이것은 좁은 거리야.	This is a narrow street.
18	이것은 평평한 도로야.	This is a flat road.
19	이것은 부드러운 차야.	This is a soft tea.
20	이것은 지루한 절이야.	This is a boring temple.
21	이것은 날카로운 우산이야.	This is a sharp umbrella.
22	이것은 느린 동영상이야.	This is a slow video.
23	이것은 금 숟가락이야.	This is a gold spoon.
24	이것은 짧은 젓가락이야.	This is a short chopstick.
25	이것은 젖은 수건이야.	This is a wet towel.
26	이것은 놀라운 자연이야.	This is a wonderful nature.
27	이것은 공공의 전화야(공중전화).	This is a public telephone.
28	이것은 무거운 가구야.	This is a heavy furniture.
29	이것은 쉬운 문제야.	This is an easy problem.
30	이것은 동그란 과자야.	This is a round cookie.

221

1	이것은 안전한 운동이 아니야.	This is not a safe sport.
2	이것은 곧은 나무 아니야.	This is not a straight tree.
3	이것은 짠 야채 아니야.	This is not a salty vegetable.
4	이것은 두꺼운 고기 아니야.	This is not a thick meat.
5	이것은 차가운 얼음이 아니야.	This is not a cold ice.
6	이것은 어려운 규칙이 아니야.	This is not a difficult rule.
7	이것은 시원한 주스가 아니야.	This is not a cool juice.
8	이것은 고정된 가격이 아니야.	This is not a fixed price.
9	이것은 이상한 지도 아니야.	This is not a strange map.
10	이것은 큰 시장이 아니야.	This is not a large market.
11	이것은 웃긴 농담이 아니야.	This is not a funny joke.
12	이것은 가벼운 종이가 아니야.	This is not a light paper.
13	이것은 가짜 그림이 아니야.	This is not a fake picture.
14	이것은 어두운 사진이 아니야.	This is not a dark photo.
15	이것은 불가능한 계획이 아니야.	This is not an impossible plan.
16	이것은 다른 선물이 아니야.	This is not a different gift.
17	이것은 좁은 거리가 아니야.	This is not a narrow street.
18	이것은 평평한 도로가 아니야.	This is not a flat road.
19	이것은 부드러운 차가 아니야.	This is not a soft tea.
20	이것은 지루한 절이 아니야.	This is not a boring temple.
21	이것은 날카로운 우산이 아니야.	This is not a sharp umbrella.
22	이것은 느린 동영상이 아니야.	This is not a slow video.
23	이것은 금 숟가락이 아니야.	This is not a gold spoon.
24	이것은 짧은 젓가락이 아니야.	This is not a short chopstick.
25	이것은 젖은 수건이 아니야.	This is not a wet towel.
26	이것은 놀라운 자연이 아니야.	This is not a wonderful nature.
27	이것은 공공의 전화가 아니야(공중전화).	This is not a public telephone.
28	이것은 무거운 가구가 아니야.	This is not a heavy furniture.
29	이것은 쉬운 문제가 아니야.	This is not an easy problem.
30	이것은 동그란 과자가 아니야.	This is not a round cookie.

1	이것은 공장 주위에 있어.	This is around the factory.
2	이것은 휴지통 주위에 있어.	This is around the waste.
3	이것은 호수 주위에 있어.	This is around the lake.
4	이것은 해변 주위에 있어.	This is around the beach.
5	이것은 백화점 주위에 있어.	This is around the department-store.
6	이것은 미술관 옆에 있어.	This is beside the gallery.
7	이것은 운동장 옆에 있어.	This is beside the playground.
8	이것은 약국 옆에 있어.	This is beside the drugstore.
9	이것은 바다 옆에 있어.	This is beside the sea.
10	이것은 강 옆에 있어.	This is beside the river.
11	이것은 대학교 옆에 있어.	This is beside the university.
12	이것은 유치원 옆에 있어.	This is beside the kindergarten.
13	이것은 중학교 옆에 있어.	This is beside the middle school.
14	이것은 고등학교 옆에 있어.	This is beside the high school.
15	이것은 박물관 옆에 있어.	This is beside the museum.
16	이것은 공장 주위에 있지 않아.	This is not around the factory.
17	이것은 휴지통 주위에 있지 않아.	This is not around the waste.
18	이것은 호수 주위에 있지 않아.	This is not around the lake.
19	이것은 해변 주위에 있지 않아.	This is not around the beach.
20	이것은 백화점 주위에 있지 않아.	This is not around the department-store.
21	이것은 미술관 옆에 있지 않아.	This is not beside the gallery.
22	이것은 운동장 옆에 있지 않아.	This is not beside the playground.
23	이것은 약국 옆에 있지 않아.	This is not beside the drugstore.
24	이것은 바다 옆에 있지 않아.	This is not beside the sea.
25	이것은 강 옆에 있지 않아.	This is not beside the river.
26	이것은 대학교 옆에 있지 않아.	This is not beside the university.
27	이것은 유치원 옆에 있지 않아.	This is not beside the kindergarten.
28	이것은 중학교 옆에 있지 않아.	This is not beside the middle school.
29	이것은 고등학교 옆에 있지 않아.	This is not beside the high school.
30	이것은 박물관 옆에 있지 않아.	This is not beside the museum.

223

※ He(그), She(그녀)처럼, 또 다른 사람 한 명 또는 사물 하나의 행동을 설명할 때는 동사의 끝에 's'를 붙여요.
이때 '아니다'라는 의미는 'don't' 대신에 'doesn't'를 써요.

1	이것은 시작한다.	This begins.	begin
2	이것은 깨진다/깬다.	This breaks.	break
3	이것은 운반한다/나른다.	This carries.	carry
4	이것은 변한다/바꾼다.	This changes.	change
5	이것은 덮는다/씌운다.	This covers.	cover
6	이것은 복사한다.	This copies.	copy
7	이것은 올라간다.	This climbs.	climb
8	이것은 가로지른다/건넌다.	This crosses.	cross
9	이것은 그린다.	This draws.	draw
10	이것은 떨어뜨린다.	This drops.	drop
11	이것은 (숫자를) 센다.	This counts.	count
12	이것은 수리한다/고정시킨다.	This fixes.	fix
13	이것은 채운다.	This fills.	fill
14	이것은 따라간다/뒤따른다.	This follows.	follow
15	이것은 자란다/커진다.	This grows.	grow
16	이것은 감춘다/숨긴다.	This hides.	hide
17	이것은 소개한다.	This introduces.	introduce
18	이것은 미워/싫어한다.	This hates.	hate
19	이것은 다치게 한다.	This hurts.	hurt
20	이것은 계속한다.	This continues.	continue
21	이것은 사랑한다.	This loves.	love
22	이것은 잃어버린다.	This loses.	lose
23	이것은 배운다.	This learns.	learn
24	이것은 (글자를) 쓴다.	This spells.	spell
25	이것은 죽인다.	This kills.	kill
26	이것은 (발로) 찬다.	This kicks.	kick
27	이것은 칠한다.	This paints.	paint
28	이것은 통과한다.	This passes.	pass
29	이것은 뽑는다.	This picks.	pick
30	이것은 출력한다.	This prints.	print

1	이것은 안 시작한다.	This doesn't begin.
2	이것은 안 깨진다/깬다.	This doesn't break.
3	이것은 안 운반한다/나른다.	This doesn't carry.
4	이것은 안 변한다/바꾼다.	This doesn't change.
5	이것은 안 덮는다/씌운다.	This doesn't cover.
6	이것은 안 복사한다.	This doesn't copy.
7	이것은 안 올라간다.	This doesn't climb.
8	이것은 안 가로지른다/건넌다.	This doesn't cross.
9	이것은 안 그린다.	This doesn't draw.
10	이것은 안 떨어진다.	This doesn't drop.
11	이것은 안 센다.	This doesn't count.
12	이것은 안 수리한다/고정시킨다.	This doesn't fix.
13	이것은 안 채운다.	This doesn't fill.
14	이것은 안 따라간다/뒤따른다.	This doesn't follow.
15	이것은 안 자란다/커진다.	This doesn't grow.
16	이것은 안 감춘다/숨긴다.	This doesn't hide.
17	이것은 안 소개한다.	This doesn't introduce.
18	이것은 안 미워/싫어한다.	This doesn't hate.
19	이것은 안 다치게 한다.	This doesn't hurt.
20	이것은 안 계속한다.	This doesn't continue.
21	이것은 안 사랑한다.	This doesn't love.
22	이것은 안 잃어버린다.	This doesn't lose.
23	이것은 안 배운다.	This doesn't learn.
24	이것은 안 쓴다.	This doesn't spell.
25	이것은 안 죽인다.	This doesn't kill.
26	이것은 안 (발로) 찬다.	This doesn't kick.
27	이것은 안 칠한다.	This doesn't paint.
28	이것은 안 통과한다.	This doesn't pass.
29	이것은 안 뽑는다.	This doesn't pick.
30	이것은 안 출력한다.	This doesn't print.

1	이것은 기록/녹음/녹화한다.	This records.	record
2	이것은 반복한다.	This repeats.	repeat
3	이것은 명령/주문한다.	This orders.	order
4	이것은 만다/구른다.	This rolls.	roll
5	이것은 쏜다/발사한다.	This shoots.	shoot
6	이것은 교환한다.	This exchanges.	exchange
7	이것은 보여준다.	This shows.	show
8	이것은 닫는다.	This shuts.	shut
9	이것은 포함한다.	This includes.	include
10	이것은 선택한다.	This selects.	select
11	이것은 (요금을) 청구한다.	This charges.	charge
12	이것은 빌린다.	This borrows.	borrow
13	이것은 검색/찾는다.	This searches.	search
14	이것은 흔들린다/흔든다.	This swings.	swing
15	이것은 낭비한다.	This wastes.	waste
16	이것은 던진다.	This throws.	throw
17	이것은 돌린다.	This turns.	turn
18	이것은 방문한다.	This visits.	visit
19	이것은 확인한다.	This checks.	check
20	이것은 놓친다.	This misses.	miss
21	이것은 (풍선을) 분다.	This blows.	blow
22	이것은 짓는다.	This builds.	build
23	이것은 태운다.	This burns.	burn
24	이것은 긁는다.	This scratches.	scratch
25	이것은 졸업한다.	This graduates.	graduate
26	이것은 빌려준다.	This lends.	lend
27	이것은 합쳐진다.	This joins.	join
28	이것은 안내한다/이끈다.	This leads.	lead
29	이것은 포장한다.	This packs.	pack
30	이것은 묶는다.	This ties.	tie

31	이것은 안 기록/녹음/녹화한다.	This doesn't record.
32	이것은 안 반복한다.	This doesn't repeat.
33	이것은 안 명령/주문한다.	This doesn't order.
34	이것은 안 만다/구른다.	This doesn't roll.
35	이것은 안 쏜다/발사한다.	This doesn't shoot.
36	이것은 안 교환한다.	This doesn't exchange.
37	이것은 안 보여준다.	This doesn't show.
38	이것은 안 닫는다.	This doesn't shut.
39	이것은 안 포함한다.	This doesn't include.
40	이것은 안 선택한다.	This doesn't select.
41	이것은 안 청구한다.	This doesn't charge.
42	이것은 안 빌린다.	This doesn't borrow.
43	이것은 안 검색/찾는다.	This doesn't search.
44	이것은 안 흔들린다/흔든다.	This doesn't swing.
45	이것은 안 낭비한다.	This doesn't waste.
46	이것은 안 던진다.	This doesn't throw.
47	이것은 안 돌린다.	This doesn't turn.
48	이것은 안 방문한다.	This doesn't visit.
49	이것은 안 확인한다.	This doesn't check.
50	이것은 안 놓친다.	This doesn't miss.
51	이것은 안 분다.	This doesn't blow.
52	이것은 안 짓는다.	This doesn't build.
53	이것은 안 태운다.	This doesn't burn.
54	이것은 안 긁는다.	This doesn't scratch.
55	이것은 안 졸업한다.	This doesn't graduate.
56	이것은 안 빌려준다.	This doesn't lend.
57	이것은 안 합쳐진다.	This doesn't join.
58	이것은 안 안내/이끈다.	This doesn't lead.
59	이것은 안 포장한다.	This doesn't pack.
60	이것은 안 묶는다.	This doesn't tie.

1	이것은 파티를 시작한다.	This begins a party.
2	이것은 케이크를 자른다/부순다.	This breaks a cake.
3	이것은 돌을 운반한다/나른다.	This carries a stone.
4	이것은 자리를 바꾼다.	This changes a seat.
5	이것은 무릎을 덮는다.	This covers the knee.
6	이것은 그 페이지를 복사한다.	This copies the page.
7	이것은 산을 올라간다.	This climbs a mountain.
8	이것은 거리를 가로지른다/건넌다.	This crosses the street.
9	이것은 그림을 그린다.	This draws a picture.
10	이것은 사탕을 떨어뜨린다.	This drops a candy.
11	이것은 돈을 센다.	This counts the money.
12	이것은 컴퓨터를 수리한다.	This fixes a computer.
13	이것은 바구니를 채운다.	This fills a basket.
14	이것은 길을 따라간다.	This follows the way.
15	이것은 동물을 키운다.	This grows an animal.
16	이것은 나이를 감춘다/숨긴다.	This hides age.
17	이것은 그 팀을 소개한다.	This introduces the team.
18	이것은 비를 미워/싫어한다.	This hates rain.
19	이것은 이를 다치게 한다.	This hurts teeth.
20	이것은 연습을 계속한다.	This continues exercise.
21	이것은 옷을 사랑한다.	This loves a dress.
22	이것은 장갑을 잃어버린다.	This loses gloves.
23	이것은 영어를 배운다.	This learns English.
24	이것은 이름을 쓴다.	This spells the name.
25	이것은 새를 죽인다.	This kills a bird.
26	이것은 공을 찬다.	This kicks a ball.
27	이것은 인형을 칠한다.	This paints a doll.
28	이것은 그 코스를 통과한다.	This passes the course.
29	이것은 핀을 뽑는다.	This picks a pin.
30	이것은 그 용지를 출력한다.	This prints the sheet.

1	이것은 파티를 안 시작한다.	This doesn't begin a party.
2	이것은 케이크를 안 자른다/부순다.	This doesn't break a cake.
3	이것은 돌을 안 운반한다/나른다.	This doesn't carry a stone.
4	이것은 자리를 안 바꾼다.	This doesn't change a seat.
5	이것은 무릎을 안 덮는다.	This doesn't cover the knee.
6	이것은 그 페이지를 안 복사한다.	This doesn't copy the page.
7	이것은 산을 안 올라간다.	This doesn't climb a mountain.
8	이것은 거리를 안 가로지른다/건넌다.	This doesn't cross the street.
9	이것은 그림을 안 그린다.	This doesn't draw a picture.
10	이것은 사탕을 안 떨어뜨린다.	This doesn't drop a candy.
11	이것은 돈을 안 센다.	This doesn't count the money.
12	이것은 컴퓨터를 안 수리한다.	This doesn't fix a computer.
13	이것은 바구니를 안 채운다.	This doesn't fill a basket.
14	이것은 길을 안 따라간다.	This doesn't follow the way.
15	이것은 동물을 안 키운다.	This doesn't grow an animal.
16	이것은 나이를 안 감춘다/숨긴다.	This doesn't hide age.
17	이것은 그 팀을 안 소개한다.	This doesn't introduce the team.
18	이것은 비를 안 미워/싫어한다.	This doesn't hate rain.
19	이것은 이를 안 다치게 한다.	This doesn't hurt teeth.
20	이것은 연습을 안 계속한다.	This doesn't continue exercise.
21	이것은 옷을 안 사랑한다.	This doesn't love a dress.
22	이것은 장갑을 안 잃어버린다.	This doesn't lose gloves.
23	이것은 영어를 안 배운다.	This doesn't learn English.
24	이것은 이름을 안 쓴다.	This doesn't spell the name.
25	이것은 새를 안 죽인다.	This doesn't kill a bird.
26	이것은 공을 안 찬다.	This doesn't kick a ball.
27	이것은 인형을 안 칠한다.	This doesn't paint a doll.
28	이것은 그 코스를 안 통과한다.	This doesn't pass the course.
29	이것은 핀을 안 뽑는다.	This doesn't pick a pin.
30	이것은 그 용지를 안 출력한다.	This doesn't print the sheet.

1	이것은 그 소리를 녹음한다.	This records the sound.
2	이것은 그 말을 반복한다.	This repeats the word.
3	이것은 치킨 수프를 주문한다.	This orders a chicken soup.
4	이것은 바위를 굴린다.	This rolls a rock.
5	이것은 곰을 쏜다.	This shoots a bear.
6	이것은 정보를 교환한다.	This exchanges information.
7	이것은 징후를 보여준다.	This shows a sign.
8	이것은 문을 닫는다.	This shuts a gate.
9	이것은 그 서비스를 포함한다.	This includes the service.
10	이것은 모양을 선택한다.	This selects a shape.
11	이것은 3달러를 청구한다.	This charges 3 dollars.
12	이것은 펜을 빌린다.	This borrows a pen.
13	이것은 위치를 검색한다/찾는다.	This searches the location.
14	이것은 팔을 흔든다.	This swings the arm.
15	이것은 시간을 낭비한다.	This wastes time.
16	이것은 지우개를 던진다.	This throws the eraser.
17	이것은 왼쪽으로 돌린다.	This turns left.
18	이것은 농장을 방문한다.	This visits a farm.
19	이것은 사전을 확인한다.	This checks a dictionary.
20	이것은 기회를 놓친다.	This misses a chance.
21	이것은 풍선을 분다.	This blows a balloon.
22	이것은 교회를 짓는다.	This builds a church.
23	이것은 초를 태운다.	This burns a candle.
24	이것은 바닥을 긁는다.	This scratches the floor.
25	이것은 고등학교를 졸업한다.	This graduates high school.
26	이것은 연필을 빌려준다.	This lends a pencil.
27	이것은 우리에게 합친다.	This joins us.
28	이것은 너를 안내한다.	This leads you.
29	이것은 선물을 포장한다.	This packs a present.
30	이것은 끈을 묶는다.	This ties a band.

31	이것은 그 소리를 안 녹음한다.	This doesn't record the sound.
32	이것은 그 말을 안 반복한다.	This doesn't repeat the word.
33	이것은 치킨 수프를 안 주문한다.	This doesn't order a chicken soup.
34	이것은 바위를 안 굴린다.	This doesn't roll a rock.
35	이것은 곰을 안 쏜다.	This doesn't shoot a bear.
36	이것은 정보를 안 교환한다.	This doesn't exchange information.
37	이것은 징후를 안 보여준다.	This doesn't show a sign.
38	이것은 문을 안 닫는다.	This doesn't shut a gate.
39	이것은 그 서비스를 안 포함한다.	This doesn't include the service.
40	이것은 모양을 안 선택한다.	This doesn't select a shape.
41	이것은 3달러를 안 청구한다.	This doesn't charge 3 dollars.
42	이것은 펜을 안 빌린다.	This doesn't borrow a pen.
43	이것은 위치를 안 검색한다/찾는다.	This doesn't search the location.
44	이것은 팔을 안 흔든다.	This doesn't swing the arm.
45	이것은 시간을 안 낭비한다.	This doesn't waste time.
46	이것은 지우개를 안 던진다.	This doesn't throw the eraser.
47	이것은 왼쪽으로 안 돌린다.	This doesn't turn left.
48	이것은 농장을 안 방문한다.	This doesn't visit a farm.
49	이것은 사전을 안 확인한다.	This doesn't check a dictionary.
50	이것은 기회를 안 놓친다.	This doesn't miss a chance.
51	이것은 풍선을 안 분다.	This doesn't blow a balloon.
52	이것은 교회를 안 짓는다.	This doesn't build a church.
53	이것은 초를 안 태운다.	This doesn't burn a candle.
54	이것은 바닥을 안 긁는다.	This doesn't scratch the floor.
55	이것은 고등학교를 안 졸업한다.	This doesn't graduate high school.
56	이것은 연필을 안 빌려준다.	This doesn't lend a pencil.
57	이것은 우리에게 안 합친다.	This doesn't join us.
58	이것은 너를 안 안내한다.	This doesn't lead you.
59	이것은 선물을 안 포장한다.	This doesn't pack a present.
60	이것은 끈을 안 묶는다.	This doesn't tie a band.

1	이것은 파티를 시작해야 한다.	This should begin a party.
2	이것은 케이크를 잘라야 한다.	This should break a cake.
3	이것은 돌을 운반해야 한다.	This should carry a stone.
4	이것은 자리를 바꿔야 한다.	This should change a seat.
5	이것은 무릎을 덮어야 한다.	This should cover the knee.
6	이것은 그 페이지를 복사해야 한다.	This should copy the page.
7	이것은 산을 올라가야 한다.	This should climb a mountain.
8	이것은 거리를 건너야 한다.	This should cross the street.
9	이것은 그림을 그려야 한다.	This should draw a picture.
10	이것은 사탕을 떨어뜨려야 한다.	This should drop a candy.
11	이것은 돈을 세어야 한다.	This should count the money.
12	이것은 컴퓨터를 수리해야 한다.	This should fix a computer.
13	이것은 바구니를 채워야 한다.	This should fill a basket.
14	이것은 길을 따라가야 한다.	This should follow the way.
15	이것은 동물을 키워야 한다.	This should grow an animal.
16	이것은 나이를 감출 수 있다.	This can hide age.
17	이것은 그 팀을 소개할 수 있다.	This can introduce the team.
18	이것은 비를 미워할 수 있다.	This can hate rain.
19	이것은 이를 다치게 할 수 있다.	This can hurt teeth.
20	이것은 연습을 계속할 수 있다.	This can continue exercise.
21	이것은 옷을 사랑할 수 있다.	This can love a dress.
22	이것은 장갑을 잃어버릴 수 있다.	This can lose gloves.
23	이것은 영어를 배울 수 있다.	This can learn English.
24	이것은 이름을 쓸 수 있다.	This can spell the name.
25	이것은 새를 죽일 수 있다.	This can kill a bird.
26	이것은 공을 찰 수 있다.	This can kick a ball.
27	이것은 인형을 칠할 수 있다.	This can paint a doll.
28	이것은 그 코스를 통과할 수 있다.	This can pass the course.
29	이것은 핀을 뽑을 수 있다.	This can pick a pin.
30	이것은 그 용지를 출력할 수 있다.	This can print the sheet.

1	이것은 파티를 시작하면 안 된다.	This shouldn't begin a party.
2	이것은 케이크를 자르면 안 된다.	This shouldn't break a cake.
3	이것은 돌을 운반하면 안 된다.	This shouldn't carry a stone.
4	이것은 자리를 바꾸면 안 된다.	This shouldn't change a seat.
5	이것은 무릎을 덮으면 안 된다.	This shouldn't cover the knee.
6	이것은 그 페이지를 복사하면 안 된다.	This shouldn't copy the page.
7	이것은 산을 올라가면 안 된다.	This shouldn't climb a mountain.
8	이것은 거리를 건너면 안 된다.	This shouldn't cross the street.
9	이것은 그림을 그리면 안 된다.	This shouldn't draw a picture.
10	이것은 사탕을 떨어뜨리면 안 된다.	This shouldn't drop a candy.
11	이것은 돈을 세면 안 된다.	This shouldn't count the money.
12	이것은 컴퓨터를 수리하면 안 된다.	This shouldn't fix a computer.
13	이것은 바구니를 채우면 안 된다.	This shouldn't fill a basket.
14	이것은 길을 따라가면 안 된다.	This shouldn't follow the way.
15	이것은 동물을 키우면 안 된다.	This shouldn't grow an animal.
16	이것은 나이를 감출 수 없다.	This can't hide age.
17	이것은 그 팀을 소개할 수 없다.	This can't introduce the team.
18	이것은 비를 미워할 수 없다.	This can't hate rain.
19	이것은 이를 다치게 할 수 없다.	This can't hurt teeth.
20	이것은 연습을 계속할 수 없다.	This can't continue exercise.
21	이것은 옷을 사랑할 수 없다.	This can't love a dress.
22	이것은 장갑을 잃어버릴 수 없다.	This can't lose gloves.
23	이것은 영어를 배울 수 없다.	This can't learn English.
24	이것은 이름을 쓸 수 없다.	This can't spell the name.
25	이것은 새를 죽일 수 없다.	This can't kill a bird.
26	이것은 공을 찰 수 없다.	This can't kick a ball.
27	이것은 인형을 칠할 수 없다.	This can't paint a doll.
28	이것은 그 코스를 통과할 수 없다.	This can't pass the course.
29	이것은 핀을 뽑을 수 없다.	This can't pick a pin.
30	이것은 그 용지를 출력할 수 없다.	This can't print the sheet.

1	이것은 그 소리를 녹음할 것이다.	This will record the sound.
2	이것은 그 말을 반복할 것이다.	This will repeat the word.
3	이것은 치킨 수프를 주문할 것이다.	This will order a chicken soup.
4	이것은 바위를 굴릴 것이다.	This will roll a rock.
5	이것은 곰을 쏠 것이다.	This will shoot a bear.
6	이것은 정보를 교환할 것이다.	This will exchange information.
7	이것은 징후를 보여줄 것이다.	This will show a sign.
8	이것은 문을 닫을 것이다.	This will shut a gate.
9	이것은 그 서비스를 포함할 것이다.	This will include the service.
10	이것은 모양을 선택할 것이다.	This will select a shape.
11	이것은 3달러를 청구할 것이다.	This will charge 3 dollars.
12	이것은 펜을 빌릴 것이다.	This will borrow a pen.
13	이것은 위치를 검색할 것이다.	This will search the location.
14	이것은 팔을 흔들 것이다.	This will swing the arm.
15	이것은 시간을 낭비할 것이다.	This will waste time.
16	이것은 지우개를 던져도 된다.	This may throw the eraser.
17	이것은 왼쪽으로 돌려도 된다.	This may turn left.
18	이것은 농장을 방문해도 된다.	This may visit a farm.
19	이것은 사전을 확인해도 된다.	This may check a dictionary.
20	이것은 기회를 놓쳐도 된다.	This may miss a chance.
21	이것은 풍선을 불어도 된다.	This may blow a balloon.
22	이것은 교회를 지어도 된다.	This may build a church.
23	이것은 초를 태워도 된다.	This may burn a candle.
24	이것은 바닥을 긁어도 된다.	This may scratch the floor.
25	이것은 고등학교를 졸업해도 된다.	This may graduate high school.
26	이것은 연필을 빌려줘도 된다.	This may lend a pencil.
27	이것은 우리에게 합쳐도 된다.	This may join us.
28	이것은 너를 안내해도 된다.	This may lead you.
29	이것은 선물을 포장해도 된다.	This may pack a present.
30	이것은 끈을 묶어도 된다.	This may tie a band.

1	이것은 그 소리를 안 녹음할 것이다.	This will not record the sound.
2	이것은 그 말을 안 반복할 것이다.	This will not repeat the word.
3	이것은 치킨 수프를 안 주문할 것이다.	This will not order a chicken soup.
4	이것은 바위를 안 굴릴 것이다.	This will not roll a rock.
5	이것은 곰을 안 쏠 것이다.	This will not shoot a bear .
6	이것은 정보를 안 교환할 것이다.	This will not exchange information.
7	이것은 징후를 안 보여줄 것이다.	This will not show a sign.
8	이것은 문을 안 닫을 것이다.	This will not shut a gate.
9	이것은 그 서비스를 안 포함할 것이다.	This will not include the service.
10	이것은 모양을 안 선택할 것이다.	This will not select a shape.
11	이것은 3달러를 안 청구할 것이다.	This will not charge 3 dollars.
12	이것은 펜을 안 빌릴 것이다.	This will not borrow a pen.
13	이것은 위치를 안 검색할 것이다.	This will not search the location.
14	이것은 팔을 안 흔들 것이다.	This will not swing the arm.
15	이것은 시간을 안 낭비할 것이다.	This will not waste time.

	1	이것은 연습을 계속한다.	This continues the practice.
	2	이것은 계속 소리 지른다.	This continues to shout.
	3	이것은 계속 소리 지른다.	This continues shouting.
	1	이것은 연습을 계속 안 한다.	This doesn't continue the practice.
	2	이것은 계속 소리 지르지 않는다.	This doesn't continue to shout.
	3	이것은 계속 소리 지르지 않는다.	This doesn't continue shouting.

	1	이것은 시험을 통과한다.	This passes the test.
	2	이것은 우유를 건네준다.	This passes the milk.
	3	이것은 우유를 내게 건네준다.	This passes the milk to me.
	4	이것은 내게 우유를 건네준다.	This passes me the milk.
	1	이것은 시험을 안 통과한다.	This doesn't pass the test.
	2	이것은 우유를 안 건네준다.	This doesn't pass the milk.
	3	이것은 우유를 내게 안 건네준다.	This doesn't pass the milk to me.
	4	이것은 내게 우유를 안 건네준다.	This doesn't pass me the milk.

	1	이것은 음식을 주문한다.	This orders food.
	2	이것은 너에게 음식을 주문해준다.	This orders you food.
	3	이것은 너를 위해 음식을 주문한다.	This orders food for you.
	4	이것은 너에게 음식을 먹으라고 명령한다.	This orders you to eat food.
	1	이것은 음식을 안 주문한다.	This doesn't order food.
	2	이것은 너에게 음식을 안 주문한다.	This doesn't order you food.
	3	이것은 너를 위해 음식을 안 주문한다.	This doesn't order food for you.
	4	이것은 너에게 음식을 먹으라고 안 명령한다.	This doesn't order you to eat food.

1	이것은 또 다른 것을 보여준다.	This shows another.
2	이것은 내게 보여준다.	This shows me.
3	이것은 돈을 보여준다(돈을 내놓는다).	This shows the money.
4	이것은 내게 돈을 보여준다.	This shows me the money.
1	이것은 또 다른 것을 안 보여준다.	This doesn't show another.
2	이것은 내게 안 보여준다.	This doesn't show me.
3	이것은 돈을 안 보여준다(돈을 안 내놓는다).	This doesn't show the money.
4	이것은 내게 돈을 안 보여준다.	This doesn't show me the money.

1	이것은 5천 원을 청구한다.	This charges 5 thousand won.
2	이것은 점심으로 5천 원을 청구한다.	This charges 5 thousand won for lunch.
3	이것은 내게 점심 값을 청구한다.	This charges me for lunch.
4	이것은 내게 5천 원을 점심으로 청구한다.	This charges me 5 thousand won for lunch.
1	이것은 5천 원을 안 청구한다.	This doesn't charge 5 thousand won.
2	이것은 점심으로 5천 원을 안 청구한다.	This doesn't charge 5 thousand won for lunch.
3	이것은 내게 점심 값을 안 청구한다.	This doesn't charge me for lunch.
4	이것은 내게 5천 원을 점심으로 안 청구한다.	This doesn't charge me 5 thousand won for lunch.

1	이것은 빗을 빌린다.	This borrows a brush.
2	이것은 친구한테 빌린다.	This borrows from a friend.
3	이것은 친구한테 빗을 빌린다.	This borrows a brush from a friend.
1	이것은 빗을 안 빌린다.	This doesn't borrow a brush.
2	이것은 친구한테 안 빌린다.	This doesn't borrow from a friend.
3	이것은 친구한테 빗을 안 빌린다.	This doesn't borrow a brush from a friend.

1	이것은 자를 빌려준다.	This lends a ruler.
2	이것은 내게 빌려준다.	This lends me.
3	이것은 자를 내게 빌려준다.	This lends a ruler to me.
4	이것은 내게 자를 빌려준다.	This lends me a ruler.
1	이것은 자를 안 빌려준다.	This doesn't lend a ruler.
2	이것은 내게 안 빌려준다.	This doesn't lend me.
3	이것은 자를 내게 안 빌려준다.	This doesn't lend a ruler to me.
4	이것은 내게 자를 안 빌려준다.	This doesn't lend me a ruler.

1	이것은 오른쪽으로 돈다.	This turns right.
2	이것은 발걸음을 돌린다.	This turns step.
3	이것은 발걸음을 오른쪽으로 돌린다.	This turns step to the right.
4	이것은 회전한다.	This turns around.
5	이것은 뒤집는다.	This turns over.
1	이것은 오른쪽으로 안 돈다.	This doesn't turn right.
2	이것은 발걸음을 안 돌린다.	This doesn't turn step.
3	이것은 발걸음을 오른쪽으로 안 돌린다.	This doesn't turn step to the right.
4	이것은 안 회전한다.	This doesn't turn around.
5	이것은 안 뒤집는다.	This doesn't turn over.

1	이것은 우리를 안내한다.	This leads us.
2	이것은 우리를 중심으로 안내한다.	This leads us to the center.
3	이것은 길을 안내한다.	This leads the way.
4	이것은 중심으로 가는 길을 안내한다.	This leads the way to the center.
1	이것은 우리를 안 안내한다.	This doesn't lead us.
2	이것은 우리를 중심으로 안 안내한다.	This doesn't lead us to the center.
3	이것은 길을 안 안내한다.	This doesn't lead the way.
4	이것은 중심으로 가는 길을 안 안내한다.	This doesn't lead the way to the center.

1	이것은 커?	Is this big?
2	이것은 커?	Is this large?
3	이것은 작아?	Is this small?
4	이것은 느려?	Is this slow?
5	이것은 빨라?	Is this fast?
6	이것은 밝아?	Is this bright?
7	이것은 어두워?	Is this dark?
8	이것은 싸/저렴해?	Is this cheap?
9	이것은 비싸?	Is this expensive?
10	이것은 비었어?	Is this empty?
11	이것은 가득찼어?	Is this full?
12	이것은 멀어?	Is this far?
13	이것은 가까워?	Is this near?
14	이것은 신선해?	Is this fresh?
15	이것은 썩었어?	Is this rotten?
16	이것은 단단해?	Is this hard?
17	이것은 질겨/거칠어?	Is this tough?
18	이것은 부드러워?	Is this soft?
19	이것은 무거워?	Is this heavy?
20	이것은 가벼워?	Is this light?
21	이것은 높아?	Is this high?
22	이것은 낮아?	Is this low?
23	이것은 뜨거워?	Is this hot?
24	이것은 차가워?	Is this cold?
25	이것은 길어?	Is this long?
26	이것은 짧아?	Is this short?
27	이것은 새로워?	Is this new?
28	이것은 오래됐어?	Is this old?
29	이것은 열렸어?	Is this open?
30	이것은 닫혔어?	Is this closed?

239

1	이것은 안전한 운동이야?	Is this a safe sport?
2	이것은 곧은 나무야?	Is this a straight tree?
3	이것은 짠 야채야?	Is this a salty vegetable?
4	이것은 두꺼운 고기야?	Is this a thick meat?
5	이것은 차가운 얼음이야?	Is this a cold ice?
6	이것은 어려운 규칙이야?	Is this a difficult rule?
7	이것은 시원한 주스야?	Is this a cool juice?
8	이것은 고정된 가격이야?	Is this a fixed price?
9	이것은 이상한 지도야?	Is this a strange map?
10	이것은 큰 시장이야?	Is this a large market?
11	이것은 웃긴 농담이야?	Is this a funny joke?
12	이것은 가벼운 종이야?	Is this a light paper?
13	이것은 가짜 그림이야?	Is this a fake picture?
14	이것은 어두운 사진이야?	Is this a dark photo?
15	이것은 불가능한 계획이야?	Is this an impossible plan?
16	이것은 다른 선물이야?	Is this a different gift?
17	이것은 좁은 거리야?	Is this a narrow street?
18	이것은 평평한 도로야?	Is this a flat road?
19	이것은 부드러운 차야?	Is this a soft tea?
20	이것은 지루한 절이야?	Is this a boring temple?
21	이것은 날카로운 우산이야?	Is this a sharp umbrella?
22	이것은 느린 동영상이야?	Is this a slow video?
23	이것은 금 숟가락이야?	Is this a gold spoon?
24	이것은 짧은 젓가락이야?	Is this a short chopstick?
25	이것은 젖은 수건이야?	Is this a wet towel?
26	이것은 놀라운 자연이야?	Is this a wonderful nature?
27	이것은 공공의 전화야(공중전화)?	Is this a public telephone?
28	이것은 무거운 가구야?	Is this a heavy furniture?
29	이것은 쉬운 문제야?	Is this an easy problem?
30	이것은 동그란 과자야?	Is this a round cookie?

1	이것은 파티를 시작해?	Does this begin a party?
2	이것은 케이크를 잘라?	Does this break a cake?
3	이것은 돌을 운반해/날라?	Does this carry a stone?
4	이것은 자리를 바꿔?	Does this change a seat?
5	이것은 무릎을 덮어?	Does this cover the knee?
6	이것은 그 페이지를 복사해?	Does this copy the page?
7	이것은 산을 올라가?	Does this climb a mountain?
8	이것은 거리를 가로질러/건너?	Does this cross the street?
9	이것은 그림을 그려?	Does this draw a picture?
10	이것은 사탕을 떨어뜨려?	Does this drop a candy?
11	이것은 돈을 세?	Does this count the money?
12	이것은 컴퓨터를 수리해?	Does this fix a computer?
13	이것은 바구니를 채워?	Does this fill a basket?
14	이것은 길을 따라가?	Does this follow the way?
15	이것은 동물을 키워?	Does this grow an animal?
16	이것은 나이를 감춰/숨겨?	Does this hide age?
17	이것은 그 팀을 소개해?	Does this introduce the team?
18	이것은 비를 미워/싫어해?	Does this hate rain?
19	이것은 이를 다치게 해?	Does this hurt teeth?
20	이것은 연습을 계속해?	Does this continue exercise?
21	이것은 옷을 사랑해?	Does this love a dress?
22	이것은 장갑을 잃어버려?	Does this lose gloves?
23	이것은 영어를 배워?	Does this learn English?
24	이것은 이름을 써?	Does this spell the name?
25	이것은 새를 죽여?	Does this kill a bird?
26	이것은 공을 차?	Does this kick a ball?
27	이것은 인형을 칠해?	Does this paint a doll?
28	이것은 그 코스를 통과해?	Does this pass the course?
29	이것은 핀을 뽑아?	Does this pick a pin?
30	이것은 그 용지를 출력해?	Does this print the sheet?

241

1	이것은 그 소리를 녹음해?	Does this record the sound?
2	이것은 그 말을 반복해?	Does this repeat the word?
3	이것은 치킨 수프를 주문해?	Does this order a chicken soup?
4	이것은 바위를 굴려?	Does this roll a rock?
5	이것은 곰을 쏴?	Does this shoot a bear?
6	이것은 정보를 교환해?	Does this exchange information?
7	이것은 징후를 보여줘?	Does this show a sign?
8	이것은 문을 닫아?	Does this shut a gate?
9	이것은 그 서비스를 포함해?	Does this include the service?
10	이것은 모양을 선택해?	Does this select a shape?
11	이것은 3달러를 청구해?	Does this charge 3 dollars?
12	이것은 펜을 빌려?	Does this borrow a pen?
13	이것은 위치를 검색해/찾아?	Does this search the location?
14	이것은 팔을 흔들어?	Does this swing the arm?
15	이것은 시간을 낭비해?	Does this waste time?
16	이것은 지우개를 던져?	Does this throw the eraser?
17	이것은 왼쪽으로 돌려?	Does this turn left?
18	이것은 농장을 방문해?	Does this visit a farm?
19	이것은 사전을 확인해?	Does this check a dictionary?
20	이것은 기회를 놓쳐?	Does this miss a chance?
21	이것은 풍선을 불어?	Does this blow a balloon?
22	이것은 교회를 지어?	Does this build a church?
23	이것은 초를 태워?	Does this burn a candle?
24	이것은 바닥을 긁어?	Does this scratch the floor?
25	이것은 고등학교를 졸업해?	Does this graduate high school?
26	이것은 연필을 빌려줘?	Does this lend a pencil?
27	이것은 우리에게 합쳐?	Does this join us?
28	이것은 너를 안내해?	Does this lead you?
29	이것은 선물을 포장해?	Does this pack a present?
30	이것은 끈을 묶어?	Does this tie a band?

1	이것은 파티를 시작해야 해?	Should this begin a party?
2	이것은 케이크를 잘라야 해?	Should this break a cake?
3	이것은 돌을 운반해야 해?	Should this carry a stone?
4	이것은 자리를 바꿔야 해?	Should this change a seat?
5	이것은 무릎을 덮어야 해?	Should this cover the knee?
6	이것은 그 페이지를 복사해야 해?	Should this copy the page?
7	이것은 산을 올라가야 해?	Should this climb a mountain?
8	이것은 거리를 건너야 해?	Should this cross the street?
9	이것은 그림을 그려야 해?	Should this draw a picture?
10	이것은 사탕을 떨어뜨려야 해?	Should this drop a candy?
11	이것은 돈을 세어야 해?	Should this count the money?
12	이것은 컴퓨터를 수리해야 해?	Should this fix a computer?
13	이것은 바구니를 채워야 해?	Should this fill a basket?
14	이것은 길을 따라가야 해?	Should this follow the way?
15	이것은 동물을 키워야 해?	Should this grow an animal?
16	이것은 나이를 감출 수 있어?	Can this hide age?
17	이것은 그 팀을 소개할 수 있어?	Can this introduce the team?
18	이것은 비를 미워할 수 있어?	Can this hate rain?
19	이것은 이를 다치게 할 수 있어?	Can this hurt teeth?
20	이것은 연습을 계속할 수 있어?	Can this continue exercise?
21	이것은 옷을 사랑할 수 있어?	Can this love a dress?
22	이것은 장갑을 잃어버릴 수 있어?	Can this lose gloves?
23	이것은 영어를 배울 수 있어?	Can this learn English?
24	이것은 이름을 쓸 수 있어?	Can this spell the name?
25	이것은 새를 죽일 수 있어?	Can this kill a bird?
26	이것은 공을 찰 수 있어?	Can this kick a ball?
27	이것은 인형을 칠할 수 있어?	Can this paint a doll?
28	이것은 그 코스를 통과할 수 있어?	Can this pass the course?
29	이것은 핀을 뽑을 수 있어?	Can this pick a pin?
30	이것은 그 용지를 출력할 수 있어?	Can this print the sheet?

1	이것은 그 소리를 녹음할까?	Will this record the sound?
2	이것은 그 말을 반복할까?	Will this repeat the word?
3	이것은 치킨 수프를 주문할까?	Will this order a chicken soup?
4	이것은 바위를 굴릴까?	Will this roll a rock?
5	이것은 곰을 쏠까?	Will this shoot a bear?
6	이것은 정보를 교환할까?	Will this exchange information?
7	이것은 징후를 보여줄까?	Will this show a sign?
8	이것은 문을 닫을까?	Will this shut a gate?
9	이것은 그 서비스를 포함할까?	Will this include the service?
10	이것은 모양을 선택할까?	Will this select a shape?
11	이것은 3달러를 청구할까?	Will this charge 3 dollars?
12	이것은 펜을 빌릴까?	Will this borrow a pen?
13	이것은 위치를 검색할까?	Will this search the location?
14	이것은 팔을 흔들까?	Will this swing the arm?
15	이것은 시간을 낭비할까?	Will this waste time?
16	이것은 지우개를 던져도 돼?	May this throw the eraser?
17	이것은 왼쪽으로 돌려도 돼?	May this turn left?
18	이것은 농장을 방문해도 돼?	May this visit a farm?
19	이것은 사전을 확인해도 돼?	May this check a dictionary?
20	이것은 기회를 놓쳐도 돼?	May this miss a chance?
21	이것은 풍선을 불어도 돼?	May this blow a balloon?
22	이것은 교회를 지어도 돼?	May this build a church?
23	이것은 초를 태워도 돼?	May this burn a candle?
24	이것은 바닥을 긁어도 돼?	May this scratch the floor?
25	이것은 고등학교를 졸업해도 돼?	May this graduate high school?
26	이것은 연필을 빌려줘도 돼?	May this lend a pencil?
27	이것은 우리에게 합쳐도 돼?	May this join us?
28	이것은 너를 안내해도 돼?	May this lead you?
29	이것은 선물을 포장해도 돼?	May this pack a present?
30	이것은 끈을 묶어도 돼?	May this tie a band?

1	이것은 뭐야?	What is this?
2	이 숫자는 뭐야?	What is this number?
3	이 종이는 뭐야?	What is this paper?
4	이 빈병은 뭐야?	What is this empty bottle?
5	이 작은 상자는 뭐야?	What is this small box?
1	이것은 어디에 있어?	Where is this?
2	이 차는 어디에 있어?	Where is this tea?
3	이 음식은 어디에 있어?	Where is this food?
4	이 젖은 수건은 어디에 있어?	Where is this wet towel?
5	이 넓은 접시는 어디에 있어?	Where is this wide dish?
1	이것은 누구야?	Who is this?
2	이 사진은 누구야?	Who is this photo?
3	이 가족은 누구야?	Who is this family?
4	이 강한 몸은 누구야?	Who is this strong body?
5	이 큰 편지는 누구야?	Who is this big letter?
1	이것은 왜 그래?	Why is this?
2	이것은 왜 같아?	Why is this same?
3	이것은 왜 달라?	Why is this different?
4	이것은 왜 싸?	Why is this cheap?
5	이것은 왜 비싸?	Why is this expensive?
1	이것은 언제야?	When is this?
2	이것은 언제 가능해?	When is this possible?
3	이것은 언제 불가능해?	When is this impossible?
4	이것은 언제 열어?	When is this open?
5	이것은 언제 닫아?	When is this closed?
1	이것은 어때?	How is this?
2	이것은 얼마나 커?	How big is this?
3	이것은 작아?	How small is this?
4	이것은 얼마나 오래됐어?	How old is this?
5	이것은 얼마야?	How much is this?

1	이것은 무엇을 해?	What does this do?
2	이것은 무엇을 출력해?	What does this print?
3	이것은 무엇을 건네줘?	What does this pass?
1	이것은 어디에서 해?	Where does this do?
2	이것은 어디에서 핀을 뽑아?	Where does this pick a pin?
3	이것은 어디에서 올라가?	Where does this climb?
1	이것은 누구한테 해?	Who does this do?
2	이것은 누구를 소개해?	Who does this introduce?
3	이것은 누구한테 합류해?	Who does this join?
1	이것은 왜 해?	Why does this do?
2	이것은 왜 그 소리를 녹음해?	Why does this record the sound?
3	이것은 왜 3달러를 청구해?	Why does this charge 3 dollars?
1	이것은 언제 해?	When does this do?
2	이것은 언제 고등학교를 졸업해?	When does this graduate high school?
3	이것은 언제 농장을 방문해?	When does this visit a farm?
1	이것은 어떻게 해?	How does this do?
2	이것은 어떻게 정보를 교환해?	How does this exchange information?
3	이것은 어떻게 펜을 빌려?	How does this borrow a pen?

1	이것은 무엇을 해야 하니?	What should this do?
2	이것은 무엇을 칠해야 하니?	What should this paint?
3	이것은 무엇을 시작해야 하니?	What should this begin?
1	이것은 어디에서 해야 하니?	Where should this do?
2	이것은 어디에서 컴퓨터를 수리해야 하니?	Where should this fix a computer?
3	이것은 어디에서 수프를 주문해야 하니?	Where should this order a soup?
1	이것은 누구한테 해야 하니?	Who should this do?
2	이것은 누구한테 사인을 보여줘야 하니?	Who should this show a sign?
3	이것은 누구한테 연필을 빌려줘야 하니?	Who should this lend a pencil?
1	이것은 왜 해야 하니?	Why should this do?
2	이것은 왜 문을 닫아야 하니?	Why should this shut a gate?
3	이것은 왜 연습을 계속해야 하니?	Why should this continue exercise?
1	이것은 언제 해야 하니?	When should this do?
2	이것은 언제 좌회전해야 하니?	When should this turn left?
3	이것은 언제 길을 건너야 하니?	When should this cross the street?
1	이것은 어떻게 해야 하니?	How should this do?
2	이것은 어떻게 그림을 그려야 하니?	How should this draw a picture?
3	이것은 어떻게 영어를 배워야 하니?	How should this learn English?

1	이것은 무엇을 할 수 있어?	What can this do?
2	이것은 무엇을 숨길 수 있어?	What can this hide?
3	이것은 무엇을 덮을 수 있어?	What can this cover?
1	이것은 어디에서 할 수 있어?	Where can this do?
2	이것은 어디에서 돈을 셀 수 있어?	Where can this count the money?
3	이것은 어디에서 바구니를 채울 수 있어?	Where can this fill a basket?
1	이것은 누구를 할 수 있어?	Who can this do?
2	이것은 누구를 키울 수 있어?	Who can this grow?
3	이것은 누구를 사랑할 수 있어?	Who can this love?
1	이것은 왜 할 수 있어?	Why can this do?
2	이것은 왜 비를 싫어할 수 있어?	Why can this hate rain?
3	이것은 왜 옷을 사랑할 수 있어?	Why can this love a dress?
1	이것은 언제 할 수 있어?	When can this do?
2	이것은 언제 모양을 선택할 수 있어?	When can this select a shape?
3	이것은 언제 사전을 확인할 수 있어?	When can this check a dictionary?
1	이것은 어떻게 할 수 있어?	How can this do?
2	이것은 어떻게 장갑을 잃어버릴 수 있어?	How can this lose gloves?
3	이것은 어떻게 시간을 낭비할 수 있어?	How can this waste time?

1	이것은 무엇을 할까?	What will this do?
2	이것은 무엇을 굴릴까?	What will this roll?
3	이것은 무엇을 쏠까?	What will this shoot?
1	이것은 어디서 할까?	Where will this do?
2	이것은 어디서 그 말을 반복할까?	Where will this repeat the word?
3	이것은 어디서 지우개를 던질까?	Where will this throw the eraser?
1	이것은 누구한테 할까?	Who will this do?
2	이것은 누구를 긁을까?	Who will this scratch?
3	이것은 누구를 따라갈까?	Who will this follow?
1	이것은 왜 할까?	Why will this do?
2	이것은 왜 이를 다치게 할까?	Why will this hurt teeth?
3	이것은 왜 위치를 찾을까?	Why will this search the location?
1	이것은 언제 할까?	When will this do?
2	이것은 언제 초를 태울까?	When will this burn a candle?
3	이것은 언제 풍선을 불까?	When will this blow a balloon?
1	이것은 어떻게 할까?	How will this do?
2	이것은 어떻게 너를 안내할까?	How will this lead you?
3	이것은 어떻게 팔을 흔들까?	How will this swing the arm?

STEP 2.
이것의 과거

1	이것은 컸어.	This was big.
2	이것은 컸어.	This was large.
3	이것은 작았어.	This was small.
4	이것은 느렸어.	This was slow.
5	이것은 빨랐어.	This was fast.
6	이것은 밝았어.	This was bright.
7	이것은 어두웠어.	This was dark.
8	이것은 쌌어/저렴했어.	This was cheap.
9	이것은 비쌌어.	This was expensive.
10	이것은 비었었어.	This was empty.
11	이것은 가득찼었어.	This was full.
12	이것은 멀었어.	This was far.
13	이것은 가까웠어.	This was near.
14	이것은 신선했어.	This was fresh.
15	이것은 썩었었어.	This was rotten.
16	이것은 단단했어.	This was hard.
17	이것은 질겼어/거칠었어.	This was tough.
18	이것은 부드러웠어.	This was soft.
19	이것은 무거웠어.	This was heavy.
20	이것은 가벼웠어.	This was light.
21	이것은 높았어.	This was high.
22	이것은 낮았어.	This was low.
23	이것은 뜨거웠어.	This was hot.
24	이것은 차가웠어.	This was cold.
25	이것은 길었어.	This was long.
26	이것은 짧았어.	This was short.
27	이것은 새로웠어.	This was new.
28	이것은 오래됐었어.	This was old.
29	이것은 열렸었어.	This was open.
30	이것은 닫혔었어.	This was closed.

1	이것은 안 컸어.	This was not big.
2	이것은 안 컸어.	This was not large.
3	이것은 안 작았어.	This was not small.
4	이것은 안 느렸어.	This was not slow.
5	이것은 안 빨랐어.	This was not fast.
6	이것은 안 밝았어.	This was not bright.
7	이것은 안 어두웠어.	This was not dark.
8	이것은 안 쌌어/저렴했어.	This was not cheap.
9	이것은 안 비쌌어.	This was not expensive.
10	이것은 안 비었었어.	This was not empty.
11	이것은 안 가득찼었어.	This was not full.
12	이것은 안 멀었어.	This was not far.
13	이것은 안 가까웠어.	This was not near.
14	이것은 안 신선했어.	This was not fresh.
15	이것은 안 썩었었어.	This was not rotten.
16	이것은 안 단단했어.	This was not hard.
17	이것은 안 질겼어/거칠었어.	This was not tough.
18	이것은 안 부드러웠어.	This was not soft.
19	이것은 안 무거웠어.	This was not heavy.
20	이것은 안 가벼웠어.	This was not light.
21	이것은 안 높았어.	This was not high.
22	이것은 안 낮았어.	This was not low.
23	이것은 안 뜨거웠어.	This was not hot.
24	이것은 안 차가웠어.	This was not cold.
25	이것은 안 길었어.	This was not long.
26	이것은 안 짧았어.	This was not short.
27	이것은 안 새로웠어.	This was not new.
28	이것은 안 오래됐었어.	This was not old.
29	이것은 안 열렸었어.	This was not open.
30	이것은 안 닫혔었어.	This was not closed.

1	이것은 안전한 운동이었어.	This was a safe sport.
2	이것은 곧은 나무였어.	This was a straight tree.
3	이것은 짠 야채였어.	This was a salty vegetable.
4	이것은 두꺼운 고기였어.	This was a thick meat.
5	이것은 차가운 얼음이었어.	This was a cold ice.
6	이것은 어려운 규칙이었어.	This was a difficult rule.
7	이것은 시원한 주스였어.	This was a cool juice.
8	이것은 고정된 가격이었어.	This was a fixed price.
9	이것은 이상한 지도였어.	This was a strange map.
10	이것은 큰 시장이었어.	This was a large market.
11	이것은 웃긴 농담이었어.	This was a funny joke.
12	이것은 가벼운 종이였어.	This was a light paper.
13	이것은 가짜 그림이었어.	This was a fake picture.
14	이것은 어두운 사진이었어.	This was a dark photo.
15	이것은 불가능한 계획이었어.	This was an impossible plan.
16	이것은 다른 선물이었어.	This was a different gift.
17	이것은 좁은 거리였어.	This was a narrow street.
18	이것은 평평한 도로였어.	This was a flat road.
19	이것은 부드러운 차였어.	This was a soft tea.
20	이것은 지루한 절이었어.	This was a boring temple.
21	이것은 날카로운 우산이었어.	This was a sharp umbrella.
22	이것은 느린 동영상이었어.	This was a slow video.
23	이것은 금 숟가락이었어.	This was a gold spoon.
24	이것은 짧은 젓가락이었어.	This was a short chopstick.
25	이것은 젖은 수건이었어.	This was a wet towel.
26	이것은 놀라운 자연이었어.	This was a wonderful nature.
27	이것은 공공의 전화였어(공중전화).	This was a public telephone.
28	이것은 무거운 가구였어.	This was a heavy furniture.
29	이것은 쉬운 문제였어.	This was an easy problem.
30	이것은 동그란 과자였어.	This was a round cookie.

1	이것은 안전한 운동이 아니었어.	This was not a safe sport.
2	이것은 곧은 나무가 아니었어.	This was not a straight tree.
3	이것은 짠 야채가 아니었어.	This was not a salty vegetable.
4	이것은 두꺼운 고기가 아니었어.	This was not a thick meat.
5	이것은 차가운 얼음이 아니었어.	This was not a cold ice.
6	이것은 어려운 규칙이 아니었어.	This was not a difficult rule.
7	이것은 시원한 주스가 아니었어.	This was not a cool juice.
8	이것은 고정된 가격이 아니었어.	This was not a fixed price.
9	이것은 이상한 지도가 아니었어.	This was not a strange map.
10	이것은 큰 시장이 아니었어.	This was not a large market.
11	이것은 웃긴 농담이 아니었어.	This was not a funny joke.
12	이것은 가벼운 종이가 아니었어.	This was not a light paper.
13	이것은 가짜 그림이 아니었어.	This was not a fake picture.
14	이것은 어두운 사진이 아니었어.	This was not a dark photo.
15	이것은 불가능한 계획이 아니었어.	This was not an impossible plan.
16	이것은 다른 선물이 아니었어.	This was not a different gift.
17	이것은 좁은 거리가 아니었어.	This was not a narrow street.
18	이것은 평평한 도로가 아니었어.	This was not a flat road.
19	이것은 부드러운 차가 아니었어.	This was not a soft tea.
20	이것은 지루한 절이 아니었어.	This was not a boring temple.
21	이것은 날카로운 우산이 아니었어.	This was not an sharp umbrella.
22	이것은 느린 동영상이 아니었어.	This was not a slow video.
23	이것은 금 숟가락이 아니었어.	This was not a gold spoon.
24	이것은 짧은 젓가락이 아니었어.	This was not a short chopstick.
25	이것은 젖은 수건이 아니었어.	This was not a wet towel.
26	이것은 놀라운 자연이 아니었어.	This was not a wonderful nature.
27	이것은 공공의 전화가 아니었어(공중전화).	This was not a public telephone.
28	이것은 무거운 가구가 아니었어.	This was not a heavy furniture.
29	이것은 쉬운 문제가 아니었어.	This was not an easy problem.
30	이것은 동그란 과자가 아니었어.	This was not a round cookie.

1	이것은 파티를 시작했어.	This began a party.
2	이것은 케이크를 잘랐어/부쉈어.	This broke a cake.
3	이것은 돌을 운반했어/날랐어.	This carried a stone.
4	이것은 자리를 바꿨어.	This changed a seat.
5	이것은 무릎을 덮었어.	This covered the knee.
6	이것은 그 페이지를 복사했어.	This copied the page.
7	이것은 산을 올라갔어.	This climbed a mountain.
8	이것은 거리를 가로질렀어/건넜어.	This crossed the street.
9	이것은 그림을 그렸어.	This drew a picture.
10	이것은 사탕을 떨어뜨렸어.	This dropped a candy.
11	이것은 돈을 셌어.	This counted the money.
12	이것은 컴퓨터를 수리했어.	This fixed a computer.
13	이것은 바구니를 채웠어.	This filled a basket.
14	이것은 길을 따라갔어.	This followed the way.
15	이것은 동물을 키웠어.	This grew an animal.
16	이것은 나이를 감췄어/숨겼어.	This hid age.
17	이것은 그 팀을 소개했어.	This introduced the team.
18	이것은 비를 미워했어/싫어했어.	This hated rain.
19	이것은 이를 다치게 했어.	This hurt teeth.
20	이것은 연습을 계속했어.	This continued exercise.
21	이것은 옷을 사랑했어.	This loved a dress.
22	이것은 장갑을 잃어버렸어.	This lost gloves.
23	이것은 영어를 배웠어.	This learned English.
24	이것은 이름을 썼어.	This spelled the name.
25	이것은 새를 죽였어.	This killed a bird.
26	이것은 공을 찼어.	This kicked a ball.
27	이것은 인형을 칠했어.	This painted a doll.
28	이것은 그 코스를 통과했어.	This passed the course.
29	이것은 핀을 뽑았어.	This picked a pin.
30	이것은 그 용지를 출력했어.	This printed the sheet.

1	이것은 파티를 안 시작했어.	This didn't begin a party.
2	이것은 케이크를 안 잘랐어/부쉈어.	This didn't break a cake.
3	이것은 돌을 안 운반했어/날랐어.	This didn't carry a stone.
4	이것은 자리를 안 바꿨어.	This didn't change a seat.
5	이것은 무릎을 안 덮었어.	This didn't cover the knee.
6	이것은 그 페이지를 안 복사했어.	This didn't copy the page.
7	이것은 산을 안 올라갔어.	This didn't climb a mountain.
8	이것은 거리를 안 가로질렀어/건넜어.	This didn't cross the street.
9	이것은 그림을 안 그렸어.	This didn't draw a picture.
10	이것은 사탕을 안 떨어뜨렸어.	This didn't drop a candy.
11	이것은 돈을 안 셌어.	This didn't count the money.
12	이것은 컴퓨터를 안 수리했어.	This didn't fix a computer.
13	이것은 바구니를 안 채웠어.	This didn't fill a basket.
14	이것은 길을 안 따라갔어.	This didn't follow the way.
15	이것은 동물을 안 키웠어.	This didn't grow an animal.
16	이것은 나이를 안 감췄어/숨겼어.	This didn't hide age.
17	이것은 그 팀을 안 소개했어.	This didn't introduce the team.
18	이것은 비를 안 미워했어/싫어했어.	This didn't hate rain.
19	이것은 이를 안 다치게 했어.	This didn't hurt teeth.
20	이것은 연습을 안 계속했어.	This didn't continue exercise.
21	이것은 옷을 안 사랑했어.	This didn't love a dress.
22	이것은 장갑을 안 잃어버렸어.	This didn't lose gloves.
23	이것은 영어를 안 배웠어.	This didn't learn English.
24	이것은 이름을 안 썼어.	This didn't spell the name.
25	이것은 새를 안 죽였어.	This didn't kill a bird.
26	이것은 공을 안 찼어.	This didn't kick a ball.
27	이것은 인형을 안 칠했어.	This didn't paint a doll.
28	이것은 그 코스를 안 통과했어.	This didn't pass the course.
29	이것은 핀을 안 뽑았어.	This didn't pick a pin.
30	이것은 그 용지를 안 출력했어.	This didn't print the sheet.

1	이것은 그 소리를 녹음했어.	This recorded the sound.
2	이것은 그 말을 반복했어.	This repeated the word.
3	이것은 치킨 수프를 주문했어.	This ordered a chicken soup.
4	이것은 바위를 굴렸어.	This rolled a rock.
5	이것은 곰을 쐈어.	This shot a bear.
6	이것은 정보를 교환했어.	This exchanged information.
7	이것은 징후를 보여줬어.	This showed a sign.
8	이것은 문을 닫았어.	This shut a gate.
9	이것은 그 서비스를 포함했어.	This included the service.
10	이것은 모양을 선택했어.	This selected a shape.
11	이것은 3달러를 청구했어.	This charged 3 dollars.
12	이것은 펜을 빌렸어.	This borrowed a pen.
13	이것은 위치를 검색했어/찾았어.	This searched the location.
14	이것은 팔을 흔들었어.	This swung the arm.
15	이것은 시간을 낭비했어.	This wasted time.
16	이것은 지우개를 던졌어.	This threw the eraser.
17	이것은 왼쪽으로 돌렸어.	This turned left.
18	이것은 농장을 방문했어.	This visited a farm.
19	이것은 사전을 확인했어.	This checked a dictionary.
20	이것은 기회를 놓쳤어.	This missed a chance.
21	이것은 풍선을 불었어.	This blew a balloon.
22	이것은 교회를 지었어.	This built a church.
23	이것은 초를 태웠어.	This burned a candle.
24	이것은 바닥을 긁었어.	This scratched the floor.
25	이것은 고등학교를 졸업했어.	This graduated high school.
26	이것은 연필을 빌려줬어.	This lent a pencil.
27	이것은 우리에게 합쳤어.	This joined us.
28	이것은 너를 안내했어.	This led you.
29	이것은 선물을 포장했어.	This packed a present.
30	이것은 끈을 묶었어.	This tied a band.

1	이것은 그 소리를 안 녹음했어.	This didn't record the sound.
2	이것은 그 말을 안 반복했어.	This didn't repeat the word.
3	이것은 치킨 수프를 안 주문했어.	This didn't order a chicken soup.
4	이것은 바위를 안 굴렸어.	This didn't roll a rock.
5	이것은 곰을 안 쐈어.	This didn't shoot a bear.
6	이것은 정보를 안 교환했어.	This didn't exchange information.
7	이것은 징후를 안 보여줬어.	This didn't show a sign.
8	이것은 문을 안 닫았어.	This didn't shut a gate.
9	이것은 그 서비스를 안 포함했어.	This didn't include the service.
10	이것은 모양을 안 선택했어.	This didn't select a shape.
11	이것은 3달러를 안 청구했어.	This didn't charge 3 dollars.
12	이것은 펜을 안 빌렸어.	This didn't borrow a pen.
13	이것은 위치를 안 검색했어/찾았어.	This didn't search the location.
14	이것은 팔을 안 흔들었어.	This didn't swing the arm.
15	이것은 시간을 안 낭비했어.	This didn't waste time.
16	이것은 지우개를 안 던졌어.	This didn't throw the eraser.
17	이것은 왼쪽으로 안 돌렸어.	This didn't turn left.
18	이것은 농장을 안 방문했어.	This didn't visit a farm.
19	이것은 사전을 안 확인했어.	This didn't check a dictionary.
20	이것은 기회를 안 놓쳤어.	This didn't miss a chance.
21	이것은 풍선을 안 불었어.	This didn't blow a balloon.
22	이것은 교회를 안 지었어.	This didn't build a church.
23	이것은 초를 안 태웠어.	This didn't burn a candle.
24	이것은 바닥을 안 긁었어.	This didn't scratch the floor.
25	이것은 고등학교를 안 졸업했어.	This didn't graduate high school.
26	이것은 연필을 안 빌려줬어.	This didn't lend a pencil.
27	이것은 우리에게 안 합쳤어.	This didn't join us.
28	이것은 너를 안 안내했어.	This didn't lead you.
29	이것은 선물을 안 포장했어.	This didn't pack a present.
30	이것은 끈을 안 묶었어.	This didn't tie a band.

1	이것은 똑같았어?	Was this same?
2	이것은 달랐어?	Was this different?
3	이것은 안전했어?	Was this safe?
4	이것은 위험했어?	Was this dangerous?
5	이것은 좁았어?	Was this narrow?
6	이것은 넓었어?	Was this wide?
7	이것은 두꺼웠어?	Was this thick?
8	이것은 얇았어?	Was this thin?
9	이것은 어려웠어?	Was this difficult?
10	이것은 쉬웠어?	Was this easy?
11	이것은 이상했어?	Was this strange?
12	이것은 정상/보통이었어?	Was this normal?
13	이것은 웃겼어?	Was this funny?
14	이것은 지루했어?	Was this boring?
15	이것은 젖었었어?	Was this wet?
16	이것은 건조했었어/말랐었어?	Was this dry?
17	이것은 가능했어?	Was this possible?
18	이것은 불가능했어?	Was this impossible?
19	이것은 옳았어?	Was this right?
20	이것은 틀렸었어/잘못됐었어?	Was this wrong?
21	이것은 진짜였어?	Was this real?
22	이것은 가짜였어?	Was this fake?
23	이것은 동그랬어?	Was this round?
24	이것은 곧았어/일자였어?	Was this straight?
25	이것은 맛있었어?	Was this delicious?
26	이것은 짰어?	Was this salty?
27	이것은 날카로웠어?	Was this sharp?
28	이것은 깊었어?	Was this deep?
29	이것은 고정되어 있었어?	Was this fixed?
30	이것은 평평했었어?	Was this flat?

1	이것은 오래된 장난감이었어?	Was this an old toy?
2	이것은 밝은 색깔이었어?	Was this a bright color?
3	이것은 큰 편지/글자였어?	Was this a big letter?
4	이것은 아름다운 꽃이었어?	Was this a beautiful flower?
5	이것은 강한 몸이었어?	Was this a strong body?
6	이것은 꽉 찬 앨범이었어?	Was this a full album?
7	이것은 거친 동물이었어?	Was this a tough animal?
8	이것은 높은 아파트였어?	Was this a tall apartment?
9	이것은 빠른 자전거였어?	Was this a fast bicycle?
10	이것은 작은 상자였어?	Was this a small box?
11	이것은 깊은 사발이었어?	Was this a deep bowl?
12	이것은 빈 병이었어?	Was this an empty bottle?
13	이것은 딱딱한 빵이었어?	Was this a hard bread?
14	이것은 긴 벤치였어?	Was this a long bench?
15	이것은 잘못된 달력이었어?	Was this a wrong calender?
16	이것은 싼/저렴한 모자였어?	Was this a cheap cap?
17	이것은 얇은 카드였어?	Was this a thin card?
18	이것은 새 여권이었어?	Was this a new passport?
19	이것은 같은 동전이었어?	Was this a same coin?
20	이것은 넓은 접시/그릇이었어?	Was this a wide dish?
21	이것은 진짜 주소였어?	Was this a real address?
22	이것은 맛있는 음식이었어?	Was this a delicious food?
23	이것은 뜨거운 불이었어?	Was this a hot fire?
24	이것은 비싼 집이었어?	Was this an expensive house?
25	이것은 올바른 숫자였어?	Was this a right number?
26	이것은 정상적인 가족이었어?	Was this a normal family?
27	이것은 신선한 과일이었어?	Was this a fresh fruit?
28	이것은 위험한 장소였어?	Was this a dangerous place?
29	이것은 낮은 건물/빌딩이었어?	Was this a low building?
30	이것은 썩은 생선이었어?	Was this a rotten fish?

1	이것은 파티를 시작했어?	Did this begin a party?
2	이것은 케이크를 잘랐어/부쉈어?	Did this break a cake?
3	이것은 돌을 운반했어/날랐어?	Did this carry a stone?
4	이것은 자리를 바꿨어?	Did this change a seat?
5	이것은 무릎을 덮었어?	Did this cover the knee?
6	이것은 그 페이지를 복사했어?	Did this copy the page?
7	이것은 산을 올라갔어?	Did this climb a mountain?
8	이것은 거리를 가로질렀어/건넜어?	Did this cross the street?
9	이것은 그림을 그렸어?	Did this draw a picture?
10	이것은 사탕을 떨어뜨렸어?	Did this drop a candy?
11	이것은 돈을 셌어?	Did this count the money?
12	이것은 컴퓨터를 수리했어?	Did this fix a computer?
13	이것은 바구니를 채웠어?	Did this fill a basket?
14	이것은 길을 따라갔어?	Did this follow the way?
15	이것은 동물을 키웠어?	Did this grow an animal?
16	이것은 나이를 감췄어/숨겼어?	Did this hide age?
17	이것은 그 팀을 소개했어?	Did this introduce the team?
18	이것은 비를 미워/싫어했어?	Did this hate rain?
19	이것은 이를 다치게 했어?	Did this hurt teeth?
20	이것은 연습을 계속했어?	Did this continue exercise?
21	이것은 옷을 사랑했어?	Did this love a dress?
22	이것은 장갑을 잃어버렸어?	Did this lose gloves?
23	이것은 영어를 배웠어?	Did this learn English?
24	이것은 이름을 썼어?	Did this spell the name?
25	이것은 새를 죽였어?	Did this kill a bird?
26	이것은 공을 찼어?	Did this kick a ball?
27	이것은 인형을 칠했어?	Did this paint a doll?
28	이것은 그 코스를 통과했어?	Did this pass the course?
29	이것은 핀을 뽑았어?	Did this pick a pin?
30	이것은 그 용지를 출력했어?	Did this print the sheet?

1	이것은 그 소리를 녹음했어?	Did this record the sound?
2	이것은 그 말을 반복했어?	Did this repeat the word?
3	이것은 치킨 수프를 주문했어?	Did this order a chicken soup?
4	이것은 바위를 굴렸어?	Did this roll a rock?
5	이것은 곰을 쐈어?	Did this shoot a bear?
6	이것은 정보를 교환했어?	Did this exchange information?
7	이것은 징후를 보여줬어?	Did this show a sign?
8	이것은 문을 닫았어?	Did this shut a gate?
9	이것은 그 서비스를 포함했어?	Did this include the service?
10	이것은 모양을 선택했어?	Did this select a shape?
11	이것은 3달러를 청구했어?	Did this charge 3 dollars?
12	이것은 펜을 빌렸어?	Did this borrow a pen?
13	이것은 위치를 검색했어/찾았어?	Did this search the location?
14	이것은 팔을 흔들었어?	Did this swing the arm?
15	이것은 시간을 낭비했어?	Did this waste time?
16	이것은 지우개를 던졌어?	Did this throw the eraser?
17	이것은 왼쪽으로 돌렸어?	Did this turn left?
18	이것은 농장을 방문했어?	Did this visit a farm?
19	이것은 사전을 확인했어?	Did this check a dictionary?
20	이것은 기회를 놓쳤어?	Did this miss a chance?
21	이것은 풍선을 불었어?	Did this blow a balloon?
22	이것은 교회를 지었어?	Did this build a church?
23	이것은 초를 태웠어?	Did this burn a candle?
24	이것은 바닥을 긁었어?	Did this scratch the floor?
25	이것은 고등학교를 졸업했어?	Did this graduate high school?
26	이것은 연필을 빌려줬어?	Did this lend a pencil?
27	이것은 우리에게 합쳤어?	Did this join us?
28	이것은 너를 안내했어?	Did this lead you?
29	이것은 선물을 포장했어?	Did this pack a present?
30	이것은 끈을 묶었어?	Did this tie a band?

1	이것은 뭐였어?	What was this?
2	이 숫자는 뭐였어?	What was this number?
3	이 종이는 뭐였어?	What was this paper?
4	이 빈병은 뭐였어?	What was this empty bottle?
5	이 작은 상자는 뭐였어?	What was this small box?
1	이것은 어디에 있었어?	Where was this?
2	이 차는 어디에 있었어?	Where was this tea?
3	이 음식은 어디에 있었어?	Where was this food?
4	이 젖은 수건은 어디에 있었어?	Where was this wet towel?
5	이 넓은 접시는 어디에 있었어?	Where was this wide dish?
1	이것은 누구였어?	Who was this?
2	이 사진은 누구였어?	Who was this photo?
3	이 가족은 누구였어?	Who was this family?
4	이 강한 몸은 누구였어?	Who was this strong body?
5	이 큰 편지는 누구였어?	Who was this big letter?
1	이것은 왜 그랬어?	Why was this?
2	이것은 왜 같았어?	Why was this same?
3	이것은 왜 달랐어?	Why was this different?
4	이것은 왜 쌌어?	Why was this cheap?
5	이것은 왜 비쌌어?	Why was this expensive?
1	이것은 언제였어?	When was this?
2	이것은 언제 가능했어?	When was this possible?
3	이것은 언제 불가능했어?	When was this impossible?
4	이것은 언제 열렸어?	When was this open?
5	이것은 언제 닫혔어?	When was this closed?
1	이것은 어땠어?	How was this?
2	이것은 얼마나 컸어?	How big was this?
3	이것은 얼마나 작았어?	How small was this?
4	이것은 얼마나 오래됐었어?	How old was this?
5	이것은 얼마였어?	How much was this?

1	이것은 무엇을 했어?	What did this do?
2	이것은 무엇을 출력했어?	What did this print?
3	이것은 무엇을 건네줬어?	What did this pass?
1	이것은 어디에서 했어?	Where did this do?
2	이것은 어디에서 핀을 뽑았어?	Where did this pick a pin?
3	이것은 어디에서 올라갔어?	Where did this climb?
1	이것은 누구한테 했어?	Who did this do?
2	이것은 누구를 소개했어?	Who did this introduce?
3	이것은 누구한테 합류했어?	Who did this join?
1	이것은 왜 했어?	Why did this do?
2	이것은 왜 그 소리를 녹음했어?	Why did this record the sound?
3	이것은 왜 3달러를 청구했어?	Why did this charge 3 dollars?
1	이것은 언제 했어?	When did this do?
2	이것은 언제 고등학교를 졸업했어?	When did this graduate high school?
3	이것은 언제 농장을 방문했어?	When did this visit a farm?
1	이것은 어떻게 했어?	How did this do?
2	이것은 어떻게 정보를 교환했어?	How did this exchange information?
3	이것은 어떻게 펜을 빌렸어?	How did this borrow a pen?

STEP 3.
저것의 지금

※ 저/그것의 과거는 this의 과거와 동일한 패턴이어서 생략해요.

263

※ that은 '저것, 저 사람, 쟤'라는 뜻이에요.

1	저것은 똑같아.	That is same.
2	저것은 달라.	That is different.
3	저것은 안전해.	That is safe.
4	저것은 위험해.	That is dangerous.
5	저것은 좁아.	That is narrow.
6	저것은 넓어.	That is wide.
7	저것은 두꺼워.	That is thick.
8	저것은 얇아.	That is thin.
9	저것은 어려워.	That is difficult.
10	저것은 쉬워.	That is easy.
11	저것은 이상해.	That is strange.
12	저것은 정상/보통이야.	That is normal.
13	저것은 웃겨.	That is funny.
14	저것은 지루해.	That is boring.
15	저것은 축축해.	That is wet.
16	저것은 안 똑같아.	That is not same.
17	저것은 안 달라.	That is not different.
18	저것은 안 안전해.	That is not safe.
19	저것은 안 위험해.	That is not dangerous.
20	저것은 안 좁아.	That is not narrow.
21	저것은 안 넓어.	That is not wide.
22	저것은 안 두꺼워.	That is not thick.
23	저것은 안 얇아.	That is not thin.
24	저것은 안 어려워.	That is not difficult.
25	저것은 안 쉬워.	That is not easy.
26	저것은 안 이상해.	That is not strange.
27	저것은 정상/보통이 아니야.	That is not normal.
28	저것은 안 웃겨.	That is not funny.
29	저것은 안 지루해.	That is not boring.
30	저것은 안 축축해.	That is not wet.

1	저것은 오래된 장난감이야.	That is an old toy.
2	저것은 밝은 색깔이야.	That is a bright color.
3	저것은 큰 편지/글자야.	That is a big letter.
4	저것은 아름다운 꽃이야.	That is a beautiful flower.
5	저것은 강한 몸이야.	That is a strong body.
6	저것은 꽉 찬 앨범이야.	That is a full album.
7	저것은 거친 동물이야.	That is a tough animal.
8	저것은 높은 아파트야.	That is a tall apartment.
9	저것은 빠른 자전거야.	That is a fast bicycle.
10	저것은 작은 상자야.	That is a small box.
11	저것은 깊은 사발이야.	That is a deep bowl.
12	저것은 빈 병이야.	That is an empty bottle.
13	저것은 딱딱한 빵이야.	That is a hard bread.
14	저것은 긴 벤치야.	That is a long bench.
15	저것은 잘못된 달력이야.	That is a wrong calender.
16	저것은 오래된 장난감이 아니야.	That is not an old toy.
17	저것은 밝은 색깔이 아니야.	That is not a bright color.
18	저것은 큰 편지/글자가 아니야.	That is not a big letter.
19	저것은 아름다운 꽃이 아니야.	That is not a beautiful flower.
20	저것은 강한 몸이 아니야.	That is not a strong body.
21	저것은 꽉 찬 앨범이 아니야.	That is not a full album.
22	저것은 거친 동물이 아니야.	That is not a tough animal.
23	저것은 높은 아파트가 아니야.	That is not a tall apartment.
24	저것은 빠른 자전거가 아니야.	That is not a fast bicycle.
25	저것은 작은 상자가 아니야.	That is not a small box.
26	저것은 깊은 사발이 아니야.	That is not a deep bowl.
27	저것은 빈 병이 아니야.	That is not an empty bottle.
28	저것은 딱딱한 빵이 아니야.	That is not a hard bread.
29	저것은 긴 벤치가 아니야.	That is not a long bench.
30	저것은 잘못된 달력이 아니야.	That is not a wrong calender.

1	저것은 파티를 시작한다.	That begins a party.
2	저것은 케이크를 자른다/부순다.	That breaks a cake.
3	저것은 돌을 운반한다/나른다.	That carries a stone.
4	저것은 자리를 바꾼다.	That changes a seat.
5	저것은 무릎을 덮는다.	That covers the knee.
6	저것은 그 페이지를 복사한다.	That copies the page.
7	저것은 산을 올라간다.	That climbs a mountain.
8	저것은 거리를 가로지른다/건넌다.	That crosses the street.
9	저것은 그림을 그린다.	That draws a picture.
10	저것은 사탕을 떨어뜨린다.	That drops a candy.
11	저것은 돈을 센다.	That counts the money.
12	저것은 컴퓨터를 수리한다.	That fixes a computer.
13	저것은 바구니를 채운다.	That fills a basket.
14	저것은 길을 따라간다.	That follows the way.
15	저것은 동물을 키운다.	That grows an animal.
16	저것은 파티를 안 시작한다.	That doesn't begin a party.
17	저것은 케이크를 안 자른다/부순다.	That doesn't break a cake.
18	저것은 돌을 안 운반한다/나른다.	That doesn't carry a stone.
19	저것은 자리를 안 바꾼다.	That doesn't change a seat.
20	저것은 무릎을 안 덮는다.	That doesn't cover the knee.
21	저것은 그 페이지를 안 복사한다.	That doesn't copy the page.
22	저것은 산을 안 올라간다.	That doesn't climb a mountain.
23	저것은 거리를 안 가로지른다/건넌다.	That doesn't cross the street.
24	저것은 그림을 안 그린다.	That doesn't draw a picture.
25	저것은 사탕을 안 떨어뜨린다.	That doesn't drop a candy.
26	저것은 돈을 안 센다.	That doesn't count the money.
27	저것은 컴퓨터를 안 수리한다.	That doesn't fix a computer.
28	저것은 바구니를 안 채운다.	That doesn't fill a basket.
29	저것은 길을 안 따라간다.	That doesn't follow the way.
30	저것은 동물을 안 키운다.	That doesn't grow an animal.

1	저것은 커?	Is that big?
2	저것은 커?	Is that large?
3	저것은 작아?	Is that small?
4	저것은 느려?	Is that slow?
5	저것은 빨라?	Is that fast?
6	저것은 밝아?	Is that bright?
7	저것은 어두워?	Is that dark?
8	저것은 싸/저렴해?	Is that cheap?
9	저것은 비싸?	Is that expensive?
10	저것은 비었어?	Is that empty?
11	저것은 가득찼어?	Is that full?
12	저것은 멀어?	Is that far?
13	저것은 가까워?	Is that near?
14	저것은 신선해?	Is that fresh?
15	저것은 썩었어?	Is that rotten?
16	저것은 안전한 운동이야?	Is that a safe sport?
17	저것은 곧은 나무야?	Is that a straight tree?
18	저것은 짠 야채야?	Is that a salty vegetable?
19	저것은 두꺼운 고기야?	Is that a thick meat?
20	저것은 차가운 얼음이야?	Is that a cold ice?
21	저것은 어려운 규칙이야?	Is that a difficult rule?
22	저것은 시원한 주스야?	Is that a cool juice?
23	저것은 고정된 가격이야?	Is that a fixed price?
24	저것은 이상한 지도야?	Is that a strange map?
25	저것은 큰 시장이야?	Is that a large market?
26	저것은 웃긴 농담이야?	Is that a funny joke?
27	저것은 가벼운 종이야?	Is that a light paper?
28	저것은 가짜 그림이야?	Is that a fake picture?
29	저것은 어두운 사진이야?	Is that a dark photo?
30	저것은 불가능한 계획이야?	Is that an impossible plan?

1	저것은 파티를 시작해?	Does that begin a party?
2	저것은 케이크를 잘라?	Does that break a cake?
3	저것은 돌을 운반해/날라?	Does that carry a stone?
4	저것은 자리를 바꿔?	Does that change a seat?
5	저것은 무릎을 덮어?	Does that cover the knee?
6	저것은 그 페이지를 복사해?	Does that copy the page?
7	저것은 산을 올라가?	Does that climb a mountain?
8	저것은 거리를 가로질러/건너?	Does that cross the street?
9	저것은 그림을 그려?	Does that draw a picture?
10	저것은 사탕을 떨어뜨려?	Does that drop a candy?
11	저것은 돈을 세?	Does that count the money?
12	저것은 컴퓨터를 수리해?	Does that fix a computer?
13	저것은 바구니를 채워?	Does that fill a basket?
14	저것은 길을 따라가?	Does that follow the way?
15	저것은 동물을 키워?	Does that grow an animal?
16	저것은 나이를 감춰/숨겨?	Does that hide age?
17	저것은 그 팀을 소개해?	Does that introduce the team?
18	저것은 비를 미워/싫어해?	Does that hate rain?
19	저것은 이를 다치게 해?	Does that hurt teeth?
20	저것은 연습을 계속해?	Does that continue exercise?
21	저것은 옷을 사랑해?	Does that love a dress?
22	저것은 장갑을 잃어버려?	Does that lose gloves?
23	저것은 영어를 배워?	Does that learn English?
24	저것은 이름을 써?	Does that spell the name?
25	저것은 새를 죽여?	Does that kill a bird?
26	저것은 공을 차?	Does that kick a ball?
27	저것은 인형을 칠해?	Does that paint a doll?
28	저것은 그 코스를 통과해?	Does that pass the course?
29	저것은 핀을 뽑아?	Does that pick a pin?
30	저것은 그 용지를 출력해?	Does that print the sheet?

1	저것은 뭐야?	What is that?
2	저 숫자는 뭐야?	What is that number?
3	저 종이는 뭐야?	What is that paper?
4	저 빈병은 뭐야?	What is that empty bottle?
5	저 작은 상자는 뭐야?	What is that small box?
1	저것은 어디에 있어?	Where is that?
2	저 차는 어디에 있어?	Where is that tea?
3	저 음식은 어디에 있어?	Where is that food?
4	저 젖은 수건은 어디에 있어?	Where is that wet towel?
5	저 넓은 접시는 어디에 있어?	Where is that wide dish?
1	저것은 누구야?	Who is that?
2	저 사진은 누구야?	Who is that photo?
3	저 가족은 누구야?	Who is that family?
4	저 강한 몸은 누구야?	Who is that strong body?
5	저 큰 편지는 누구야?	Who is that big letter?
1	저것은 왜 그래?	Why is that?
2	저것은 왜 같아?	Why is that same?
3	저것은 왜 달라?	Why is that different?
4	저것은 왜 싸?	Why is that cheap?
5	저것은 왜 비싸?	Why is that expensive?
1	저것은 언제야?	When is that?
2	저것은 언제 가능해?	When is that possible?
3	저것은 언제 불가능해?	When is that impossible?
4	저것은 언제 열어?	When is that open?
5	저것은 언제 닫아?	When is that closed?
1	저것은 어때?	How is that?
2	저것은 얼마나 커?	How big is that?
3	저것은 얼마나 작아?	How small is that?
4	저것은 얼마나 오래됐어?	How old is that?
5	저것은 얼마야?	How much is that?

STEP 4.
그것의 지금

1	그것은 건조해/말랐어.	It is dry.
2	그것은 가능해.	It is possible.
3	그것은 불가능해.	It is impossible.
4	그것은 옳아.	It is right.
5	그것은 틀렸어/잘못됐어.	It is wrong.
6	그것은 진짜야.	It is real.
7	그것은 가짜야.	It is fake.
8	그것은 동그래.	It is round.
9	그것은 곧아/일자야.	It is straight.
10	그것은 맛있어.	It is delicious.
11	그것은 짜.	It is salty.
12	그것은 날카로워.	It is sharp.
13	그것은 깊어.	It is deep.
14	그것은 고정되어 있어.	It is fixed.
15	그것은 평평해.	It is flat.
16	그것은 안 건조해/안 말랐어.	It is not dry.
17	그것은 안 가능해.	It is not possible.
18	그것은 불가능하지 않아.	It is not impossible.
19	그것은 옳지 않아.	It is not right.
20	그것은 안 틀렸어/안 잘못됐어.	It is not wrong.
21	그것은 진짜가 아니야.	It is not real.
22	그것은 가짜가 아니야.	It is not fake.
23	그것은 안 동그래.	It is not round.
24	그것은 안 곧아/일자야.	It is not straight.
25	그것은 안 맛있어.	It is not delicious.
26	그것은 안 짜.	It is not salty.
27	그것은 안 날카로워.	It is not sharp.
28	그것은 안 깊어.	It is not deep.
29	그것은 안 고정되어 있어.	It is not fixed.
30	그것은 안 평평해.	It is not flat.

1	그것은 싼/저렴한 모자야.	It is a cheap cap.
2	그것은 얇은 카드야.	It is a thin card.
3	그것은 새 여권이야.	It is a new passport.
4	그것은 같은 동전이야.	It is a same coin.
5	그것은 넓은 접시/그릇이야.	It is a wide dish.
6	그것은 진짜 주소야.	It is a real address.
7	그것은 맛있는 음식이야.	It is a delicious food.
8	그것은 뜨거운 불이야.	It is a hot fire.
9	그것은 비싼 집이야.	It is an expensive house.
10	그것은 올바른 숫자야.	It is a right number.
11	그것은 정상적인 가족이야.	It is a normal family.
12	그것은 신선한 과일이야.	It is a fresh fruit.
13	그것은 위험한 장소야.	It is a dangerous place.
14	그것은 낮은 건물/빌딩이야.	It is a low building.
15	그것은 썩은 생선이야.	It is a rotten fish.
16	그것은 싼/저렴한 모자가 아니야.	It is not a cheap cap.
17	그것은 얇은 카드가 아니야.	It is not a thin card.
18	그것은 새 여권이 아니야.	It is not a new passport.
19	그것은 같은 동전이 아니야.	It is not a same coin.
20	그것은 넓은 접시/그릇이 아니야.	It is not a wide dish.
21	그것은 진짜 주소가 아니야.	It is not a real address.
22	그것은 맛있는 음식이 아니야.	It is not a delicious food.
23	그것은 뜨거운 불이 아니야.	It is not a hot fire.
24	그것은 비싼 집이 아니야.	It is not an expensive house.
25	그것은 올바른 숫자가 아니야.	It is not a right number.
26	그것은 정상적인 가족이 아니야.	It is not a normal family.
27	그것은 신선한 과일이 아니야.	It is not a fresh fruit.
28	그것은 위험한 장소가 아니야.	It is not a dangerous place.
29	그것은 낮은 건물/빌딩이 아니야.	It is not a low building.
30	그것은 썩은 생선이 아니야.	It is not a rotten fish.

1	그것은 나이를 감춘다/숨긴다.	It hides age.
2	그것은 그 팀을 소개한다.	It introduces the team.
3	그것은 비를 미워/싫어한다.	It hates rain.
4	그것은 이를 다치게 한다.	It hurts teeth.
5	그것은 연습을 계속한다.	It continues exercise.
6	그것은 옷을 사랑한다.	It loves a dress.
7	그것은 장갑을 잃어버린다.	It loses gloves.
8	그것은 영어를 배운다.	It learns English.
9	그것은 이름을 쓴다.	It spells the name.
10	그것은 새를 죽인다.	It kills a bird.
11	그것은 공을 찬다.	It kicks a ball.
12	그것은 인형을 칠한다.	It paints a doll.
13	그것은 그 코스를 통과한다.	It passes the course.
14	그것은 핀을 뽑는다.	It picks a pin.
15	그것은 그 용지를 출력한다.	It prints the sheet.
16	그것은 나이를 안 감춘다/숨긴다.	It doesn't hide age.
17	그것은 그 팀을 안 소개한다.	It doesn't introduce the team
18	그것은 비를 안 미워/싫어한다.	It doesn't hate rain.
19	그것은 이를 안 다치게 한다.	It doesn't hurt teeth.
20	그것은 연습을 안 계속한다.	It doesn't continue exercise.
21	그것은 옷을 안 사랑한다.	It doesn't love a dress.
22	그것은 장갑을 안 잃어버린다.	It doesn't lose gloves.
23	그것은 영어를 안 배운다.	It doesn't learn English.
24	그것은 이름을 안 쓴다.	It doesn't spell the name.
25	그것은 새를 안 죽인다.	It doesn't kill a bird.
26	그것은 공을 안 찬다.	It doesn't kick a ball.
27	그것은 인형을 안 칠한다.	It doesn't paint a doll.
28	그것은 그 코스를 안 통과한다.	It doesn't pass the course.
29	그것은 핀을 안 뽑는다.	It doesn't pick a pin.
30	그것은 그 용지를 안 출력한다.	It doesn't print the sheet.

1	그것은 단단해?	Is it hard?
2	그것은 질겨/거칠어?	Is it tough?
3	그것은 부드러워?	Is it soft?
4	그것은 무거워?	Is it heavy?
5	그것은 가벼워?	Is it light?
6	그것은 높아?	Is it high?
7	그것은 낮아?	Is it low?
8	그것은 뜨거워?	Is it hot?
9	그것은 차가워?	Is it cold?
10	그것은 길어?	Is it long?
11	그것은 짧아?	Is it short?
12	그것은 새로워?	Is it new?
13	그것은 오래됐어?	Is it old?
14	그것은 열렸어?	Is it open?
15	그것은 닫혔어?	Is it closed?
16	그것은 다른 선물이야?	Is it a different gift?
17	그것은 좁은 거리야?	Is it a narrow street?
18	그것은 평평한 도로야?	Is it a flat road?
19	그것은 부드러운 차야?	Is it a soft tea?
20	그것은 지루한 절이야?	Is it a boring temple?
21	그것은 날카로운 우산이야?	Is it a sharp umbrella?
22	그것은 느린 동영상이야?	Is it a slow video?
23	그것은 금 숟가락이야?	Is it a gold spoon?
24	그것은 짧은 젓가락이야?	Is it a short chopstick?
25	그것은 젖은 수건이야?	Is it a wet towel?
26	그것은 놀라운 자연이야?	Is it a wonderful nature?
27	그것은 공공의 전화야(공중전화)?	Is it a public telephone?
28	그것은 무거운 가구야?	Is it a heavy furniture?
29	그것은 쉬운 문제야?	Is it an easy problem?
30	그것은 동그란 과자야?	Is it a round cookie?

1	그것은 그 소리를 녹음해?	Does it record the sound?
2	그것은 그 말을 반복해?	Does it repeat the word?
3	그것은 치킨 수프를 주문해?	Does it order a chicken soup?
4	그것은 바위를 굴려?	Does it roll a rock?
5	그것은 곰을 쏴?	Does it shoot a bear?
6	그것은 정보를 교환해?	Does it exchange information?
7	그것은 징후를 보여줘?	Does it show a sign?
8	그것은 문을 닫아?	Does it shut a gate?
9	그것은 그 서비스를 포함해?	Does it include the service?
10	그것은 모양을 선택해?	Does it select a shape?
11	그것은 3달러를 청구해?	Does it charge 3 dollars?
12	그것은 펜을 빌려?	Does it borrow a pen?
13	그것은 위치를 검색해/찾아?	Does it search the location?
14	그것은 팔을 흔들어?	Does it swing the arm?
15	그것은 시간을 낭비해?	Does it waste time?
16	그것은 지우개를 던져?	Does it throw the eraser?
17	그것은 왼쪽으로 돌려?	Does it turn left?
18	그것은 농장을 방문해?	Does it visit a farm?
19	그것은 사전을 확인해?	Does it check a dictionary?
20	그것은 기회를 놓쳐?	Does it miss a chance?
21	그것은 풍선을 불어?	Does it blow a balloon?
22	그것은 교회를 지어?	Does it build a church?
23	그것은 초를 태워?	Does it burn a candle?
24	그것은 바닥을 긁어?	Does it scratch the floor?
25	그것은 고등학교를 졸업해?	Does it graduate high school?
26	그것은 연필을 빌려줘?	Does it lend a pencil?
27	그것은 우리에게 합쳐?	Does it join us?
28	그것은 너를 안내해?	Does it lead you?
29	그것은 선물을 포장해?	Does it pack a present?
30	그것은 끈을 묶어?	Does it tie a band?

1	그것은 무엇을 해?	What does it do?
2	그것은 무엇을 출력해?	What does it print?
3	그것은 무엇을 건네줘?	What does it pass?
1	그것은 어디에서 해?	Where does it do?
2	그것은 어디에서 핀을 뽑아?	Where does it pick a pin?
3	그것은 어디에서 올라가?	Where does it climb?
1	그것은 누구한테 해?	Who does it do?
2	그것은 누구를 소개해?	Who does it introduce?
3	그것은 누구한테 합류해?	Who does it join?
1	그것은 왜 해?	Why does it do?
2	그것은 왜 그 소리를 녹음해?	Why does it record the sound?
3	그것은 왜 3달러를 청구해?	Why does it charge 3 dollars?
1	그것은 언제 해?	When does it do?
2	그것은 언제 고등학교를 졸업해?	When does it graduate high school?
3	그것은 언제 농장을 방문해?	When does it visit a farm?
1	그것은 어떻게 해?	How does it do?
2	그것은 어떻게 정보를 교환해?	How does it exchange information?
3	그것은 어떻게 펜을 빌려?	How does it borrow a pen?

STEP 5.
기타 표현

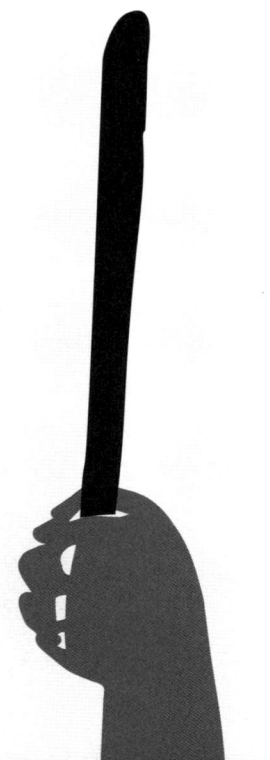

1	장난감이 있다.	There is a toy.
2	편지가 있다.	There is a letter.
3	꽃이 있다.	There is a flower.
4	앨범이 있다.	There is an album.
5	동물이 있다.	There is an animal.
6	자전거 두 대가 있다.	There are two bicycles.
7	상자 두 개가 있다.	There are two boxes.
8	병 두 개가 있다.	There are two bottles.
9	카드 두 개가 있다.	There are two cards.
10	동전 두 개가 있다.	There are two coins.
11	접시가 약간/일부 있다.	There are some dishes.
12	음식이 약간/일부 있다.	There are some foods.
13	집이 약간/일부 있다.	There are some houses.
14	숫자가 약간/일부 있다.	There are some numbers.
15	과일이 약간/일부 있다.	There are some fruits.
16	장난감이 없다.	There is not a toy.
17	편지가 없다.	There is not a letter.
18	꽃이 없다.	There is not a flower.
19	앨범이 없다.	There is not an album.
20	동물이 없다.	There is not an animal.
21	자전거 두 대가 없다.	There are not two bicycles.
22	상자 두 개가 없다.	There are not two boxes.
23	병 두 개가 없다.	There are not two bottles.
24	카드 두 개가 없다.	There are not two cards.
25	동전 두 개가 없다.	There are not two coins.
26	접시가 약간/일부 없다.	There are not some dishes.
27	음식이 약간/일부 없다.	There are not some foods.
28	집이 약간/일부 없다.	There are not some houses.
29	숫자가 약간/일부 없다.	There are not some numbers.
30	과일이 약간/일부 없다.	There are not some fruits.

1	여기에 장소가 많이 있다.	Here are many places.
2	여기에 도로가 많이 있다.	Here are many roads.
3	여기에 건물이 많이 있다.	Here are many buildings.
4	여기에 생선이 많이 있다.	Here are many fishes.
5	여기에 나무가 많이 있다.	Here are many trees.
6	여기에 돈이 많이 있다.	Here is much money.
7	여기에 물이 많이 있다.	Here is much water.
8	여기에 눈이 많이 있다.	Here is much snow.
9	여기에 일이 많이 있다.	Here is much work.
10	여기에 시간이 많이 있다.	Here is much time.
11	여기에 우산이 많이 있다.	Here are a lot of umbrellas.
12	여기에 야채가 많이 있다.	Here are a lot of vegetables.
13	여기에 그림이 많이 있다.	Here are a lot of pictures.
14	여기에 사진이 많이 있다.	Here are a lot of photos.
15	여기에 거리가 많이 있다.	Here are a lot of streets.
16	여기에 장소가 많이 없다.	Here are not many places.
17	여기에 도로가 많이 없다.	Here are not many roads.
18	여기에 건물이 많이 없다.	Here are not many buildings.
19	여기에 생선이 많이 없다.	Here are not many fishes.
20	여기에 나무가 많이 없다.	Here are not many trees.
21	여기에 돈이 많이 없다.	Here is not much money.
22	여기에 물이 많이 없다.	Here is not much water.
23	여기에 눈이 많이 없다.	Here is not much snow.
24	여기에 일이 많이 없다.	Here is not much work.
25	여기에 시간이 많이 없다.	Here is not much time.
26	여기에 우산이 많이 없다.	Here are not a lot of umbrellas.
27	여기에 야채가 많이 없다.	Here are not a lot of vegetables.
28	여기에 그림이 많이 없다.	Here are not a lot of pictures.
29	여기에 사진이 많이 없다.	Here are not a lot of photos.
30	여기에 거리가 많이 없다.	Here are not a lot of streets.

※ and = 그리고

1	나는 무섭고 놀란다.	I'm scared and surprised.
2	나는 아름답고 잘생겼다.	I'm beautiful and handsome.
3	나는 정직하고 부지런하다.	I'm honest and diligent.
4	나는 젊고 예쁘다.	I'm young and pretty.
5	나는 똑똑하고 돈이 많다.	I'm smart and rich.
6	나와 그는 무섭고 놀란다.	I and he are scared and surprised.
7	나와 그는 아름답고 잘생겼다.	I and he are beautiful and handsome.
8	나와 그는 정직하고 부지런하다.	I and he are honest and diligent.
9	나와 그는 젊고 예쁘다.	I and he are young and pretty.
10	나와 그는 똑똑하고 돈이 많다.	I and he are smart and rich.
11	나는 여행자이고 학생이다.	I'm a tourist and a student.
12	나는 선생님이고 친구이다.	I'm a teacher and a friend.
13	나는 가수이고 영화배우이다.	I'm a singer and a movie star.
14	나는 음악가이고 과학자이다.	I'm a musician and a scientist.
15	나는 코미디언이고 춤꾼이다.	I'm a comedian and a dancer.
16	나와 그는 여행자이고 학생이다.	I and he are tourists and students.
17	나와 그는 선생님이고 친구이다.	I and he are teachers and friends.
18	나와 그는 가수이고 영화배우이다.	I and he are singers and movie stars.
19	나와 그는 음악가이고 과학자이다.	I and he are musicians and scientists.
20	나와 그는 코미디언이고 춤꾼이다.	I and he are comedians and dancers.

1	나는 식당과 날짜를 결정한다.	I choose the restaurant and the date.
2	나는 할인과 쿠폰을 원한다.	I want a discount and a coupon.
3	나는 영어와 중국어를 공부한다.	I study English and Chinese.
4	나는 아시아와 유럽을 여행한다.	I travel to Asia and Europe.
5	나는 아침과 저녁을 먹는다.	I eat breakfast and dinner.
6	나는 날짜를 결정하고 너와 약속한다.	I decide the date and promise you.
7	나는 책을 읽고 보고서를 쓴다.	I read a book and write a report.
8	나는 서울에 살고 중국어를 가르친다.	I live in Seoul and teach Chinese.
9	나는 숙제를 끝내고 게임을 한다.	I finish homework and play a game.
10	나는 일자리를 찾고 일을 시작한다.	I look for a job and I start work.
11	나와 그는 날짜를 결정하고 너와 약속한다.	I and he decide the date and promise you.
12	나와 그는 책을 읽고 보고서를 쓴다.	I and he read books and write reports.
13	나와 그는 서울에 살고 중국어를 가르친다.	I and he live in Seoul and teach Chinese.
14	나와 그는 숙제를 끝내고 게임을 한다.	I and he finish homeworks and play games.
15	나와 그는 일자리를 찾고 일을 시작한다.	I and he look for jobs and start works.

1	그래서 나는 운이 좋다.		So I'm lucky.
2	그래서 나는 결혼했다.		So I'm married.
3	그래서 나는 사장이다.		So I'm a boss.
4	그래서 나는 헷갈린다.		So I'm confused.
5	그래서 나는 바쁘다.		So I'm busy.
6	그래서 나는 여기 앉는다.		So I sit here.
7	그래서 나는 남동생/형과 싸운다.		So I fight with brother.
8	그래서 나는 슈퍼에 걸어간다.		So I walk to the supermarket.
9	그래서 나는 늦게 일어난다.		So I wake up late.
10	그래서 나는 한국어로 말한다.		So I speak in Korean.
11	그리고 나는 바보다.		And I'm stupid.
12	그리고 나는 날씬하다.		And I'm slim.
13	그리고 나는 조용하다.		And I'm quiet.
14	그리고 나는 예의바르다.		And I'm polite.
15	그리고 나는 준비되었다.		And I'm ready.
16	그리고 나는 샌드위치를 자른다.		And I cut the sandwich.
17	그리고 나는 질문에 대답한다.		And I answer the question.
18	그리고 나는 얼굴을 씻는다.		And I wash face.
19	그리고 나는 중국을 떠난다.		And I leave China.
20	그리고 나는 중국어를 가르친다.		And I teach Chinese.
21	그러나 나는 더럽다.		But I'm dirty.
22	그러나 나는 불쌍하다		But I'm poor.
23	그러나 나는 성인이다.		But I'm an adult.
24	그러나 나는 손님이다.		But I'm a guest.
25	그러나 나는 그것을 기억한다.		But I remember it.
26	하지만 나는 홍콩에 도착한다.		But I arrive in Hongkong.
27	하지만 나는 그 사실을 잊는다.		But I forget the fact.
28	하지만 나는 너에게 달려간다.		But I run to you.
29	하지만 나는 뒤로 이동한다.		But I move to the back.
30	하지만 나는 똑바로 서 있다.		But I stand up straight.

1	나는 은행에서 일할 때, 많이 운다.	When I work in a bank, I cry much.
2	나는 뒤로 이동할 때, 음식 냄새를 맡는다.	When I move to the back, I smell food.
3	나는 뚱뚱할 때, 게으르다.	When I'm fat, I'm lazy.
4	나는 혼자일 때, 그 문제에 대해 생각한다.	When I'm single, I think about the matter.
5	나는 책을 읽을 때, 여기 앉는다.	When I read a book, I sit here.
6	나는 노래를 부르기 전에, 케이팝 춤을 춘다.	Before I sing a song, I dance K-pop.
7	나는 학교가기 전에, 얼굴을 씻는다.	Before I go to school, I wash face.
8	나는 엄마에게 묻기 전에, 그 문제에 대해 생각한다.	Before I ask mom, I think about the matter.
9	나는 TV를 보기 전에, 음악을 듣는다.	Before I watch TV, I listen to a music.
10	나는 차를 운전하기 전에, 예약을 한다.	Before I drive a car, I make a reservation.
11	나는 이것을 한 후에, 너를 돕는다.	After I do this, I help you.
12	나는 그 이야기에 대해 말한 뒤에, 사무실에 온다.	After I talk about the story, I come to the office.
13	나는 버스를 탄 뒤에, 창문을 연다.	After I ride a bus, I open the window.
14	나는 택시를 잡은 후에, 콜라를 마신다.	After I catch a taxi, I drink a coke.
15	나는 문을 닫은 후에, 책을 읽는다.	After I close the door, I read a book.
16	만일 내가 일을 찾으면, 기분이 좋다.	If I look for a job, I feel good.
17	만일 내가 똑바로 서면, 버튼을 누른다.	If I stand up straight, I touch the button.
18	만일 내가 남동생/형과 싸우면, 많이 운다.	If I fight with brother, I cry much.
19	만일 내가 그 이유를 알면, 그에게 전화한다.	If I know the reason, I call him.
20	만일 내가 라면을 요리하면, 포크를 사용한다.	If I cook ramen, I use a fork.

1	비록 나는 아이일지라도, 영어를 공부한다.	Even though I'm a child, I study English.
2	비록 나는 여자일지라도, 이것을 좋아한다.	Even though I'm a girl, I like this.
3	비록 나는 딸이 있을지라도, 그를 이해한다.	Even though I have a daughter, I understand him.
4	비록 나는 친구를 기다릴지라도 괜찮다.	Even though I wait for a friend, I'm fine.
5	비록 나는 할인을 원할지라도, 돈을 준다.	Even though I want a discount, I give money.
6	나는 연예인이기 때문에, 나는 유명해.	Because I'm a celebrity, I'm famous.
7	나는 주장이기 때문에, 나는 중요해.	Because I'm a captain, I'm important.
8	나는 경찰이기 때문에, 나는 강해.	Because I'm a police, I'm strong.
9	나는 같은 반 친구이기 때문에, 나는 같아.	Because I'm a classmate, I'm same.
10	나는 아이이기 때문에, 나는 약해.	Because I'm a kid, I'm weak.
11	그러고 나서 나는 학교에 갔다.	Then I went to school.
12	그러고 나서 나는 사무실에 왔다.	Then I came to the office.
13	그러고 나서 나는 여기에 앉았다.	Then I sat here.
14	그러고 나서 나는 게임을 했다.	Then I played a game.
15	그러고 나서 나는 버스를 탔다.	Then I rode a bus.

1	특별해져라.	Be special.
2	친절해라.	Be kind.
3	조용해라.	Be silent.
4	정직해라.	Be honest.
5	신사가 되어라.	Be a gentleman.
6	제발 특별해지세요.	Please be special.
7	제발 친절하세요.	Please be kind.
8	제발 조용하세요.	Please be silent.
9	제발 정직하세요.	Please be honest.
10	제발 신사가 되세요.	Please be a gentleman.
11	시끄럽게 굴지 마.	Don't be noisy.
12	버릇없게 굴지 마.	Don't be rude.
13	아프지 마.	Don't be ill.
14	추하게 굴지 마.	Don't be ugly.
15	도둑이 되지 마.	Don't be a thief.
16	제발 시끄럽게 굴지 마세요.	Please don't be noisy.
17	제발 버릇없게 굴지 마세요.	Please don't be rude.
18	제발 아프지 마세요.	Please don't be ill.
19	제발 추하게 굴지 마세요.	Please don't be ugly.
20	제발 도둑이 되지 마세요.	Please don't be a thief.

1	공을 쳐.	Hit the ball.
2	내 손을 잡아.	Hold my hand.
3	이메일을 보내.	Send an email.
4	날짜를 결정해.	Decide the date.
5	식당을 선택해.	Choose a restaurant.
6	제발 공을 치세요.	Please hit the ball.
7	제발 내 손을 잡으세요.	Please hold my hand.
8	제발 이메일을 보내세요.	Please send an email.
9	제발 날짜를 결정하세요.	Please decide the date.
10	제발 식당을 결정하세요.	Please choose a restaurant.
11	아시아로 여행하지 마.	Don't travel to Asia.
12	그에게 거짓말하지 마.	Don't tell him a lie.
13	가방을 사지 마.	Don't buy a bag.
14	버튼을 만지지 마.	Don't touch the button.
15	그 사실을 잊지 마.	Don't forget the fact.
16	제발 아시아로 여행하지 마세요.	Please don't travel to Asia.
17	제발 그에게 거짓말하지 마세요.	Please don't tell him a lie.
18	제발 가방을 사지 마세요.	Please don't buy a bag.
19	제발 버튼을 만지지 마세요.	Please don't touch the button.
20	제발 그 사실을 잊지 마세요.	Please don't forget the fact.

1	나는 너보다 더 좋아/착해.	I am better than you.
2	나는 너보다 더 나빠.	I am worse than you.
3	나는 너보다 더 슬퍼.	I am sadder than you.
4	나는 너보다 더 화나.	I am angrier than you.
5	나는 너보다 더 행복해.	I am happier than you.
6	나는 너보다 더 놀랐어.	I am more surprised than you.
7	너는 나보다 더 아름다워.	You are more beautiful than me.
8	너는 나보다 더 잘생겼어.	You are more handsome than me.
9	너는 나보다 더 바빠.	You are busier than me.
10	너는 나보다 더 더러워.	You are dirtier than me.
11	너는 나보다 더 깨끗해.	You are cleaner than me.
12	너는 나보다 더 늙었어.	You are older than me.
13	그는 그녀보다 더 젊어/어려.	He is younger than her.
14	그는 그녀보다 더 예뻐.	He is prettier than her.
15	그는 그녀보다 더 똑똑해.	He is smarter than her.
16	그는 그녀보다 더 뚱뚱해.	He is fatter than her.
17	그는 그녀보다 더 날씬해.	He is slimmer than her.
18	그는 그녀보다 더 돈이 많아.	He is richer than her.
19	그녀는 그보다 더 가난해/불쌍해.	She is poorer than him.
20	그녀는 그보다 더 약해.	She is weaker than him.
21	그녀는 그보다 더 강해.	She is stronger than him.
22	그녀는 그보다 더 키가 커.	She is taller than him.
23	그녀는 그보다 더 키가 작아.	She is shorter than him.
24	그녀는 그보다 더 특별해.	She is more special than him.
25	우리는 너희보다 더 부지런해.	We are more diligent than you.
26	우리는 너희보다 더 게을러.	We are lazier than you.
27	우리는 너희보다 더 인기가 많아.	We are more popular than you.
28	우리는 너희보다 더 유명해.	We are more famous than you.
29	우리는 너희보다 더 중요해.	We are more important than you.
30	우리는 너희보다 더 운이 좋아.	We are luckier than you.

1	나는 가장 좋아/착해.	I am the best.
2	나는 가장 나빠.	I am the worst.
3	나는 가장 슬퍼.	I am the saddest.
4	나는 가장 화나.	I am the angriest.
5	나는 가장 행복해.	I am the happiest.
6	나는 가장 놀랐어.	I am the most surprised.
7	너는 가장 아름다워.	You are the most beautiful.
8	너는 가장 잘생겼어.	You are the handsomest.
9	너는 가장 바빠.	You are the busiest.
10	너는 가장 더러워.	You are the dirtiest.
11	너는 가장 깨끗해.	You are the cleanest.
12	너는 가장 늙었어.	You are the oldest.
13	그는 가장 젊어/어려.	He is the youngest.
14	그는 가장 예뻐.	He is the prettiest.
15	그는 가장 똑똑해.	He is the smartest.
16	그는 가장 뚱뚱해.	He is the fattest.
17	그는 가장 날씬해.	He is the slimmest.
18	그는 가장 돈이 많아.	He is the richest.
19	그녀는 가장 가난해/불쌍해.	She is the poorest.
20	그녀는 가장 약해.	She is the weakest.
21	그녀는 가장 강해.	She is the strongest.
22	그녀는 가장 키가 커.	She is the tallest.
23	그녀는 가장 키가 작아.	She is the shortest.
24	그녀는 가장 특별해.	She is the most special.
25	우리는 가장 부지런해.	We are the most diligent.
26	우리는 가장 게을러.	We are the laziest.
27	우리는 가장 인기가 많아.	We are the most popular.
28	우리는 가장 유명해.	We are the most famous.
29	우리는 가장 중요해.	We are the most important.
30	우리는 가장 운이 좋아.	We are the luckiest.

1	이것은 저것보다 더 커.		This is bigger than that.
2	이것은 저것보다 더 커.		This is larger than that.
3	이것은 저것보다 더 작아.		This is smaller than that.
4	이것은 저것보다 더 느려.		This is slower than that.
5	이것은 저것보다 더 빨라.		This is faster than that.
6	이것은 저것보다 더 싸/저렴해.		This is cheaper than that.
7	이것은 저것보다 더 비싸.		This is more expensive than that.
8	이것은 저것보다 더 멀어.		This is farther than that.
9	이것은 저것보다 더 가까워.		This is nearer than that
10	이것은 저것보다 더 무거워.		This is heavier than that.
11	저것은 이것보다 더 가벼워.		That is lighter than this.
12	저것은 이것보다 더 높아.		That is higher than this.
13	저것은 이것보다 더 낮아.		That is lower than this.
14	저것은 이것보다 더 뜨거워.		That is hotter than this.
15	저것은 이것보다 더 차가워.		That is colder than this.
16	저것은 이것보다 더 길어.		That is longer than this.
17	저것은 이것보다 더 짧아.		That is shorter than this.
18	저것은 이것보다 더 새로워.		That is newer than this.
19	저것은 이것보다 더 안전해.		That is safer than this.
20	저것은 이것보다 더 위험해.		That is more dangerous than this.
21	그것은 이것보다 더 좁아.		It is narrower than this.
22	그것은 이것보다 더 넓어.		It is wider than this.
23	그것은 이것보다 더 두꺼워.		It is thicker than this.
24	그것은 이것보다 더 얇아.		It is thinner than this.
25	그것은 이것보다 더 어려워.		It is more difficult than this.
26	그것은 이것보다 더 쉬워.		It is easier than this.
27	그것은 이것보다 더 웃겨.		It is funnier than this.
28	그것은 이것보다 더 지루해.		It is more boring than this.
29	그것은 이것보다 더 맛있어.		It is more delicious than this.
30	그것은 이것보다 더 깊어.		It is deeper than this.

1	이것은 가장 커.	This is the biggest.
2	이것은 가장 커.	This is the largest.
3	이것은 가장 작아.	This is the smallest.
4	이것은 가장 느려.	This is the slowest.
5	이것은 가장 빨라.	This is the fastest.
6	이것은 가장 싸/저렴해.	This is the cheapest.
7	이것은 가장 비싸.	This is the most expensive.
8	이것은 가장 멀어.	This is the farthest.
9	이것은 가장 가까워.	This is the nearest.
10	이것은 가장 무거워.	This is the heaviest.
11	저것은 가장 가벼워.	That is the lightest.
12	저것은 가장 높아.	That is the highest.
13	저것은 가장 낮아.	That is the lowest.
14	저것은 가장 뜨거워.	That is the hottest.
15	저것은 가장 차가워.	That is the coldest.
16	저것은 가장 길어.	That is the longest.
17	저것은 가장 짧아.	That is the shortest.
18	저것은 가장 새로워.	That is the newest.
19	저것은 가장 안전해.	That is the safest.
20	저것은 가장 위험해.	That is the most dangerous.
21	그것은 가장 좁아.	It is the narrowest.
22	그것은 가장 넓어.	It is the widest.
23	그것은 가장 두꺼워.	It is the thickest.
24	그것은 가장 얇아.	It is the thinnest.
25	그것은 가장 어려워.	It is the most difficult.
26	그것은 가장 쉬워.	It is the easiest.
27	그것은 가장 웃겨.	It is the funniest.
28	그것은 가장 지루해.	It is the most boring.
29	그것은 가장 맛있어.	It is the most delicious.
30	그것은 가장 깊어.	It is the deepest.

1	나는 너보다 한 살 많아.	I'm 1 year older than you.
2	나는 너보다 세 살 많아.	I'm 3 years older than you.
3	나는 너보다 한 살 적어.	I'm 1 year younger than you.
4	나는 너보다 세 살 적어.	I'm 3 years younger than you.
5	이것이 저것보다 낫다.	This is better than that.
6	이것이 예상보다 더 좋다.	This is better than expected.
7	이것이 생각보다 더 좋다.	This is better than I thought.
8	나는 너보다 그것을 더 좋아한다.	I like it more than you.
9	네가 그것을 좋아하는 것보다 내가 더 좋아한다.	I like it more than you like it.
10	네가 나를 사랑하는 것보다 내가 너를 더 사랑한다.	I love you more than you love me.

1	너는 몇 살이니?	How old are you?
2	그는 몇 살이니?	How old is he?
3	그것은 얼마나 기니?	How long is it?
4	너는 얼마나 크니? (키)	How tall are you?
5	그것은 얼마나 크니?	How tall is it?
6	그것은 얼마니?	How much is it?
7	그것은 몇 개니?	How many is it?
8	몇 명이 와?	How many people come?
9	너는 몇 개의 사과를 가지고 있니?	How many apple do you have?
10	너는 얼마나 자주 외식해?	How often do you eat out?